世界之光名人传记

世界之光名人传记

魅力人生

菲利普·沙逊的非凡世界

［英］戴米恩·柯林斯————著

黑爪————译

漓江出版社

桂图登字：20-2017-131

图书在版编目（CIP）数据

魅力人生：菲利普·沙逊的非凡世界 / (英) 戴米恩·柯林斯著；黑爪译.
-- 桂林：漓江出版社,2019.8
ISBN 978-7-5407-8676-2
Ⅰ.①魅… Ⅱ.①戴… ②黑… Ⅲ.①菲利普·沙逊-生平事迹 Ⅳ.①K835.617=5

中国版本图书馆CIP数据核字(2019)第082304号

MEILI RENSHENG
魅力人生
——菲利普·沙逊的非凡世界
［英］戴米恩·柯林斯 著
黑爪 译

出版人：刘迪才
出品人：张谦
责任编辑：张谦
助理编辑：辛丽芳
书籍设计：石绍康
责任监印：张璐

漓江出版社有限公司出版发行
广西桂林市南环路22号 邮编：541002
发行电话：010-85893190 0773-2583322
传真：010-85890870-814 0773-2582200
邮购热线：0773-2583322
电子信箱：ljcbs@163.com
三河市中晟雅豪印务有限公司印刷
开本：690mm×960mm 1/16
印张：19.25 字数：232千字
2019年8月第1版 2019年8月第1次印刷
书号：ISBN 978-7-5407-8676-2
定价：54.00元

↑大卫·沙逊（坐）和儿子们：（从左至右）伊利亚斯、阿卜杜拉以及 S.D. 沙逊，约 1857 年

↑少年菲利普·沙逊

↑菲利普·沙逊（林沃伦·菲尔波特／绘，1914 年）

↑菲利普·沙逊的德洛克保障住房计划奠基揭幕仪式，福克斯通，1919 年

菲利普·沙逊（中），身旁分别是路易斯·马列特爵士与朱丽叶·达芙女士，访问图坦卡蒙陵墓，1923 年

↑菲利普·沙逊（左）与大卫·劳合·乔治（右）在利姆港，1920年

↑菲利普（左）和威尔士王子（右）在利姆港，1920年

↑温斯顿·丘吉尔在利姆港露台写生，绘制罗姆尼沼泽景象，1926 年

↑利姆港打网球，1920 年

↑利顿·斯特雷奇（左）和芭芭·寇松（右）与菲利普·沙逊（中）在一起，利姆港，1922 年

↑查理·卓别林（左二）与（从左至右）汉娜·葛培、西比尔·罗克萨维奇和菲利普·沙逊，利姆港，1921 年

↑查理·卓别林在特伦特庄园，1931 年
↑利姆港全景，1926 年

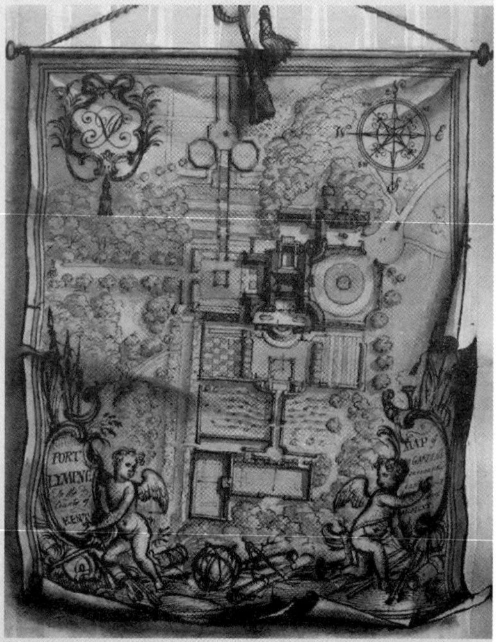

→利姆港手绘平面图（雷克斯·惠斯勒/绘，1929年）
↓特伦特庄园

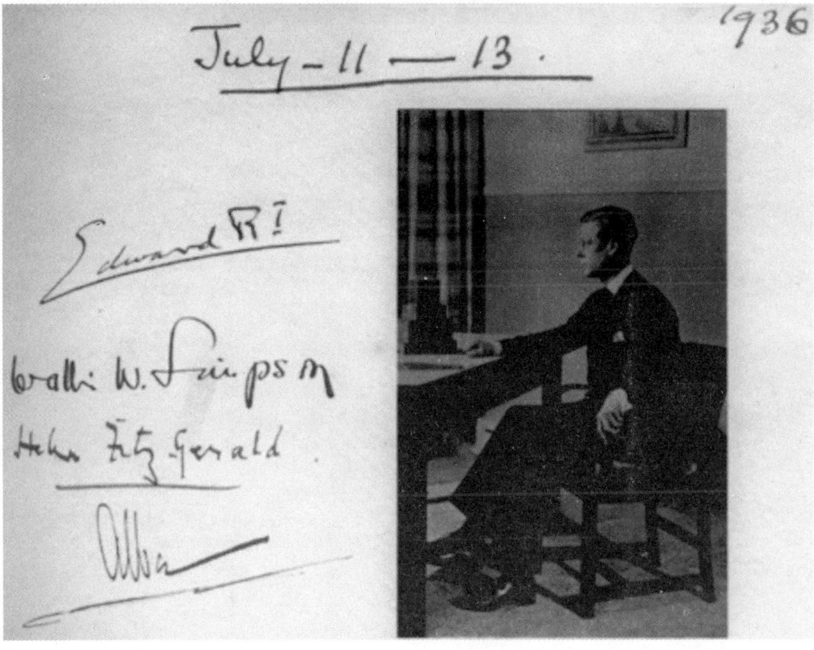

↑菲利普·沙逊在特伦特庄园与未来的国王乔治六世（右后，部分被前面的达夫·库珀遮挡）以及伊丽莎白王后（坐者，二排左起第二）

↑特伦特庄园访客名录，记录爱德华国王八世与沃利斯·辛普森的造访，1936 年 12 月其退位前几个月

↑玛格丽特公主与伊丽莎白公主在特伦特庄园
↑菲利普·沙逊在他的第三条路线旅途中，1928 年

↑菲利普正在驾驶他的一辆劳斯莱斯，引擎盖上装饰着他标志性的眼镜蛇
↑ RAF 成员与其他客人在利姆港休闲嬉戏，1933 年

↑ 1935 年在利姆港，（从左至右）鲍勃・布思比、诺埃尔・科沃德、西比尔、菲利普・沙逊、德罗戈・蒙塔古、娄尔・吉尼斯、鲁珀特・贝尔维

↑被称为“百万富翁团伙”的 601 辅助中队指挥官身份的菲利普・沙逊身着 RAF 制服

目录 Contents

闯进英国政治中心的外来者

（译序）

沙逊和罗斯柴尔德这两大犹太家族对中国人而言，都不陌生。罗家的姓氏从人们津津乐道的拉菲红酒，到 2008 年金融风暴中毫发无损的神话，再到阿里巴巴在港交所的上市、退市的财务顾问……包裹在这个家族身上的气息，既有老钱的低调神秘，而新时代的各路风云也一样不落下。沙逊这个名字，在很多中国人脑海里引起的第一层联想，我猜应该是十里洋场上海滩的华懋饭店，即沙逊洋行属下的外滩标志性建筑，如今的和平饭店；或许还有张国荣主演的《红色恋人》的拍摄地，上海虹桥路的沙逊别墅。此外，文学领域还有一位我们耳熟能详的沙逊，只不过这位文人沙逊在被引入中文世界时，名字译作了萨松，"心有猛虎，细嗅蔷薇"那个西格夫里·萨松。

但大家也许不知道，这两个 19 世纪王朝级别的财富家族有一个共同的传人，菲利普·沙逊。

菲利普在母亲的娘家，也就是罗斯柴尔德巴黎一支的马雷尼大街公馆里出生，身材修长，容颜秀雅，带着一身英国人眼里的东方风情，外加一口法国口音的英语，闯进了英国社交、政治和艺术三个圈子的最顶层。

沙逊的祖辈出自巴格达，发迹于孟买，依靠金银、丝绸、鸦片、香料和棉花贸易，建立了富可敌国的商业帝国，一向以他们日后的亲家为榜样，成为"东方的罗斯柴尔德"。在英国立足之后迅速与皇室密切来往。

日后退位的爱德华八世，曾经的威尔士王子更是菲利普·沙逊的至交密友，他用金山银山一般、挥霍不尽的财富来满足王子对奢侈生活的胃口，也使得自己永远处在社交圈的中心。

但这些一目了然的“履历”，并不足以说明白菲利普·沙逊是谁，以及为什么他值得我们一读。

人们爱说，“You are what you 怎样怎样”，这里的怎样怎样，可以是你吃什么，穿什么，或者读什么书……但是用一个人无意中透露出来的他最崇拜谁，也许更能说明他心里对自己的定义和期望。

他在写给一位朋友的一封信中说，若他睡过了卡瓦列里（米开朗琪罗的男性缪斯），或者发明了无线电，画出了《宫娥图》，写出了《呼啸山庄》，生命也许算得不朽，相比之下，当时的他一无所成，就像“夏天里随阵风打旋的一枚榆钱”。这段话印证了他一生留给外人的印象：唯美，崇尚技术，既有经典的审美趣味，骨子里也有对前卫和离经叛道的向往，当然最重要的一点，崇拜名望。

书中所提到的另外一件事，也从不同的侧面印证了这些印象。他的朋友，作家利顿·斯特雷奇 1930 年夏天写了这么一段调皮的日记：

> 昨天去国家美术馆参观杜维恩展厅，算是一次奇妙的经历——很明显的黄昏效果：作品之间留出大量的空白来布置意大利作品，确实从总体上产生了一种很漂亮的效果。厅里有个黑头发的贱人，穿着印度胶靴，走来走去，好像在盼着被人看上带走。我们俩很奇怪地总是同时在不同的作品前逗留——从这间屋，到下一间屋。随后，我四处一张望，却看见了一个更迷人一点的贱人——这次是个浅色头发的——浓密而有光泽的黄发——红润的脸——充满活力。于是我将自己的注意力调整到他身上，

定睛一看，才发现那是威尔士王子——绝对是——身边有位馆员在点头哈腰，菲利普·沙逊也跟在旁边。我这下可吓坏了，生怕沙逊看到我要来介绍，赶紧溜之大吉——可能很傻——因为没准会是一段很好玩的关系的开端呢。这时那黑发贱货已彻底不见了，搞不好他是前葡萄牙国王吧。

这段话看似轻佻，其实颇值得玩味，它带出了菲利普拥有持续热情的三件事：交往皇族，收藏艺术，以及喜欢介绍名流互相认识。

菲利普当然还有很多其他才能，无敌的社交能力、无瑕疵的记忆力，以及清醒的政治洞察力，这些都是他步入统治阶层，官拜空军大臣，堪称使 RAF 在二战中成为传奇的头号功臣，距离加入内阁仅一步之遥不可缺少的原因。

令我费解的是，如此精彩的一生，何以居然要等到去世八十年后才出现第一本传记。也许因为带着这个疑惑去读，我才偷窥到一丝菲利普到死都向外界关闭着的内心。

终其一生，他都是个外来者。

在一位与他同期的议员笔下，“菲利普·沙逊爵士好像是被一张飘来的魔毯送进下议院的”，他是《一千零一夜》故事里走出来的阿拉伯人。在漫画家麦克斯·毕尔勃姆的画中，他盘腿打着莲花坐，在议会的长椅上，坐在两个红光满面的托利党胖子之间，他是一位端庄娴静的东方人。在弗吉尼亚·伍尔芙鄙夷的嘴里，他是个“劣种的犹太人”……

因此，终其一生，他也在挣扎，追求地位、成就和接纳。

在伊顿，他的法国口音和他的财富都是被鄙视的原因。“外来的和尚会念经”这个说法最难成立的大概就是盎格鲁－撒克逊这个族群了，说一个人 foreign（外来的），不够 English（英国的），那个年代大概等同于给你的社交生命判死刑，哪怕顶着沙逊的姓，坐拥阿里巴巴的宝窟，你也没有免死牌。何况英国贵族信奉的偏偏是清简，这从培养栋梁的伊顿公学的校舍条件之艰苦可见一斑。少年沙逊送昂贵的礼物给朋友，却被对方生气地扔到地上。从那时起，他就一直把不被接受的伤深藏起来。他的东方式奢华被张伯伦讥讽为基督山伯爵。他着落在艺术上的热情，大概是他最终找到的避难所。

该书的作者戴米恩·柯林斯是位政治家，代表海斯地区的下议院议员—— 一个世纪前菲利普·沙逊的角色。他以优雅简洁的笔调和扎实的研究，以及政治家的视角在写他的前任，写出了我们在小说中见到过的“咆哮的 20 年代”的历史版，群星璀璨，读来过瘾，文字中也毫无浮华之态。他谨慎地涉足菲利普·沙逊的内心，用幽默隐晦的写法试图探索沙逊的情感世界，浅尝辄止。在一部分读者看来，这也许是此书的缺陷，菲利普的内心是一个空白。然而我们从书中所看见的这个菲利普，也许正是他本人希望呈现给世界的形象，他没有留下日记和私密信件，内心没有踪迹可寻。

他的骨灰由被人戏称为“百万富翁飞行俱乐部”的皇家空军 601 中队飞行员，从他的特伦特庄园上空撒下去时，盛放骨灰的，不是一个我们所以为的菲利普风格的精美坛子，而是一个装立顿红茶的纸盒子。

特别致谢：本书所有图片，全部来自大卫·罗克萨维奇，第七世乔蒙利侯爵的私人家庭收藏，他授权漓江出版社在本书中使用。乔蒙利侯爵的祖母，是菲利普·沙逊的妹妹西比尔·沙逊。

黑　爪

2018 年 9 月

魅力人生

——菲利普·沙逊的非凡世界

献给

莎拉

和她在每件事上给予我的爱、支持和启迪

前　言

黎明时分，距离客人们的到来还有很久。一列马车穿过 14 英里，从考文特花园的花市来到伦敦北部边缘，特伦特庄园大门。一群园丁已经等在这里，这批装在花盆里的五颜六色的货物一送到，他们即刻开始栽种。另一些雇员则有了足够的杜鹃、玫瑰和百合，用来装点庄园里的每一个房间。临近中午，又一轮车流到达，这是一串来回奔波的劳斯莱斯。路上各处都安装了箭头指路牌，“通往特伦特”，为司机们指路。孩子们由大人领着站在道旁，希望能有幸瞟到一眼某位王子或者哪位好莱坞明星。庄园里的大厦和花园，都已经被《乡村生活》报道描画过了，而那些社交圈专栏更是长期对这里的每个周末的人来人往有不厌其烦的细述。每年六七月里特伦特庄园的草地派对，向来被认为是对优雅和奢侈的权威定义。

特伦特庄园掩隐在恩菲尔德·沙斯的古皇家猎场中，一条宽阔而舒缓的峡谷，其间一带清溪淌过所形成的一个湖泊，将整个庄园隔成两半。庄园大厦是一座精美的乔治亚风格建筑，玫瑰红的砖墙和蜜蜡石的屋檐。这是一座梦想中 18 世纪的完美乡村华宅，却配置了一切最舒适方便的现代设施。会客厅里，与弗兰芒织毯悬挂在一起的，是庚斯博罗和佐法尼的画，地上铺着伊斯法罕的丝地毯，中式的大漆摆件与路易十五家具并肩陈列。蓝厅的墙色浅淡，烘托出屋里火红色的亮点。当代艺术家雷克斯·惠斯勒不久前刚在壁炉上方完成了一幅壁画，它将周围的各种颜色和元素完美地结合到一起。

客人们都在露台上，这里是聚会的中心。从这儿看出去，整个庄园一览无遗。人们惬意地来来往往，身穿白制服的仆人，系着红颜色的腰封，源源不断地送来由庄园里的法国厨师制作的各色菜品。一层热烈的气息弥漫着。处于谈话中心的，是温斯顿·丘吉尔，他同乔治·萧伯纳争论社会主义，与肯尼斯·克拉克探讨艺术，跟雷克斯·惠斯勒讨论绘画。

火烈鸟和孔雀从笼子里放了出来，在花园、露台和大厦间自在地走来走去，融进客人中间。这时，诺埃尔·科沃德正弹着钢琴。而主人，身兼富豪、政府要员和美学专家的菲利普·沙逊爵士，正置身于所有这一切当中。他身高略低于 6 英尺，脸庞英俊，鹰钩鼻，光洁的橄榄色皮肤使他比实际四十居中的年纪显得年轻了一些。他是眼前这幅画面的缔造者，对作品的每一部分、每一个细节都一丝不苟。沙逊身上有种独特而极富感染力的风度。他一直在走动。每次你看见他的时候，他总是正在从一位客人面前掠过，飞向下一位，就像一只正在寻找花蜜的蜜蜂。

玛丽王后和菲利普的妹妹西比尔，也就是乔蒙利侯爵夫人，正在游泳池和橘园边的花园里主持着派对。由园艺师诺拉·林赛设计的时髦花圃，像是为草径两侧镶的阔边，鲜花占满了道旁最后一平方英寸的土地，对称地沿着一个舒缓的山坡延伸出去，远处的树林和林间空地的绮丽，就此一览无余。热烈的柑橘色和最远处花床里的猩红，将风头让给了中段那些华丽的紫色和蓝色，以及近处柔嫩的奶油色和水粉色。花圃长径的尽头，是盖满了葡萄藤、紫藤和铁线莲的意大利大理石藤架。安静的午后，温斯顿·丘吉尔喜欢在这里作画。

威尔士王子乘着飞机来了，降落在特伦特的简易机场后，便径直向露台走去。美国高尔夫球冠军沃特·哈根正在那儿等他，他们要在菲利普爵士的私人球场上先打一轮。约克公爵和安东尼·艾登穿着网球服，正同一帮专业球手一起朝特伦特的网球场走去。皇家空军的 601 辅助中队正在进行飞行表演，在庄园上方低空俯冲飞行。下午稍晚，王后离开后，飞行员们也加入蓝色游泳池里的客人中间，或者在环抱泳池的花园里嬉闹，那里满是翠雀花和百合，浓香醉人。

过夜的客人开始退去，回房更换晚装，这时鸡尾酒和用来插纽洞的小花已经在房间的梳妆台上等待他们。菲利普·沙逊将晚宴设在露台上，夜深时有理查德·陶伯月光下的演唱，最后以湖上的焰火结束了这个美丽的夜晚。

接下来的几年里，当晚的客人们回忆起菲利普的奢华款待，仿佛一场梦，来自一个已经远去，将永不会再现的世界。事实上就在 1930 年代的那个夏夜，在特伦特庄园的优雅和奢华中间，已经有一种对未来的焦虑在弥漫。政治家们谈论的都是强硬话题，关于墨索里尼的，关于鲍德温的政府，德国的威胁以及英国的重整军备。而且这一点不奇怪，因为两次战争之间，几乎每一次关键行动的讨论，都发生在菲利普·沙逊的派对客人之间。

他们的主人绝不只是一名有钱的艺术爱好者和极有见识的赞助人。从一战起，直到 1939 年，菲利普一直与英国的领导人物并肩工作，并且把全世界最优秀的人会聚到他们身边。他利用自己身上笼罩的那层神秘气质，精心锻造出了这样的影响力。

第一章 巴比伦的儿子

某日，哈伦·阿尔－拉希德读书
书中的诗人说：

“帝王们去哪里了，以及
这个世界往日所拥有的那些人又去哪里了？

“他们已随繁华远去，
沿着那条你亦将踏上的道路。

“哦，是你，选择了这个世界里
属于你的那一份，你还选择了公正，

“享有或借用它能给予的一切，
不过请记住，终点，只是死亡！”

哈伦·阿尔－拉希德点头：
泪珠滴落在书卷上。

亨利·沃兹沃思·朗费罗，
《哈伦·阿尔－拉希德》(1878)

在一个英国绅士眼里，菲利普·沙逊爵士被人打量的第一条，可能会是，他是外来的——思想上和行为上都是个“东方人”。他的好友，艺术史家肯尼斯·克拉克认为，他是“某种程度上的哈伦·阿尔－拉希德，以东方式的华丽，分别在三座华宅中待客，以无尽的善意对待朋友。他幽默机智，反复无常，极其神秘”。而他的议会同僚，日记作者亨利·“奇布思”·香农也有这样的观察，“菲利普和我互不信任，我能洞察到他思维中所有的东方式虚荣”。

一定程度上这是菲利普有意为之，就像《一千零一夜》中那位伟大的波斯国王哈伦·阿尔－拉希德一样，他让自己被美女、奢靡和最成功、最有趣的人包围。尽管他本人也是一位男爵，还是某位侯爵的大舅子，同时又担任着国会议员，然而东方血统依然使他显得与众不同。

菲利普·阿尔伯特·古斯塔夫·大卫·沙逊，1888 年 12 月 4 日出生在位于巴黎马雷尼大街他母亲娘家的公馆内。[①] 菲利普是爱德华·沙逊与艾琳的长子，母亲艾琳是古斯塔夫·罗斯柴尔德男爵的女儿。男爵的曾祖父，詹姆士·罗斯柴尔德，1792 年出生在法兰克福的犹太贫民窟。十九岁时被父亲和兄长送去法国开创家族事业。到 1868 年他去世时，詹姆士是这个世界上最富有的几个人之一。上万人出席了他的葬礼，棺材被运往拉雪兹神父公墓安葬的途中，道旁站满了前来向他致敬的巴黎人。

沙逊家族则往往被称为“东方的罗斯柴尔德”。他们宣称自己是大卫王的后代，在基督降生前 600 年，当尼布甲尼撒征服了耶路撒冷并将其洗劫一空时，他们的祖先被迁往巴比伦。他们始终坚守自己的信仰，并在以后的几个世纪里成长为流亡犹太人社区的领袖，与此同时，在巴格达的市场上做买卖赚钱。

---

① 菲利普·沙逊出生在马雷尼大街 23 号的马雷尼酒店。这一巨大的镇屋由他外祖父古斯塔夫·罗斯柴尔德男爵主持修建。1972 年由法国政府收购，如今供来访的他国元首下榻之用。（本书脚注若无特别说明均为原注）

年幼的菲利普·沙逊，就在他的曾祖父大卫如何于1828年在巴格达的杜德帕夏[1]对犹太人的镇压中入狱的故事中长大。大卫的父亲沙逊·本·苏拉曾任总督的财长，凭借自己的财富和社会关系换取了儿子的自由。但大卫意识到自己的这一自由并不会长久，于是腰上缠了一个钱袋，衣襟里缝了些珍珠，就这样逃走了。先是乘船沿底格里斯河来到巴士拉，传说中辛巴达的港口，然后秘密穿越波斯湾来到布什尔，安全地逃出了帕夏的势力范围。站稳脚跟之后，他立即把全家接了过来，其中包括他的长子，当时十岁的阿卜杜拉，也就是日后菲利普·沙逊的祖父。这座城市当时虽是大英东印度公司在波斯的主要贸易点，但与巴格达比起来，仍然十分落后。在布什尔一个暴土扬尘的院子里，仅用了一张篷布挡住太阳的暴晒，阿卜杜拉在一群由商人、钱贩以及流动小贩组成的当地犹太人社区中完成了成人礼。沙逊家族几个世纪以来赢得的好名声，加上他们的贸易技巧，帮助大卫很快在这里重建了财富。但他可以看到，更大的机会在远东，那里有刚刚崛起的商业中心孟买。1832年他搬去了那里。那一年恰恰是东印度公司在印度的商业垄断结束的前一年。他在那里创建了大卫·沙逊公司，其后成长为一个国际贸易帝国——在他的有生之年，这个家族成为世界上最富有的家族之一。正如当时流传的一个说法，“银子和金子，丝绸，树胶与香料，鸦片与棉花，羊毛和小麦——海上运的，陆上走的，手摸得到的，就有沙逊公司的标记”。

大卫·沙逊是这个英属印度的繁荣城市里一道另类的风景。他始终戴着头巾，穿着飘逸的长袍，就像巴格达商人通常喜欢的那样。他的孟买码头和货仓是一个货真价实的阿拉丁宝藏，装着来自全世界的货物：发往曼彻斯特的印度棉花，将要运往欧洲各庄园的中国丝绸和家具，以及分销到

① 杜德帕夏（Dawud Pasha，约1767—1851），约1816—1831年间，为伊拉克最后一任马木留克统治者。

亚洲各地的英国制造工业产品。他前后结过两次婚，共有八个儿子，大卫将欧洲的罗斯柴尔德作为自己的榜样，通过自己的孩子来对家族事业的扩张获得坚实的控制。阿卜杜拉最初被派回巴格达去维系公司与阿拉伯世界的联系，1831 年杜德帕夏倒台以后，那里已经变得安全了。伊利亚斯则到上海开了第一间沙逊办事处，他们的同父异母兄弟沙逊·大卫（S. D.）、鲁本和亚伯拉罕立足香港。

大卫·沙逊能够流利地使用多种阿拉伯及印度语言，却从未用英语做过生意。但他看得出英国在全球贸易中至关重要，尤其在棉花和纺织品贸易领域。于是 1858 年，二十六岁的 S. D. 沙逊，一战诗人西格夫里的祖父被派到伦敦，开办了他们的第一间英国办事处。英国也许对沙逊家的老爷子没有太大吸引力，但他的儿子们却深深地迷上了大英帝国中心的生活。S. D. 沙逊在萨里郡艾希礼公园一个 15 世纪的庄园里安顿了下来，据说奥利弗·克伦威尔在国王查尔斯一世被审判期间在此居住过。他将公司办公室设在伦敦中心区，利德贺大街 12 号，与伟大的东印度公司位于同一条街。沙逊公司的其他办事处也同时在与美国贸易的直接口岸利物浦，以及棉都曼彻斯特的布鲁曼街 42 号开办起来。这一家人决定进入英国的时机刚刚好。1861 年美国爆发内战，由于美国南部的传统市场在海上被封锁，因而刺激了从英国进口印度棉包的巨大需求。孟买借此繁荣，沙逊家族的财富也随之攀升。美国内战结束后，棉花市场重开，许许多多印度商人由于价格下跌而遭遇重创。然而沙逊家族对自己保护得相当好，他们将利润用于精明的房地产投资，并且开拓了在中国的贸易。孟买的竞争对手们大多由于存货过多，在还贷压力下被迫以最低价销货。在对手越来越弱的情况下，沙逊家族越发强大起来。

大卫·沙逊在离孟买 100 英里的内陆地区浦那为家族修建了一座壮丽的宫殿，以此标志他的财富所迈上的新台阶。季风期间，英国人都居住在这一带。他依照腓特烈二世在德国波茨坦所修建的庄园名字，管这座宫殿叫无忧宫。他还成为浦那和孟买地区领头的慈善家，捐建医院、学校以及犹太教堂。

随着大卫·沙逊从日常的生意事务中逐渐退出，他的儿子们开始像英国绅士一样穿着，而不再穿他们的父亲所钟爱的阿拉伯传统服装。亚伯拉罕·沙逊喜欢让周围的人用听起来更像英语的“亚瑟”来称呼他，阿卜杜拉也一样，让人叫他阿尔伯特，并且用威尔士王子的名字爱德华来给自己的儿子取名。当大卫·沙逊 1864 年去世时，阿尔伯特继位成为公司董事长，大部分日常事务交由他的兄弟们掌管。不久，死亡再次降临到家族成员身上，1867 年 S. D. 沙逊倒在伦敦朗廷酒店的大堂死去。阿尔伯特将鲁本从香港调到伦敦，接管英国事务的同时，照顾艾希礼公园 S. D. 的妻小。1872 年，亚瑟带着他美丽的新夫人露易丝来到伦敦，加入鲁本，兄弟俩很快在伦敦上流社会中有了名声。除了首都的一些家产外，亚瑟还购置了位于苏格兰斯贝塞地区的图尔占乡村别墅，并在这里举行射击派对招待威尔士王子。沙逊兄弟的忠诚、谨慎和慷慨为他们赢得了王子的友谊。王子胃口大，却并没有足够的资源来满足这一胃口。

远在印度，阿尔伯特·沙逊在坚持追逐他最重要的兴趣所在，巩固家族在政治领域的地位。这条路，他的儿子爱德华和孙子菲利普也都将走下去。阿尔伯特在孟买创建了“大卫·沙逊机械学院及图书馆”，它至今还矗立在这座城市。他还在孟买立法委员会担任职务，并因其为这座城市所做出的慈善行为而获得印度之星同伴勋章，这是在印度颁发过的最高等级英国荣誉骑士奖。

1875 年，阿尔伯特·沙逊成为孟买的政治和商业生活的中心人物。他开建了数量巨大的沙逊码头，这是西印度最早的商用湿船坞，并在浦那举行了一个盛大的宴会，欢迎威尔士王子爱德华对印度进行正式访问。事后，阿尔伯特给孟买城捐建了一座 13 英尺高的王子骑马雕像，安放在大卫·沙逊图书馆前，后来被称作卡拉嘉达，印地语中黑马的意思。这个名字如今被用于指代这个区域。①

然而爱德华的成功访问，加上他的兄弟们从伦敦写来孟买的信，使得阿尔伯特更加急切地想要加入他们，去英国定居。显然伦敦能够保证更加华丽的生活，而作为大卫·沙逊公司的董事长，他有充分的理由将那里作为自己的大本营。于是他将肯辛顿戈尔 25 号的一座公馆纳入，作为自己的主要住宅，另在布莱顿，亚瑟的霍夫住所附近，购置了一所夏季别墅。

阿尔伯特听从建议，决定承办 1889 年 7 月波斯沙阿纳斯尔丁的国事访问宴会，布莱顿因此成为他所有皇室接待场景中最壮丽的一幕。他那所华宅的东露台不够容纳所有来宾，于是租用了帝国剧院来举办这次活动。阿尔伯特出手阔绰，在装饰、饮食以及用以娱乐来宾的芭蕾节目上花费了大量资金，来宾中有许多皇室成员。从将近 60 年前，波斯海岸边那个尘土飞扬的小镇庆祝成年礼的移民少年到今天，阿尔伯特走过了一条漫长的路。

纳斯尔丁是个不好相与的人，然而阿尔伯特的待客之道却获得了极大的成功。为此，充满感激的英国政府以授予一个爵位来回报他。纹章院帮阿尔伯特·沙逊爵士设计了族徽，设计纳入了家族传承的一切相关符号：扛着那支从未与犹太部落分开过的权杖的犹大之狮；一株棕榈树，象征着正直的人走向繁荣；一个石榴，犹太教中善行的象征。

1896 年 10 月 24 日，菲利普·沙逊还有几周就要过他的八岁生日，忽然获悉祖父的死讯，接着目睹他被葬在带圆顶的陵墓里②。这座墓是阿

---

① 这座雕像 1965 年被移开，如今与其他殖民时代象征一起，站在孟买拜古拉动物园的花园内。卡拉嘉达仍然是用以指代这个地区的名字。

② 如今这座陵墓可以在布莱顿桥之路 83 号看见。1933 年被菲利普关闭，他将家族遗骸全部迁往伦敦威尔斯登犹太公墓。自 1949 年起，这一建筑被用于酒吧、餐馆及夜总会等。

尔伯特新近为家族所建，距离他在布莱顿的大宅不远。菲利普的父亲继承了家族企业的董事长席位和阿尔伯特的爵位，从此成为爱德华·沙逊爵士，肯辛顿·戈尔男爵二世。爱德华从小并没有背负继承家族事业的期待，他始终依照英国绅士的方式被抚养长大。在伦敦大学取得学位，与威尔士王子一起在图尔占打猎，成为剑桥公爵轻骑兵义勇军团的军官。1887 年 10 月，他与一位法国千金艾琳·德·罗斯柴尔德的婚礼在巴黎维克图瓦路的犹太教堂内举行，由法国首席拉比主持，一千二百位来宾出席了在罗斯柴尔德家族位于马雷尼大街的华丽公馆内举行的宴会。这桩两个王朝的联姻，进一步巩固了沙逊家族在欧洲上流社会的地位。威尔士王子在他频繁造访巴黎的旅途中，是马雷尼大街上罗斯柴尔德家的常客。爱德华和艾琳·沙逊也因此成为他核心圈子的固定成员。这个圈子，人称马尔巴罗别墅圈。

爱德华·沙逊身量高大，相貌英俊，一副“敏锐而严厉的表情，一旦笑起来就看不见了”。他热衷于运动，喜欢打猎射击，去圣莫里茨滑雪，还喜欢打台球。艾琳的身上，则融合了美丽、优雅和智慧。她从巴黎带来的对艺术和文学的爱，后来在她的孩子们，菲利普以及晚他六年、于 1894 年出生的妹妹西比尔身上，得以延续。爱德华和艾琳创办了他们自己的沙龙，卖掉阿尔伯特的肯辛顿戈尔房产，另行在公园径 25 号购置了更大的一所房子。这所大宅最初是为伦敦土生土长的犹太钻石大亨巴内·巴纳托[①]所建。艾琳一时间成为英法两国最受欢迎的社交女主人，孩子们就在她为社交圈所举办的各种派对中长大。圈子里的朋友有亚瑟·柯南·道尔、H. G. 威尔斯以及约翰·辛格·萨金特，萨金特还为艾琳绘制了肖像。艾琳也

① 巴内·巴纳托（Barney Barnato，1851—1897），英国企业家，自 1870 年代起控制了南非的钻石采矿业和金矿。戴比尔斯合伙人，按今天的货币价值，他是一位亿万富豪。他从未在公园径公馆中住过，在返回英国途中，穿越海峡时神秘地溺亡。1920 年代这座房子被重新编号，变成公园径 45 号。

是“灵魂”的一员。“灵魂”是当时的一个精英社交团体，主要讨论政治及哲学话题，成员包括政治家亚瑟·贝尔福、赫伯特·阿斯奎斯的夫人玛戈·阿斯奎斯，以及当时另一位精明的社交沙龙主持人德斯伯勒夫人。

爱德华身上所体现出的沙逊家族历来对政治的兴趣，丝毫不逊其父。1899 年来了一个机会，他可在海斯选区的补缺选举中参与自由统一党下议院议员的竞选。他得到这个机会比较容易，因为这个选区向来被认为是他妻子娘家的囊中之物。艾琳父亲的堂兄迈尔·德·罗斯柴尔德，直到他 1874 年去世前，在那里做过十五年议员，他们家至今还为该党在当地的基金会按年给予慷慨捐献。[①]这一位于肯特郡南部的选区，包含海斯和新罗姆尼的一部分古老五港同盟市镇，外加时髦的度假区，也是威尔士王子最喜欢的地方之一——福克斯通。整个地区覆盖了广阔而平坦的罗姆尼沼泽，那里从中世纪填海造田起，就开始了农耕，几个世纪来也藏匿了大量的走私团伙。这次竞选成功后，爱德华买下了肖恩克里夫庄园，作为他一家在该选区的住宅。这是座精致的白灰粉外墙的房屋，坐落在从福克斯通延伸过来的海岸线上的另一个小村子桑盖特的副崖上。这座房子能够将海斯湾一带的风景尽收眼底，天气晴朗时，视线甚至可以穿过英吉利海峡看到法国。菲利普和西比尔的童年生活，基本上就是在公园径和肯特郡海边度假中轮番交替，外加不时去一趟马雷尼大街，以及尚蒂伊附近罗斯柴尔德的拉威尔桑城堡看望母亲的家人。

爱德华·沙逊爵士作为议员并不出众，他成为议会里长期坐在后排的成员。他在政务中感兴趣的有贸易，以及加强国际间电报通信等领域，并萌生了修建海底通道的想法。爱德华在英帝国议会下议院的一席之地，或许提升了他的政治地位，但那里并不是他想待的地方。他只是在为自己的

---

① 迈尔·罗斯柴尔德的女儿汉娜嫁给了罗斯伯里勋爵，他在威廉·格莱斯顿 1894 年退休后，短暂地担任过首相。

孩子们铺路，这样他们日后能够在自己力不可及的不列颠精英层达到权力和声名的最高点。像天下所有的父母一样，他对孩子们寄予了厚望。他明白地表示过，希望菲利普可以利用这些他将要继承的财富、爵位和关系，在英国的公共生活中开创自己的辉煌。

爱德华和艾琳为菲利普选择正规教育时所遵循的宗旨，就是希望能够助他成为英国统治阶级的一员。他在被送去伊顿公学前，先在法恩伯勒上了一间寄宿预备学校。父亲们通常会在儿子生日这天，至少是生日所在的那个星期把儿子送进伊顿。20 世纪初，这所学校的入学考试的目的，不是挑选好学生，而是决定这个孩子应该被安排到哪一套课程中。伊顿之后，菲利普将要在牛津大学度过四年。那里的大多数学生都会进入家族里前辈们上过的学院，甚至用同样的那套房间。这就像一条经过检验的生产线，就是被设计来塑造未来的精英之用。而这条生产线不负众望地制造出了首相、将军，以及殖民地总督。当菲利普 1902 年春天进入伊顿时，同过去二十年里的三位首相前任一样，当时的首相亚瑟·贝尔福正是该校的校友。爱德华在儿子开启学校生活时写给他一封信，信中说："当你加入伊顿辩论社团后，你会发现勤奋学习是多么重要。在伊顿的出色，就意味着以后在议会的辉煌事业。"

尽管他有五位堂兄在伊顿，但菲利普是沙逊家族里，他这一支第一个在英国上学的。那五位堂兄都来自艾希礼公园那一支，是 S. D. 沙逊的孙儿们。[①]他还认识一些来自他母亲圈子里的男孩儿，尤其是朱利安和比利·格伦费尔，以及爱德华·霍纳，这几位分别是德斯伯勒夫人以及弗朗西丝·霍纳的儿子。来到伊顿，对于菲利普而言，虽然并非跳进了一个未知世界，但他确实也不是这个新环境里的原住民。

---

① 西格夫里·萨松就读马尔博罗，而非他的堂兄弟们就读的伊顿。

初来的第一个学期，十三岁的菲利普在那些英国男生眼里十分新奇。他有着来自东方血统的深色皮肤，以及一口由于与母亲家人长期相处所习得的法国口音，尤其是发“r”这个音时会卷着舌头。在第一次介绍自己时，他便用法语的发音说出自己的名字“菲——利——普”。菲利普身形清瘦，这使得他似乎无缘成为划艇俱乐部的队长，抑或足球场上的明星。伊顿一向崇尚具有运动风范的男子，这样的人充斥在高年级男孩的精英俱乐部“明日之星”当中。而菲利普，单凭犹太人这一点已经令他在这个保守的环境中显得很不寻常了，这一点往往让别人产生“异类”信仰的焦虑。

而菲利普家里众所周知的财富，却并不是什么可以镇住那些男孩儿的事，更何况还是新富。任何自以为是的感觉，在这里都是严格的禁忌，往往会招致群嘲。要想被接纳，菲利普必须学会伟大的英国式虚伪谦卑。

他被安排在赫伯特·泰瑟姆掌管的宿舍，泰瑟姆是剑桥出身的古典学者，曾是那所大学一个秘密的知识分子协会“年轻使徒”的成员。宿舍十分简朴，毫无疑问与菲利普在公园径或者马雷尼大街的生活没有任何可比性。伊顿同期学生，被朋友们称作“约拿”的劳伦斯·琼斯这样回忆他的宿舍：

> 无论外面有多冷，男孩们房间里下午4点前都不许生火。除非那些被授予了特殊颜色的宿舍，或者高年级划船队的男生，其他人一般是不适合穿大衣的。于是我们从早到晚地瑟瑟发抖……整个冬季学期，我们一直流着鼻涕，打着喷嚏……如果这世上还有什么比冬天的上午回到房间，发现屋里的地上都是雪，门窗大开，椅子被摞在桌上，女佣正在刷油毡地还更惨的事的话，我到现在还没遇到过。

跟当时很多其他的英国寄宿学校不一样，伊顿的男孩们从一开始就有自己的房间，这给了他们一个既可以逃离，也可以自己做主的空间。这是一项绝对的优势，琼斯回忆说："论及最大的享受，没什么能与在一个小房间的炭火上烤香肠相比。拉上破旧的红色窗帘，棕色的茶壶在桌上冒着热气。"这些破败的寄宿宿舍里也有危险，比如在菲利普的第一年，学校就发生过一场严重的火灾，烧毁了一整幢宿舍，两个低年级男孩儿丧生。

菲利普所在宿舍有位高年级男生，是很受欢迎的学生领袖丹尼斯·哈顿，菲利普一进校就被他纳入自己翼下，绝不允许别人欺负菲利普。作为回报，丹尼斯得到了潮水一般的感激和崇拜，甚至到了令他吃不消而生出厌烦的地步。一次，丹尼斯因为膝盖受伤躺在学校医务室里，菲利普带着昂贵的礼物，一对钻石袖扣和一枚红宝石饰钉，飞奔到他身边。丹尼斯厌恶地接过来，把它们通通扔到了地上。后来当然又全都捡了起来。菲利普一直铭记着丹尼斯的善良。等他自己在学校里的等级上升后，他也学着这样去照顾了低年级的男孩。在伊顿，低年级男生为高年级男生充当用人或听差是个传统。后来的诗人奥斯伯特·斯提维尔就替菲利普充当过这个角色，而他们日后一直保持了友谊。斯提维尔记得，菲利普"相对他的年龄而言，十分成熟。时而热情洋溢，时而忧郁、心事重重，但总体上，他跟其他任何人都不一样……不过他做每一件事时，都十分周到而善良"。

伊顿的不成文规则中有一条，大意是，你要想成为某俱乐部的一员，你先得让自己"可俱乐部化"。菲利普用以获得同学喜欢的方式，是请舍监史克依太太①帮忙，在他房间里举办阔绰的茶会来招待同学。在这些派对上，他利用自己的模仿表演才能，以及善于讲故事的特长，把他从父母社交圈里听来的伦敦八卦拿来娱乐他的客人们。他热衷于一种猎兔乡村

① 菲利普一生都对史克依太太充满了感激，他在遗愿中也没有忘记她，留给她终生每年100英镑。这是他在亲人和家用人员以外唯一的遗赠。

运动，又是宿舍楼的划艇队员，还喜欢打网球和这所学校的一项传统运动——伊顿墙手球。在学校的最后那年6月4日的年度庆典上，菲利普还获得了上皇家的船上划艇的荣誉，以纪念伊顿的伟大支持者，国王乔治三世的生日。

在奥斯伯特·斯提维尔生命的晚期，为《英国名人录》撰写条目时，他将自己的受教育一栏这样写：伊顿放假期间。当时的英国绅士教育是很传统的，完全拘泥于大纲，旨在塑造，绝非启迪和鼓励。面对这些不时飞来的批评，伊顿的老师们往往会通过指出该校一直以来培养出了多少才华横溢的年轻人来证明，不可能像你们说的那么糟糕。20世纪初，伊顿的教室甚至比男孩们的宿舍还老，条件更糟。未来的帝国领袖们在其中接受教育的设施，放在今天，任何督学一眼看去便会责令立即关闭，毫无商量余地。低年级男生的教室低矮、昏暗，点着煤气炉，授课老师不时会被深色的橡木柱子挡住视线。冬天没有取暖，夏天没有流通的空气。他们小小的木头课桌太窄，很难用来在上面写字，却刻满了一代又一代男孩的名字。

课程里主要的科目是拉丁文和希腊文，要求男孩们每周花好几个小时背诵大段的奥维德、贺拉斯、维吉尔和荷马。历史和数学都教得不错，但科学课就很不起眼，此外，关于英语诗歌和文学的学习，直到最后一年之前都很少有。法语在很多男生那儿都被教成了一门死的语言，所用完全是书面材料，并非教你怎么说。菲利普原本就是双语，因此赢得了两次法语国王奖。这样他进了给特殊学生开办的法语对话班，由一位华先生教授。华先生是位秃顶留着黑髭须的法国人，他同时还被召去温莎城堡，教授国王爱德华七世的孙儿们[①]。到了晚上，他会邀请一小帮男孩到他房里，让

① 那些接受法语授课的王孙，都是后来菲利普的朋友，爱德华王子、阿尔伯特王子、乔治王子以及亨利王子。

他们学习用法语对话，互换八卦。

如果法语是他母亲送给他的礼物，那么同样的还有对艺术的热爱。伊顿的艺术教育，基本上被局限在低年级男生跟着老山姆·埃文斯上个画画课上。课堂上，他会让学生照着一些经典雕塑的石膏画素描。菲利普也上了这些课，但幸运的是，他得到了亨利·勒克斯莫尔这位伊顿老师中的“大师”，一位“孤独而执着坚守审美标准的人”的注意。菲利普和一小群男孩，每个星期天都会在勒克斯莫尔在伊顿创建的那个著名的花园里同他一起喝茶，一边讨论艺术。这些随意的谈论，对于勒克斯莫尔眼里那些与他一脉相承的学生而言，就算是仅有的关于伟大艺术家的教育了。菲利普常常可以向大家分享他从家族里大量艺术藏品中所获得的知识，当然也会顺便把约翰·辛格·萨金特正在为他母亲绘制肖像的消息捎带出来。

被美好的事物包围着长大，他建立起对艺术的强烈爱好并不奇怪。在伊顿，勒克斯莫尔进一步激发了菲利普对伟大艺术家的浓厚研究兴趣，从而帮助他更好地理解和捕捉美。勒克斯莫尔个人对 17 世纪西班牙画家巴托洛梅·牟利罗那些用写实手法描摹的普通人肖像，例如卖花女、街头卖艺人、乞丐有着特别的喜好，这可能对日后菲利普对英国的所谓“群像”感兴趣产生过一些影响，例如庚斯博罗和佐法尼那些描述 18 世纪日常生活细节的作品。牟利罗的画还展示出美无处不在的道理，它绝不仅仅存在于宏伟的大教堂和宫殿里。勒克斯莫尔对园艺艺术的热情，是菲利普成年后与他的另一项共同之处。两人都为园艺在定义空间和制造美的体验这两方面的力量赞叹不已。①

当勒克斯莫尔 1926 年去世时，《旁观者》杂志如此回忆：“他的渊博知识，以及对艺术和建筑的敏锐感觉，使他成为品味的仲裁者。然他所留下

① 勒克斯莫尔 1922 年 8 月造访了菲利普为自己建造的大厦和花园。

的最为持久的印记，则在于对无数的男孩，甚至可以冒昧地说，也包括一些教师的人格塑造上。通过对他们寄予期待，他激发了他们身上的动力。无人能够心里一边藏着卑劣的念头，一边出现在勒克斯莫尔眼前，那只会让自己感到羞愧。”菲利普·沙逊在美学上接受教育当然是积极而绝非被动的，他所建立的也并不仅仅是对艺术的欣赏，而是对现实生活理想化的一种愿景。像奥斯卡·王尔德一样，他相信“通过美化生活的外在层面，一个人才能够达到内在的美”，以及，艺术的复兴代表了“人的精神在某种程度的重生”。伊顿很适合菲利普·沙逊，因为它尽管有着爱德华式的英国社会的局限，但终究还是一个“你可以想你所想，爱你所爱，仅仅在一些表面的东西，例如服装和仪态上，你需要遵循原则，像他人一样”的地方。

菲利普不是伊顿的学术明星，那些奖项历来是被罗纳德·诺克斯以及帕特里克·萧·斯图尔特那一类男生拿走的，他们随后又在牛津继续，达到了学业的顶峰。菲利普参加了贝利奥尔学院的考试，这个学校向来有学术摇篮的名声。但他没有获得给伊顿生的奖学金，于是他按照常规去了基督堂，念现代史。

有名的政治家，如威廉·格莱斯顿和索尔兹伯里侯爵，都是从基督堂起步开始征程的。同时它也以培养了更多具有创意才华的牛津学生而闻名，是路易斯·卡罗，以及伟大的维多利亚时期艺术评论家约翰·罗斯金的母校。后来的伊夫林·沃也选择基督堂的草甸大楼这一威尼斯哥特式建筑，作为他 1945 年小说《布园重访》中塞巴斯蒂安·弗莱特勋爵的宿舍。住在美丽的 18 世纪佩克瓦特四方庭的学生，则有幸得到层高很高的优雅房间，日常生活和待客娱乐都格外充满了情调。

一战前那七年的牛津生活，如今看来，便是不列颠帝国的盛夏，点缀着逝去的一代盛放的鲜花。这种视角的形成，不可避免地是因战场上所失去的那许许多多勇敢而美好的年轻生命而唤醒的巨大失落感。然而战前的牛津，依然运转在以保守氛围为主调的机制下，同伊顿一样。菲利普不由自主地会成为某种意义上的“另类”。那时，距离这所大学第一次录取来自非英国国教成员的学生还不足四十年，而他，是整个大学三千本科生中不到二十五个的犹太教学生之一。

菲利普自伊顿早期开始，信心和身材便都在增长。他挺拔而健康，随时随地无可挑剔地穿着萨维尔街定制的服装，而且自始至终喜爱一些激烈的户外运动，比如猎兔；他也是游泳和网球的狂热爱好者。他还在海斯罗珀和比斯特参与打猎，会员们回忆说，他总是“看上去像时尚招贴画里的人，哪怕在泥堆里也一样”。菲利普不是大学运动队的成员，所以没有得到可保证他被文森特俱乐部所吸收的牛津蓝，不过他收到过著名的晚餐会布灵顿的邀请，那在当时爱打猎的伊顿生中是最受欢迎的。

牛津生活中，让他喜欢的还有一项，那就是有一份独立的津贴让他花，还有一套自己的房间让他住。他从父母的公园径豪宅中挑了些家具，来布置他在基督堂的住处，还曾经在这里举办过一次七道菜的晚宴，所有食品都是用加热的容器装好，再用火车从伦敦一家餐馆运来的。尽管父亲希望他把这里作为未来政治生涯的起点，但菲利普没有参加牛津大学辩论社，那个多少代未来国家领袖的训练基地。私下里，他也能够自信自如，但一旦公共演讲，他就总是很紧张，绝没有可能在牛津辩论社里脱颖而出，像伊顿的校友罗纳德·诺克斯那样。

菲利普在牛津的朋友圈子大多并不来自他所在的学院，更多的倒是如今在贝利奥尔就读的伊顿校友，像查尔斯·利斯特尔、帕特里克·萧·斯图尔特、爱德华·霍纳以及朱利安·格伦费尔等人。除霍纳外，他们中的其他人大概都装不进传统英国绅士的模子里。传统绅士在这个世界上的位置和角色早已固定。利斯特尔在伊顿时就因加入工党而掀起轩然大波，这在爱德华上流社会的眼中是绝对的大逆不道之举，他还积极参与了学校慈善团去伦敦东区的哈克尼维克助贫。萧·斯图尔特学业出色，也雄心勃勃，然而家里没多少钱，不得不靠自己闯出一条路。后来，他先在城里工作攒了一笔钱，才开始进入公共领域开创职业生涯。尽管格伦费尔跟菲利普后来走得不是特别近，但他们是一起长大的伙伴。菲利普一家一直是塔普洛庄园的常客，朱利安的母亲德斯伯勒夫人是艾琳·沙逊的密友，也是一位出名的沙龙女主人。朱利安的第一次伦敦晚宴，1907 年牛津和剑桥划艇比赛的前夜，就是在沙逊家的公园径公馆里举办的，他弟弟比利早一年还去巴黎的马雷尼大街他们家住过。

然而菲利普和朱利安在各个方面都截然相反。朱利安六尺二寸的身材，天生的战士，其审美趣味也一直保持在将自己的身体锻炼得像田径运动员或者拳击手这个水平。他在伊顿和贝利奥尔的同学劳伦斯·琼斯记得：

> （朱利安）身上有种简单而原始的东西，与来自塔普洛高贵出身的奢华相对抗……他觉得（他母亲）在操办周末派对时的娴熟中，有种很矫饰、不真实的东西，他轻飘飘地就将表面那一层奶油刮掉了……朱利安对热血而质朴的东西有一种热情，热爱行动和探索，带着青春期所特有的不妥协，对无所事事地享受舒适生活的爱德华式上流社会抱以激烈的反感和憎恨。

这些情绪导致了他与母亲之间频繁的争吵，因为菲利普的个人品味跟德斯伯勒夫人相当接近，所以他与菲利普之间的关系也时常起伏波动。朱利安从牛津写过一封嘲讽的信给他母亲，假装自己在她所希望的领域里，生出了某项很优雅的爱好：

> 我昨晚出门去社交（是这么说的吧），以扩大我的朋友圈子以及我整体上的视野：布灵顿晚餐会——所有人都在！他们真是些不错的小伙子！！现在我知道自己的过去是怎样一个可怜的傻瓜了，把自己与同伴相隔绝。不过感谢上帝现在还为时不晚！我相信，昨晚我为一些金子般的友谊打好了基础，它们将会开花结果，改变和丰富我的整个人生。你认识一个叫菲利普·沙逊的人吗？

朱利安有一根澳大利亚马鞭，一次在菲利普奢侈的宿舍里开过派对之后，他拿着马鞭围着基督堂的汤姆方庭追赶菲利普，在距离沙逊的头仅几寸远的地方抽出犀利的回声，还一边追一边大喊“我看见你了，菲——利——普”，学着他的法国口音。他要是在贝利奥尔学院看见菲利普，也会这么大喊“我看见你了，菲——利——普”，菲利普一听见就匆忙避往附近的门房或者楼梯间。他们在牛津发展出来的友谊，很大程度上建立在他们对激烈户外活动的共同爱好上。劳伦斯·琼斯记得，他们“两人都对美很有激情，并且都不喜欢半途而废”。朱利安同菲利普的个性均很复杂，两人都在反抗着自己先天被分配的角色。朱利安是个粗糙的人，却又日渐成长为一名成熟的诗人。而菲利普讲究审美，却经常会穿着裁剪精美的鹿皮马裤跨越栏杆和泥沼，还会在网球场上把对手击败在地。

1908 年 7 月，菲利普在牛津的第一学年末，他参加了德斯伯勒夫人在塔普洛举办的一个大型夏季派对，主题是庆祝朱利安弟弟比利在伊顿对哈罗板球赛上的最后一次亮相。客人中有自由党籍首相赫伯特·阿斯奎斯，以及保守党领袖亚瑟·贝尔福。接着，菲利普在那个假期去了慕尼黑，目的是提升德文水平。他寄宿在一个男爵家里，那儿专为那些有志于投身外交工作，并希望自己的外语臻于完美的青年绅士提供住宿。沙逊与约翰·兰顿分享这所房子的一侧，兰顿仅仅比他大几岁，但已经像他未来头衔的现任主人——德伦伯爵一般古板。

兰顿与美国小说家格特鲁德·阿瑟顿很要好，她当时也住在城里，菲利普因此加入他们，混在了一起。不可能有比一刻不停的菲利普和古板的兰顿之间反差更强烈的了。格特鲁德回忆说，菲利普“有多活跃，兰顿就有多萎靡；他可能是真的被通了电，一分钟都不能闲着……有这么个发电机在房里，要想晚起是不可能的，他早上 9 点就会叫着要去哪里哪里”。

与格特鲁德的侄女波拉迪尔·克雷格一起，他们开启了一段精力旺盛的巴伐利亚观光之旅。行程包括路德维希二世那座非凡的罗马复兴风格城堡——新天鹅堡，这是路德维希在旧天鹅堡上面崎岖的山坡上建起的一座已臻前拉斐尔风格巅峰水平的梦幻之城。它的创意深受路德维希所崇拜的理查德·瓦格纳作品中所凝固的德意志骑士、荣誉和牺牲精神的影响。菲利普·沙逊把这座城堡的每一个角落都看遍了，迷恋其建筑和装饰中所有的细节，也景仰路德维希透过这些所表达出的个人品味。菲利普的曾祖父大卫，也以类似的方式在浦那修建了他的宫殿。这位年轻的沙逊，日后将在肯特郡的利姆港装点属于他自己的一座新城堡，那将成为他最伟大的创意遗产。

到了晚上，他们几个常常去慕尼黑统帅堂歌剧院，有一次菲利普和波拉迪尔竟然在路德维希大街上那个仿造佛罗伦萨佣兵廊的空地上跳起舞来。格特鲁德回忆，菲利普“处于极度兴奋的状态，踢下（兰顿的）帽子，并把它当成足球来玩，兰顿深深感到被冒犯。虽然他有一副慵懒的好个性，但也有骄傲和非常自尊的一面，这时，他身上所有的种姓等级本能一下子全被激发出来。可年轻的沙逊已经完全失控，丝毫未能察觉到那上等而贵族气的愤怒正在滋生”。格特鲁德眼里，菲利普是个“好孩子，我们那群人中极其聪明的一个”。

菲利普返回牛津继续上学，即便成绩不是特别出众，但因为非常勤勉，四年后以二等荣誉在现代史系 18 世纪欧洲研究专业毕业。在父亲的鼓励下，他在牛津注册，成为东肯特郡义勇骑兵队的一名初级军官，那里是爱德华的海斯议会选区预备军团。爱德华一门心思考虑着儿子未来的公共事业生涯，他告诉菲利普，这一步对“日后的很多方面都将大有用处”。

菲利普的好些牛津朋友毕业后纷纷去了各个体面的机构。朱利安·格伦费尔成为职业士兵，查尔斯·利斯特尔进入外交部，帕特里克·萧·斯图尔特凭一等学位拿到奖学金进了万灵学院，同时还得到巴林银行的一个职位。而菲利普下一步做什么却不是很清晰。他不需要赚钱，也没人希望他对家族事业表现出浓厚兴趣。他偶尔陪着父亲去利德贺大街上的大卫·沙逊公司巡视一番，有时去参加一些政治集会，在选区里做做亲善演讲。

然而，从 1909 年夏天菲利普的牛津生涯刚刚过半开始，直至接下来的十年里，死亡成为比其他任何事都更加强烈地塑造他生命轨迹的因素。在这期间，菲利普接二连三地失去父母、外祖父母，接着，一战中又失去为数不少的朋友。当死亡似乎与他常伴后，用他日后的话说，他变成“充满纯粹东方式的宿命论者”也就不足为怪了。他这么说，是断定他生活的道路早已预先写定，没有什么可以改变这种注定的命运。菲利普当然还是会继续按照父母为他设定好的道路前行，但是他在面对死亡带给他的每一次打击时的反应，只有迎接挑战的决心，而不是被吓倒。

1909 年初，菲利普最亲爱的母亲艾琳，被诊断为癌症，健康状况急转直下。7 月 28 日，年仅四十四岁的她在马雷尼大街的娘家去世，葬在拉雪兹神父公墓罗斯柴尔德家族墓地里，她的祖父母身边。全家悲痛欲绝，艾琳的朋友们陪在她留下的孩子们身边。弗朗西丝·霍纳在得知朋友的死讯后，立刻给在巴黎的菲利普写信，提醒他：“你将要回到一个曾经深爱过她，也将永远爱她的孩子的国家来。”菲利普得到了爱德华在婚礼那天送给艾琳的一串珍珠，希望他将来有一天，会交给自己的新娘。后来他一直带在身边，不时拿出来揉搓。他告诉朋友说，是“为了保持它们的生命”①。菲利普相信，正如他后来对德斯伯勒夫人所说的那样，他所感受到的最沉重的悲痛，是为那些失去了艾琳还得继续活着的人，而不是为他悲剧性早逝的母亲自己。

爱德华·沙逊未能从失去妻子的悲痛中走出来，日渐消沉，甚至与自己的家人也疏远开来。1911 年冬，他在戛纳的克鲁瓦塞特大道的一起车祸中遭遇重创，新年过后，健康状况恶化。后来证明那是癌症的开端。跟艾琳的情形一样，结局来得很快。他于 1912 年 5 月 24 日在公园径家中去世，再过一个月将是他五十六岁的生日。他的棺材被安放在布莱顿的沙逊陵墓中，紧挨着他父亲阿尔伯特。如今二十三岁的菲利普爵士，第三任男爵，以及他十七岁的妹妹西比尔，陷入三年内失去双亲的深深悲痛中。他们的外祖父母也先后于 1911 年和 1912 年离世，先是古斯塔夫·德·罗斯柴尔德男爵，接着是外祖母，西比尔跟她尤其亲近。弗朗西丝·霍纳再一次写信给菲利普：“你在这两年里饱尝了悲伤和痛苦，（这）一定在你的青春里刻下了深深的印记。”

菲利普没有继承常规孤儿的命运，他所经历的悲剧将他变成了全英国最富有的年轻人之一。与爵位一同降临到他身上的，是父母留给他的价值 100 万英镑的遗产，包括公园径 25 号的大宅，伦敦北郊特伦特的乡村庄园，以及肯特郡海边桑盖特的肖恩克里夫庄园。此外还有远在印度的资产，包括他曾祖父在浦那的房产，以及爱德华在大卫·沙逊公司所占的股份。这一切，通过他父亲的遗嘱都传到了他手上，只有一个条件，永远不能将财产出售给外人，而削弱家族对企业的控制。他谨遵爱德华的要求，尽管从未对商业产生过多的兴趣，但始终维系了大股东的地位。菲利普在

---

① 查理·卓别林记得自己 1921 年与菲利普一起小住时他的这个动作，并在自传中提及。

公园径 25 号住下来。感觉兄妹不应该住在一起，于是西比尔与新近守寡的姑祖母露易丝·沙逊一起，搬到了海德公园附近的阿尔伯特门 2 号。

爱德华还留给他寄予厚望的儿子菲利普另一份更长远的礼物。他在遗嘱里的"特别期望"部分指出，儿子应该"与我的议会选区保持联系"。这个要求，仅仅到了临死前他才让菲利普向他保证。西比尔记得，当父亲"病情严重，大家知道他无望恢复时，他提出让哥哥接替他的位置"。爱德华去世第二天，报纸也报道了，"毫无疑问，菲利普·沙逊先生……将被推上台前"，作为海斯地区的议员候选人。

子承父业从政并不罕见，但候选人的最终决定，应该由该党领袖安德鲁·博纳·劳做出。前议员亚瑟·科尔法克斯爵士也宣称要获得该地区的议员席位，而他的经验比起菲利普来丰富得多。就在几个星期前，他还对报春花联盟[①]发表过公开演讲，反对爱尔兰自治。然而博纳·劳听取建议，将机会交给了这位年轻的沙逊。这当然不是纯粹基于感性，更主要的，是因为沙逊和罗斯柴尔德两大家族多年来对该党在这一选区所做出的巨大财务贡献。菲利普和科尔法克斯均在福克斯通市政厅，本地保守党确立候选人的会议上做了演讲，但非常明显，沙逊的支持者绝对占了多数。

菲利普被选上，意味着他没有时间为父亲的去世而哀痛。中期选举将在 6 月 11 日进行，他立刻投身于竞选活动中。利用人们对爱德华的好感，菲利普努力地去实现父亲希望他在选举中获胜的遗愿。在参选演说中，菲利普将自己定义为保守党和民主统一党的候选人：反对爱尔兰独立这一在他看来会给爱尔兰带来极大麻烦的主张；支持关税改革，以给予从大英帝国进口的物资优惠；并呼吁加大皇家海军在新战舰上的投资。他完全可以信赖福克斯通渔民对他的支持。他们曾在 1910 年大选时，将爱德华·沙

① 报春花联盟（Primrose League），始创于 1883 年的英国草根政治组织，传播保守政治主张。

逊的竞选标志和保守党旗双双悬挂在他们停泊在港口的渔船上。这一次，在菲利普的竞选中他们又一次这样做。他们反对自由党政府的自由贸易政策，这一政策允许法国渔民免税将他们的鱼运来福克斯通，而与此同时，英国船只若想将他们的渔业收成运入法国港口，则会被征税。菲利普还获得选区里有执照的运粮船只的支持，并继续享受着酒业对托利党的一贯支持。他因为中期选举时支持妇女选举权运动，惹恼了一些更为传统的保守党议员。在他的第一次公开竞选集会上，有部分听众质疑他太年轻，然而新闻报道说，他“承诺将要成熟起来，如果他们给他这个机会”。这次集会上的表现，被另一家当地报纸欢呼为“惊人的成功”。

投票日天气晴朗。这有助于鼓励选民们前来投票，但为了以防万一，菲利普选举团队出动汽车将他们的支持者接到投票点。海斯的选民们，用几乎与上一次大选中投给他父亲的一模一样的多数票，毫无悬念地将这个从他还是个男孩儿起他们就认识的年轻人送回了议会。年仅二十三岁，菲利普作为“下议院婴儿”①，备受瞩目。这时菲利普的同学们，如帕特里克·萧·斯图尔特，还在忙于挣钱积累，以期将来有机会在议会谋得一席之地。菲利普·沙逊爵士此时通过继承，已经将这两项稳稳地握在了手里。爱德华·沙逊为菲利普开路的人生愿景，此时已获实现。父辈的努力将他送进了议会，然而去了那里如何作为，就得看他自己了。

当时的著名政治漫画作家麦克斯·毕尔勃姆，曾描绘过一个摩登而冷漠的菲利普·沙逊，以盘腿打坐的姿势坐在一张绿色的长凳上，身旁一边一个红脸的大胖子托利党。他将这幅漫画命名为“菲利普·沙逊的陌生伙伴”。菲利普从外表和仪态上，都与各郡来的骑士以及用来点缀下议院的殖民战争中的老兵很不一样。除他之外，还有极少的几个犹太议员，超过

① 下议院专为最年轻的议员所保留的非正式称呼。

90% 的保守党成员都是英国国教徒。但是议会已经开始变化，出现了商人和中产阶级专业人士，以及还在增长中的工党工人和贸易工会代表。菲利普 1912 年 6 月踏进的这个下议院，拥有该院历史上最著名的一些名字，政治家大卫·劳合·乔治、亚瑟·贝尔福和温斯顿·丘吉尔。同时，这也是政治上很不确定的一个时期。当时由赫伯特·阿斯奎斯首相领导的自由党政府刚开始步入一系列的麻烦，顺便一提，阿斯奎斯首相的夫人玛戈曾经是菲利普母亲十分亲近的好友。先是 1909 年劳合·乔治那份伟大却充满争议的“财政法案”，紧随其后的，又是上议院改革所引发的宪政危机，接下来才是还在演变当中的爱尔兰政府的棘手问题。保守党作为反对党已经六年，这时他们充满希望地要在下一次大选中重掌权力。

菲利普等到 1912 年 11 月才发表他的首次演说，声明他反对爱尔兰自治的政府议案。加拿大商人、议员，同时也是报业大亨的麦克斯·艾特肯（后来的比弗布鲁克勋爵[①]）记得:“那是一次平淡无奇的表现，却赢得了潮水般的欢呼。并不是因为他的演说特别好，而是因为他有大宅子，以及手里掌管着的更大的基金。”菲利普也希望能利用这些东西来收获好的效果。就在海德公园支持阿尔斯特保皇主义集会之前，他在公园径举办了一次盛大的午餐会，出席的客人包括统一党领袖爱德华·卡森爵士，资深保守党人士伦敦德里勋爵，F. E. 史密斯，以及奥斯丁·张伯伦。当有报道称，菲利普在福克斯通的一次演说中宣布，他将购买一艘轮船把本地预备役军人运往爱尔兰，以支持阿尔斯特不受都柏林自治政府干扰时，他的统一党身份被进一步巩固下来，尽管他事后否认了曾做过这一承诺。这些行动也许反映出他早期的政治抱负，对良好公共形象的渴望，但并不一定就是他本人真实的信念。他试图在自己与保守党核心领袖之间建立联系，但他在

① 他拥有《每日邮报》，是伊夫林·沃 1938 年伟大的讽刺小说《独家新闻》中库珀勋爵的原型。

下议院的最初两年里并未给人留下太多的印象。战争之后，他在爱尔兰自治这些问题上的观点，显然变得比从前更加有自由派倾向。

1912 和 1913 这两个年份，标志了菲利普以及妹妹西比尔两人生命的转折点。随着父母的离去，青春戛然而止，成年人的生活猛然降临到他们头上，这同时也将他们之间的关系拉得更近。西比尔在巴黎接受教育，而菲利普则一直在英国上学。现在他们都住在了伦敦。1913 年，他们一家的朋友约翰·辛格·萨金特分别为菲利普和西比尔绘制了肖像，捕捉到了他们的美貌和姿态，展现出两人都处在实现青春梦想的临界点。有趣的倒是菲利普请他的朋友青年画家格林·菲尔波特为他绘制的第二幅肖像，在这幅色彩暗沉的画面中，菲尔波特描画的沙逊，穿着萨金特肖像中同样正式的服装，但人物没有向远处看，而是侧着头，稍稍俯视地凝望着画面外的观者。在依然很优雅的同时，他看上去更具真实人性，孤独而并不十分坚定，肩负着压在他身上的责任。

1913 年 8 月 6 日，十九岁的西比尔在经过短暂的恋爱期后，嫁给了乔治，罗克萨维奇伯爵，一位风度翩翩的乔蒙利侯爵继承人。是菲利普把西比尔介绍给罗克的，他们通过共同的朋友戴安娜·曼勒丝女爵相识。西比尔的婚姻，更加剧了菲利普的孤独。她即将启程前往印度，度过将近一年的蜜月。而回来后又将安顿在诺福克霍顿庄园里的罗克家，或者是他们在肯辛顿花园 12 号的镇屋[①]。这场婚姻还导致了与家族里其他犹太亲戚的裂痕，尤其是罗斯柴尔德那边，因为他们不满于西比尔嫁给了其他信仰的人。婚礼上由菲利普将妹妹交付出去，姑祖母及表兄大卫·葛培和罗克的父亲柯尔蒙德累侯爵一起，充当证婚人。西比尔的罗斯柴尔德亲戚无一出席婚礼，并且此后多年与她断绝联系。婚礼举办得很清静，就在位于伦敦

---

① 镇屋（townhouse），一种独门独户的联排式城市住宅，在形式上与联排别墅接近。——译注

市中心白金汉宫路上的一条王子街登记处举行。仪式仅持续了十五分钟，统共不到十个来宾，等在门外的记者和摄影师人数远远超过了他们自己。

婚前，西比尔常常陪着菲利普一起去派对，或者去西区观看某个演出的首场，还常常在公园径他举办的晚宴或者派对上帮忙。菲利普终身未婚，常常戏称自己被惯坏了，有这样一个迷人的妹妹，实在找不出能比得过她的女子。然而，仅管哪种说法都没有确凿的证据，但一直有传言说菲利普·沙逊不婚的真正原因是他是同性恋。

同性恋在英国直到1967年以前都是非法的，在菲利普的有生之年，连这个词都属于禁忌。他无论从哪个方面看都是一个十分注重隐私的人，从不喜欢跟人讨论他的私人生活，若将他是同性恋这件事公之于众，必将导致轰动性丑闻。作家贝弗利·尼科尔斯回忆："当时依然有大量的人——尤其是在上流社会——对他们而言，这个问题十分黑暗，罪恶深重，带着先天的毒性，以至于他们会本能地对它闭上眼睛。"1931年有人向国王乔治五世指出，在他加冕大典上为其执国剑的好友博尚伯爵正面临被揭穿其为同性恋的危险时，他大声说："我觉得这样的人应该自己一枪解决了。"伯爵逃脱了被起诉，但一生中大部分时间都只能背井离乡在流放中度过。

然而1895年以"严重猥亵"的罪名对奥斯卡·王尔德所提起的指控说明，同性恋虽然非法，但这事并非人们从未听说过，它属于"那种不可言说的爱"[①]。事实上，一战以后在"大学圈子"里，奥斯卡·王尔德已经被某种程度上认作"不宽容精神的殉道者"。比菲利普年幼七岁的作家，也是他远房堂兄西格夫里·萨松的朋友罗伯特·格雷夫斯相信，那时"同性恋在上流阶层中，已经经历过好几代的增长"，与此同时，他还认为公学负有一定的责任。格雷夫斯在他的回忆录《别了，所有那些》一书中，

① 这句话源于阿尔弗雷德·道格拉斯勋爵的诗《两种爱》，在对奥斯卡·王尔德的审判中被用来反驳他。

用非常就事论事的方式探讨了不同的同性恋经历。伊顿被认为是“当时对同性恋态度最开明的学校”，但菲利普·沙逊的同期学生劳伦斯·琼斯则坚信，在伊顿，“同性恋仅仅是对异性恋的某种替代，如果有女孩子的话，它根本就不可能发生。离开学校那一天起，它就不再存在”。这个观点，菲利普的另一位伊顿朋友伯纳斯勋爵也同样表达过，他在回忆录中写道：

> 我那个年代的伊顿，不可否认地有不少这样的事发生，但把它说成是同性恋就过于笼统了……我只能说，在我所能够了解到后续影响的各个例子中，都没有造成什么不可挽回的伤害。我所知道的伊顿最堕落的男孩后来也成长为受人尊敬的父亲，其中一位，在我那个时候，就是丑闻的代名词，后来还成为英国国教会非常受人尊敬的要人。

菲利普有很多朋友在两次战争之间的那一时期都是同性恋或双性恋，例如伯纳斯本人、格林·菲尔波特、菲利普·提尔顿、鲍勃·布思比、塞西尔·比顿、雷克斯·惠斯勒、诺埃尔·科沃德以及利顿·斯特雷奇。在一战中的一次军事仲裁过程中，当斯特雷奇被问到“请告诉我，斯特雷奇先生，如果一名德国士兵正在试图冒犯你的姐妹，你会怎么做？”时，他的回答很出名：“我会试着挤到他们中间去。”私下里，或者在波希米亚人群中时，沙逊当然对这些男人间的快乐并不陌生，但他也与很多女性保持了亲密的友谊，尤其是作家玛丽·贝洛克·朗蒂丝以及爱丽丝·达德利，以及他的园艺设计师诺拉·林赛。这些关系都无涉浪漫，大多基于共同的兴趣和爱好，以及性情相合。爱丽丝·达德利倒是在日记中提到过这么一件事，她在公园径菲利普家中小住时，有一次他变得很“烦躁不安”，告诉她，“我是那种不愿表达的人，希望有人能帮我解脱出来”。爱丽丝记得，谈话结束时，菲利普“笑了，俯身吻了我——那是第一次。我感到自己被搅乱了——很显然——他也是”。菲利普和爱丽丝之间，当然没有出现过恋情，用她自己的话说，她的年龄足够做他母亲。但从这件事可以看出，他在向别人表达感情时的困难。这不可能仅仅是由于他的爱德华式童年生活，而更因为他在刚刚进入感情成熟期时，便失去了父母。

得以保存下来的菲利普·沙逊私人书信文件中几乎没有任何可以表明他私人生活的证据。1919年，他保留了一份去摩洛哥和西班牙的旅行日记，与他同行的，是一位被称作“杰克”的朋友，此人很显然是一战期间他在总部的同僚军官。还有一些没有标注日期的写给杰克的信，其中一封有这样一段，充满了罗曼蒂克的弦外之音：“所以你就这么等了整天整夜才给我打电话……而我也一样。我明天上午给你电话—— 一大早……甚至在玫瑰色的晨曦将你白色的睡衣染上一抹红晕之前……我会等着，直到你睡眼惺忪地惹我怜惜。”

无论菲利普私生活的真相是什么，有一点我们能够肯定，他在拥有亲密而忠诚的朋友的同时，从未与任何人保持过较长时间的浪漫关系。在缺乏证据的情况下，没有哪一个特别的伴侣与他的关系，能够让外人看得明白。他的私生活牢牢地对外界关闭着，那是他自己身上想要隐藏的一部分。他在伊顿所获得的教训之一便是，你可以成为任何你希望成为的人，但在爱德华年代的英格兰，外界仍然对你有预期，希望你去遵循。私下里，尤其是在利姆港他为自己所建造的领地上，按照鲍勃·布思比的说法，菲利普“便会将缰绳放松，释放出存在于他内心的另类激情”。

他父亲去世后不久，菲利普卖掉肖恩克里夫庄园，在利姆购置了270英亩的农场开始建造这个庄园。要求是，从这里看过去，罗姆尼沼泽以及远处的英吉利海峡风光一览无余。这大概是肯特南部海岸最好的位置了，整座庄园深陷于远古岩石所围绕出的一个与世隔绝的自然环抱中。菲利普不仅被利姆的地形所迷住，同时也被其历史所吸引。这座庄园建造在一个古罗马港口——雷曼尼斯港，过去的一千年间，海面回退，由底部宽广平坦的沼泽渐渐形成了这样一个坡形海岸。菲利普很希望他的新庄园建立在如此古老的地基上，这个想法很像他自己家族的历史。

他请了一位很时尚的建筑师赫伯特·贝克[①]来设计庄园的建筑，贝克当时因为在南非为塞西尔·罗兹所做的设计而名噪一时，他刚把设计事务所搬来伦敦。赫伯特·贝克爵士选中了荷式殖民风格，这与他在南非的设计类似，让建筑背靠三角墙，面朝大海。菲利普要求使用旧砖，从而给这房子的外观赋予一股柔软的调子，同时使它看上去好像早就在这个地方了。几年后，当花园也建造好了，菲利普便不时地将庄园对公众开放，为慈善筹款。他非常兴奋地复述从一个向导口中听来的关于利姆港的一句话："这里的一切都是旧世界的风貌，包括每一个细小的复制。"

尽管主体建筑 1913 年就完成了，但建筑和庭院的进一步设计都被 1914 年降临的战争所打断。

① 贝克最著名的业绩是修建了比勒陀利亚联合大厦，南非政府所在地。他于1926年被授予骑士勋章，死后葬于威斯敏斯特。

第二章 将军的参谋

奋战在泥泞中，我们转头向您
主啊，在这艰难的时刻
祈求您，庇护我们平安，
如果可以的话，
避开狙击弹片、刺刀和炸弹。

算了不要管我们——（我们只是
在粗人中打滚的粗人）——
去照顾那些参谋官，那些上等人吧[1]
每天的事务都得靠他们啊。

参谋官用大脑，出谋划策
我们，就会坐在战壕里；
参谋官是宇宙的主宰啊
（唯独从属于您和弗伦奇将军）。

求主护佑参谋官——特别是

---

① 这个用法出自美语中的一个表达法“顶层的一万人”，指代19世纪中纽约社交圈的上层。第一次出现在英国，是在威廉·萨克雷发表于1861—1862年的小说《菲利普历险记》中，这部小说在一战中再次流行。

年纪尚轻的那些，大多出自
高贵血脉的子嗣
他们肩负重担，还那么年轻。

哦主啊，您创造了万物
其中有一些尤其美好
请让这参谋官们
远离恐惧和血腥吧。

请保证他们能吃上新鲜的鸡蛋
而不是已经变绿发霉的那些
也请不要让那讨厌的阵风
刮进他们轿车的窗户。

朱利安·格伦费尔，
《为参谋官祈祷》(1915)[①]

第一次世界大战像一道霹雳，划破1914年夏天的晴空。6月28日上午，奥匈帝国的王位继承人弗朗茨·斐迪南大公和妻子霍恩贝格公爵夫人苏菲在萨拉热窝遭遇年轻的“塞尔维亚民族主义者”加夫里洛·普林西普[②]的枪杀而身亡。其后只经过了短短的37天，欧洲于8月4日晚11点，便从和平进入全面战争状态。人们在那个时候，并未意识到这样的决定有多

① 出自E.B.奥斯本编撰的《新伊丽莎白时代：在大战中倒下的年轻人的生平选集》。

② “塞尔维亚民族主义者”是普林西普在法庭上用来形容自己所用到的词，声明他的目的是将斯拉夫人从奥匈帝国中独立出去。

大，对于它将如何撼动几百万人的生活一无所知。

事实上，媒体上的末日论者和通俗小说作家们预言有战争爆发已经好几年。各国间军事力量与日俱增的比拼，尤其是德国的野心，在他们看来，不可避免地会导致冲突。菲利普·沙逊的一位朋友也是他在肯特郡的近邻，H. G. 威尔斯，在他 1907 年的小说《大空战》里就发出过类似预言。

临近7月底，随着欧洲各国之间关系的恶化，人们开始为战争做准备。7 月 28 日，奥地利向塞尔维亚宣战的头一天，菲利普·沙逊在法国的罗斯柴尔德表兄弟们给伦敦的亲戚发了一封密电，让他们“大量”抛售“法国政府和银行”债券。伦敦的罗斯柴尔德们没有听从这一建议，声称，在一个已经处于一触即发的紧张状态的金融市场里，已经不太可能再这么操作了。不过，他们悄悄地把这件事告知了阿斯奎斯首相，首相认为，这是个“不祥”的兆头。

8 月 3 日，菲利普·沙逊坐在下议院密密麻麻的议员中间，听取外交大臣爱德华·格雷爵士向议会通报欧洲最新局势的严重程度。英国将兑现其对比利时保持中立的承诺，而一旦法国遭遇无端侵犯，他们即会出面支援。爱德华爵士在一片喧嚣声中说，如果一队“外国战舰沿英吉利海峡而下，轰炸攻击毫无防范的法国海岸，我们绝不能够坐视不顾，双手一抱，眼睁睁看着它在我们面前上演，而无动于衷地什么也不做”。这是菲利普很容易想象的一个画面。因为，站在他利姆新家的露台上就可以看得见。外交大臣所描述的这样一幕，海军在海峡上冲突，同时陆地上有军队在作战，也必将使他的议会选区肯特郡东南部不偏不倚地被置于前线。而英国为保卫法国——既是他母亲的祖国，也是他自己待了很长时间的地方——而战，对菲利普而言，无疑也是正义之举。

战争爆发后，他首先想到的是妹妹西比尔和妹夫的安全。他们当时正在从印度蜜月回来的旅途上，在勒图凯停留，罗克要在那儿打一场马球比赛。而眼下的报道说，海峡各港口比如布洛涅正陷入混乱，人们拼命地在想办法赶回来。也是在这场战争中，菲利普采取的第一项行动，是派管家弗兰克·嘉顿带着一包金币去法国，确保妹妹一家能安全回来。

直到 1916 年英国才开始征兵。但菲利普并没有面临是否以及何时志愿加入军事力量的两难选择。作为东肯特郡皇家义勇兵团预备役的军官，宣战后第二天他就收到了动员令，他是七十名以这种方式应征的议员中的一名。无疑，志愿参战的议员将被要求放弃他们在议会里的席位。但菲利普相信，作为一名青年，战时更好地为自己选区服务的方式，应该是加入部队，而不是参与威斯敏斯特的事务。

菲利普的伊顿和牛津朋友们，如帕特里克·萧·斯图尔特、爱德华·霍纳，以及查尔斯·利斯特尔，也都志愿参了军。那时朱利安·格伦费尔已经是一名职业军人，正在皇家龙骑兵里做一名上尉。而当时是骑兵军官的劳伦斯·琼斯记得，“朱利安带着极高的热情上了战场，他渴望打仗，查尔斯秉承了他习惯性的无私，而已经拥有了一切的帕特里克……也在明明知道这其中风险的情况下，放弃了全部，欢快地走入战争”。

菲利普去得也很兴高采烈，甚至一直到 1915 年，他从法国写信给朱利安的母亲德斯伯勒夫人时，还这样说：“能够在这儿真是好极了。今天天气污浊——但大部分时候更糟糕，这儿的乡村乏善可陈，也没什么机会可以做点儿什么——不过这一切在我看来，却都是玫瑰色的。”菲利普身上没有天生的战士那种大摇大摆的气派。一位军官同事回忆说，有次同他一起步行去一个法国小镇，在那儿，他们遇到一个长着一头鲜艳红头发的年轻姑娘。“菲利普想要上前去赞美姑娘一句，对她说‘小姐您的头发真漂亮’。可他说完就被自己的银马刺给绊了一跤，脸朝下摔在街沿上。”像朱利安·格伦费尔这样的人都被安排在了前线的岗位上。格伦费尔给母亲写信说：“我迷恋战争，就像一场大野餐，却又没有野餐的漫无目的。我从来没有像现在这样好过，这样快乐过。没人抱怨别人脏，在过去的十天里，我就脱过一次鞋，洗漱过两次。”

菲利普没有加入前线作战的兄弟们，只在他所属的团部接受训练，直到1915年2月被派到圣奥梅尔，在英国远征军总司令、陆军元帅约翰·弗伦奇爵士的司令部做参谋官。英军当时正与法军在共同的前线并肩作战，所以双方指挥官之间的协调和沟通是日常要务。菲利普·沙逊的家庭及其在伦敦和巴黎政界的关系，加之完美的法语，使他成为总部参谋官这一职务的最佳人选。

参谋官很快成为前线士兵愤怒的焦点。当后者在战壕的泥泞、湿冷和死亡中煎熬时，参谋官却在远离前线许多英里，征用法国城堡充当的总部工作。在《黑爵士》版的一战史中，达令上尉这样的参谋官就过着相对舒适而安全的日子。与此类似的，还有1969年的讽刺剧《多可爱的战争》，人们正在前线战死之际，穿戴齐整的参谋官们却在司令部里玩跳背游戏。战争进一步深化，军旅诗人们开始诅咒参谋团里“无能的猪”。军事失利也被认为是他们策略部署的失败。朱利安·格伦费尔在他的一首诗中，直接叱责那些年轻军团太“嫩”，无法作战。

尽管有很多参谋官在战争中丧生，而且无论是在行军途中，还是总部本身成为目标时，他们也都一直处于被敌军炮弹直接击中的危险当中。菲利普每天工作很长时间，而他在司令部里那间既用于工作，又兼为私用的小木屋也与豪华不沾边，但它终究不是战壕，他意识得到这个差别。在一次遭遇特别恶劣的天气时，他给德斯伯勒夫人写信：“我无法想象战壕里的糙汉们的境况，我真恨自己，在这个不太暖和的房子里，总算还能在床上睡觉。”其他情况类似的人都主动要求去了前线，二十四位议员在战争中牺牲。首相的儿子雷蒙德·阿斯奎斯就拒绝调去参谋部，后来在一次领兵作战中牺牲。而菲利普仅仅是服从了命令。战争刚一开始他就接受动员，直到1915年2月，都还在为上前线打仗做准备，他从未主动逃避过作战，只是他适合做一名参谋官的技能将他留在了司令部。尽管如此，后来还是有人质疑他在战争中的记录。保守党政治家温特顿勋爵一次与菲利普一起用晚餐，餐后他在日记中思忖："是什么更令人蒙羞呢，像泽西伯爵[①]一样在两次战争中奋战过，而没有勋章呢，还是像菲利普·沙逊这样拥有勋章，却不配呢？"

在最初被安置在约翰·弗伦奇爵士手下做了一阵参谋官后，菲利普被提升为第四陆军军团罗年信将军的副官。第四军团是英国远征军的一部分，在比利时目睹了第一次伊普尔战役的惨烈，1915年初又在新沙佩勒一役中充当先锋。菲利普与罗年信之间除了有伊顿这一共同点外，他们的人生截然不同。将军在沙逊出生前，就已经从桑德赫斯特毕业，1898到1899年间，跟随基奇纳勋爵远征苏丹。1914年8月，乐天派们预测战争可能会在圣诞节前就结束，可战事在西线开始白热化起来，将军们不得不开始做持久计划。罗年信相信，只有通过消耗战才能争取到最后的胜利。到1915年初，菲利普也认同了这个观点，只能对德国人一个战壕一个战壕地节节逼退，直至盟军抵达他们的国界，并非一两次强攻就能取得突破。同时他还有一层担心，在德国人被完全打败之前就急切地想要达成和平协议的愿望，会不会种下十五或二十年后另一场战争的祸根。

然而这种消耗策略所造成的现实，每一天都会放到你眼前，那就是，每一天前线死伤人数的清点。菲利普每天上午查看死亡和失踪清单时，便总是提心吊胆地留意着朋友的名字。1915年5月，朱利安·格伦费尔在伊普尔附近的铁道山被弹片击中头部受伤。一开始对伤势的估计还很乐观，但情况很快急转直下，5月26日死在了布洛涅的部队医院里。当他的

---

① 此处指乔治·柴尔德·威乐斯，第八世泽西伯爵。

死讯传来时，《泰晤士报》将他近期完成并寄给母亲，想看看有无可能发表的一首诗，连同死讯一起刊发出来。这首名为《上战场》的诗，歌颂了战斗的荣誉和光辉，是大自然母亲带给战士们的鼓励和勇气，有这样的句子："如果这将是你唱的最后一首歌，那就好好唱吧，因为这之后，可能你再也不能歌唱。"

菲利普为失去朱利安深受打击，但他过了将近一个月才给德斯伯勒夫人写信。"自从朱利安死后，我每天都想着要给你写信，但一直找不到恰当的词……从很久以前在伊顿认识他起，我就有着对他的强烈敬仰。也一直遗憾，因为环境和年龄差距而未能与他更加亲近。"朱利安在伊顿尽管远比菲利普更有威望，其实仅仅年长他几个月，朱利安几乎就是爱德华年代英国男生里英雄形象的替身。菲利普的措辞，反映出他们关系的疏远，但同时又暗示了，他怎样仰望朱利安，并渴望得到他的认可。仿佛对菲利普来说，朱利安个人对他的接纳，代表了更广泛的英国社会对他个性和能力的认可。在给德斯伯勒夫人的信中，菲利普接着引用了上一个月刚刚牺牲的战争诗人鲁珀特·布鲁克的诗句来告诉她，朱利安留下了"洁白无瑕的华彩，汇集他一身的光辉，以及无边璀璨的静谧，在这夜空之下"[①]。朱利安向来似乎是不可摧毁的，菲利普很难相信他真的已经走了。"他的死亡，"他对德斯伯勒夫人说，"坚定了我们的信仰——这样的灵魂不可能远去。我们知道他们一定就在我们周围，我们一定会再次见到他们。"

朱利安死后几个星期，在卢斯战役期间，出现了一次对他的奇特追忆。一整个骑兵团日夜整装待发，团里的预备役军人在罗年信将军城堡外候令，以备前线一旦突围，骑兵将立即奋蹄穿越前线。劳伦斯·琼斯是其中的一位，他回忆道：

---

① 出自《逝者》（*The Dead*）。

雨下了一整夜，大伙一直想要挤到杜松木下避避雨。整夜无眠，人人目光呆滞，又冷又困，红着眼睛待在城堡那宏伟的入口处，等候命令从那里传来。这时一个修长漂亮的年轻军官，衣领上绣着红领章，皮靴锃亮，从台阶上下来，是菲利普·沙逊，“罗尼的副官”。我一向并不认同参谋官们被过分娇惯了，或者他们应当跟整个部队同甘共苦的说法，我一点也不这样认为。但总有那样的时刻，当不平等在一刹那间彻彻底底地展示在你眼前时，你还是会感到窝火和不满。托米·兰瑟尔此刻还不是国王或女王的私人秘书，只是一个没吃上早餐的湿漉漉的中尉，他大概此时就处于那样的时刻。托米于是躲在一丛杜松木后面喊：“菲——利——普！菲——利——普！我看见你了！”把朱利安躲在窗户后偷窥从另一个学院过来，正小心翼翼穿过贝利奥尔学院方庭的菲利普，并吓唬他时的腔调模仿得惟妙惟肖。那漂亮的副官立时站住了，抬起头，像一头雌鹿在空气中嗅了嗅，随即转过头去，快速跑上台阶，消失在门后。是他听见了朱利安从坟墓里传来的声音吗？……别人永远无从知晓。

朱利安的弟弟比利，7 月 30 日这天在荷格领军冲锋时阵亡。这儿距离朱利安受伤的地方还不到一英里。比利的尸体一直没有找到，战后的伊普尔梅宁门战争纪念馆里没有一座可以用来凭吊他的坟茔。菲利普是跟比利一起长大的，在伊顿，以及在数不清的塔普洛周末派对上。再一次，他在房间里坐下来，给德斯伯勒夫人写痛不堪言的一封信：

仅仅两个星期前，我还收到他的来信，说没上前线把他闷坏了，他急切地想要回到重要岗位上去——我赶紧冲到波佩林赫——但那天一早他已经走了，去战壕了——如今我再也见不到他。这教会了我，不要展望未来——不过这次我允许自己，将比利的友谊当成一件未来十分珍贵的礼物来期待——他留下的空白将永远无法填上。回顾与他在一起的美好时光，那是我生命中的无价之宝。我将会多么想念他啊。

菲利普的语言，反映出他所拥有过的与比利之间的传统友谊；比起来，他与朱利安之间的关系，就有着明显的不被接纳。

1915 年 8 月末，这时是皇家海军陆战队中尉的查尔斯 · 利斯特尔在蒙德罗斯战地医院牺牲，死于加里波利之战留下的伤。利斯特尔当时与鲁珀特·布鲁克以及帕特里克·萧·斯图尔特一起，正向东地中海航行。萧·斯图尔特从这一在劫难逃的战役中得以幸存，却终于同爱德华 · 霍纳一起，没能逃过 1917 年康布雷战役。“战前你无法想象，”菲利普在给朋友的信中说，“那种一秒钟也难以忍受的剧烈心痛和焦虑，如今变成你的每一次呼吸。我发现，尽管我现在已经能够在查看一整个伤亡清单后，而见不到一个我认识的名字了——因为我的朋友们都早已阵亡——却已经会对他人的遭遇感同身受——这是一种莫名的哀痛：每天早晨一醒来，就感到自己已经无法再熬过另外一天。”

这些年轻人的死，导致了一系列出版物的面世，以纪念他们短暂而英勇的一生。包括罗纳德 · 诺克斯以飞快的速度推出的帕特里克 · 萧 · 斯图尔特传记，还有一本是 E. B. 奥斯本的《新伊丽莎白时代：在大战中倒下的年轻人的生平选集》，书中收录了格伦费尔兄弟、查尔斯 · 利斯特尔及其他人的散文。书名的灵感源自伦诺尔 · 洛德爵士对利斯特尔的描绘，他属于“有着宽广地平线的伊丽莎白时代，与西德尼、雷利，还有吉尔伯特结伴，在嬉闹声中走进美人鱼客栈”。[①]

并非所有他们的同龄人都认同这种浪漫的肖像。劳伦斯·琼斯回忆道：

> 一个传奇不知怎么的就这样出现了。朱利安是贝利奥尔一伙兄弟中的一员，充满骑士精神，也才华横溢，如果他们活下来，也许会给整个上流社会染上他们所共有的色彩。而关于（查尔斯·利斯特尔、帕特里克·萧·斯图尔特，以及爱德华·霍纳）和朱利安，这样的传奇太离谱。除了他们都乐于彼此陪伴，以及在战争的严酷考验面前所展示的共同的勇气，很少有人能比他们之间在脾性、个性和外表之间差别更大的了。

达夫·库珀是另一位同时期的伊顿和牛津人，他甚至写信给诺克斯，就萧·斯图尔特的传记提出抗议。他在自己的日记中指出：“他从没与我商量，也没有让我或者戴安娜[②]给他写信。这让我很心烦。这么一幅幅形象的一本书，真是又糟糕又无趣。”

但这些纪念书籍中有一本，无疑是无可挑剔的，那就是德斯伯勒夫人向她儿子们的致意，所有内容完全来自家庭日志中的篇章。这部发表于 1916 年的长达六百多页的巨著，是一部关于他们早期童年生活的细致肖像。用德斯伯勒夫人的话说，它是“送给朱利安和比利的兄弟姐妹，以及最亲密的朋友”的。当收到他那本时，菲利普·沙逊告诉德斯伯勒夫人：“这将是一部永远的献词，给那美好而快乐的两兄弟。他们的离去所带来的心痛，正在与日俱增。多希望他们写过的每一封信都能收录在此……我可以就这么一直读，读他们的信和您的点评，直到我无法相信他

---

① 利斯特尔曾在罗马大使馆伦诺尔·洛德大使手下工作过。

② 即戴安娜·曼勒丝女爵，未来的戴安娜·库珀，也是帕特里克·萧·斯图尔特很亲密的朋友。

们真的已经离去。”

有很多人，因为一个所爱的人不可能就这么远去了的信念，他们开始寻求灵媒的帮助。到 20 世纪 20 年代早期，英国注册从业的灵媒数量比战前翻了一番。战争结束后不久，一位飞行员朋友在飞机失事中去世，菲利普·沙逊联系上家里的一位老朋友，玛丽·贝洛克·朗蒂丝[①]，请求她“写信给奥利弗·洛奇爵士……向他请教某位灵媒的地址”。洛奇是位基督教巫师，在他 1916 年耸人听闻的著作《雷蒙德，或是生与死》出版后即变得声名显赫。他在这本书中详细解释了他的信念，那就是，他的儿子雷蒙德于 1915 年在佛兰德斯战场上阵亡后，在他与妻子去出席的一个由灵媒格拉迪斯·奥斯本·列昂纳德主持的降神会上与他有过交流。玛丽·贝洛克·朗蒂丝通过奥利弗爵士获得了一位伦敦灵媒的信息，然后陪着菲利普一起前往。据她回忆，他们——

> 驱车来到诺丁山门外的一条路上，然后停在一座孤零零的别墅前。一位中年妇女接待了我们，她将我们领进一个房间，那儿堆着些破败的户外家具……片刻之后，这位灵媒即进入催眠状态。她的双唇之间传出男人的声音。菲利普始终保持沉默，盯着灵媒。短暂的停顿后，跟先前那位男子同样的声音，又从这位沉睡女子的双唇间传来。再一次，那场事故被他讲述，接着提到了一双飞行靴，讲述者希望这能对菲利普有些用处。回到车里之后，菲利普·沙逊转向我，大声说：“对我讲话的那个声音，正是在埃及丧生的人。”那你明白那飞行靴的含义吗？他说：“我当然明白。他去世后我买下了他的飞行靴。”

① 玛丽·贝洛克·朗蒂丝是一位高产的英国小说家，其最为人所知的作品是基于开膛手杰克谋杀案的《房客》。她是作家希莱尔·贝洛克的姐姐，格特鲁德·斯坦因和欧内斯特·海明威对贝洛克十分推崇。

1915年10月29日，菲利普在福克斯通港短暂休养后，正准备返回法国，在港口的一间专供军人使用的小咖啡馆里等候上船。那间咖啡馆由一对姐妹，玛格丽特和芙拉伦斯·杰弗瑞，以及纳皮尔·斯多特太太经营，分发免费茶点，并要求来访的各个级别的政客和军人一一签名，留下记录。菲利普同随行的其他军官也都乐于遵守。他向四周张望，很明显可以看见，福克斯通是怎样地正在被战争所改变。曾经，它是那样优雅的一个度假小城，那些乘坐东方快车前来的有钱人，在码头车站下车，再从这里乘船去往欧洲大陆。如今，却成了前往法国的军人的主要乘船点，有超过1000万士兵通过这座城市，踏上去往西线战壕的征途。此外，这座城市还是数以万计驻扎在肖恩克里夫军营的加拿大军人，以及1914年8月从德军行军所经之处逃出来的比利时人的临时家园。

战前那个世界已经永远地离去，在当时，1915年10月，看不清和平何时会回来，也看不清英国和它的盟友们能否取得胜利。德军在东线与俄军的对抗中赢得胜利；而西线，他们远离故土，在法国和比利时的土地上作战。英国试图在加里波利开辟战场而失败，因为那是温斯顿·丘吉尔的主张，导致了他1915年11月在内阁的辞职。加上卢斯战役在西线的进一步受挫，更增添了压力，使得战争的努力方向不得不调整。12月3日，道格拉斯·黑格爵士取代约翰·弗伦奇爵士，成为英军驻法部队总司令。这一领导权的更替，给菲利普·沙逊带来的影响很突然，也很深刻。黑格新官上任即延请菲利普留在总部，为他担任私人秘书。这场战争带给了菲利普在和平时期就一直追求的一件事——在重大事件的中心发挥作用的机会。

1916年3月31日，黑格在距离美丽的小城滨海蒙特勒伊不远处，圣尼古拉一个小村子里的博雷佩尔城堡安置好他的私人总部，这里在布洛涅的南面，相距大概20英里。指挥部的通信中心设在蒙特勒伊历史悠久的城堡，整座城市在战争后期几乎变成了英国殖民地。位于孔雀大街的军官俱乐部一向被认为拥有欧洲最好的酒窖，网球场则建在环绕城堡的壁垒之间。

蒙特勒伊被选中，是因为它居中的位置，便于作为从索姆到比利时横跨整个前线的通信中心。同时它又是一个仅几千居民的小镇，对军官和驻守士兵都不会形成额外的干扰。

尽管可能由于新发起的进攻，总部会随部队的行进搬到更靠前线的地方，按常规部署，通常在距离前线不远的一所房子里，或者在某一节停靠在附近的火车车厢里，但蒙特勒伊以及博雷佩尔城堡，在这场战争余下的时间里，将成为菲利普的主要根据地。菲利普还将陪同黑格参加有英法领袖出席的会议，或者代表他去伦敦和巴黎开会。在黑格手下工作有一种活力，特别适合菲利普精力旺盛的个性：汽车和司机随时待命，奔忙于各会议之间，专列和专用汽轮时刻准备将“头儿”运送到他要去的地方，还配备了国王的信使服务来替他及时传递重要消息，或者送来为参加某个重要晚宴所必需的奢侈物品。

菲利普的每日安排完全围绕着黑格的日程，每天上午 9 点前，他已经等候在黑格的办公桌前，中午 1 点休息，有半小时午餐时间。到了下午，菲利普通常会陪着黑格出席总部的一些会议，或者去访问在前线的“一些部队或军团或师”。回到博雷佩尔后，他们继续工作，直到 8 点的晚饭时间，饭后 9 点钟又返回办公室，一直到 10 点 45 分。时任黑格首席情报官的约翰·查特里斯准将记得，“这时，（黑格）按铃呼叫他的私人秘书，永远用同一句话开头：‘菲利普，还没有睡觉吗？’这个习惯从不会改变。如果，在极其偶尔的情况下，菲利普确实已经上床了，他第二天早上一定会说：‘但愿你睡了个很充足的觉？’这位总司令的日常时间表被打破一分钟都非常罕见”。

沙逊跟将军之间建立了很好的工作关系，黑格渐渐认为菲利普是一位“很有用的私人秘书”。后来编辑了道格拉斯·黑格私人文件的罗伯特·布莱克曾经说：“黑格自己不喜欢说话，但他很欣赏他人身上的欢快和机智，十分享受交流中所表现出的才华。这部分解释了他在选择菲利普·沙逊作为自己私人秘书这件事上的自相矛盾。”在一些军官中，有对黑格这一决定的批评。在他们眼里，菲利普是一名政客，并没有与他们同样的桑德赫斯特出身，也没有任何已知的军事训练背景，如今却有了时时刻刻与总司令在一起的特权。按布莱克的说法，他们觉得菲利普是一位“半东方式的人物，像一只充满异域风情的天堂鸟，在司令部冷静的背景布上轻快地飞来飞去”。也有些人认为，他之所以受青睐，跟他舅舅利奥波德·罗斯柴尔德与黑格是好朋友有关。在菲利普的协助下，利奥波德无疑保证了黑格充足的食品供应，这可能也增加了那些闲言碎语的可信度。

菲利普得以被任命，有一部分原因是他自己在战争期间所赢得的高效而能干的参谋官名声。只是，可供黑格选择的人也着实不少。菲利普法语流利，同时又是法国罗斯柴尔德家族的亲戚，他可以极其方便地在黑格与法国将领及政客间起到联络和沟通的作用；另外，他与伦敦威斯敏斯特及媒体之间的关系也同样很有价值。道格拉斯·黑格通过约翰·弗伦奇爵士被免去总司令一职的教训认识到，没有后方的强大支援，战场上的将军其实不堪一击。

而菲利普尽管认识伦敦的政界精英领袖，但他自己究竟还没有在那个世界里变得举足轻重。1916 年 1 月，温斯顿·丘吉尔来司令部拜访黑格，只见司令部里空荡荡，只有沙逊坐在司令官办公室外面，“像一只警觉的西班牙猎犬”。丘吉尔作为一名从前战场上的轻骑兵，眼下没有其他政务缠身，很希望能来法国前线当一名指挥。他来访几天后，菲利普给《晨邮报》编辑 H. A. 奎恩写信，告诉他：“温斯顿就在这儿一直晃悠，但 D. H. 爵士始终拒绝给他一个旅，最后答应先给他一个营带几个月。这对其他人不公平，再说，他有资格吗？我觉得没有，他没什么值得夸耀的好事。”

菲利普现在处于这场战争中的另一场战争的前线——英国执政的政客与在法国的英军军事指挥官之间，关于战争方向之争。其核心，是直到今天都还没争出个结果的问题：究竟是糟糕的指挥，还是糟糕的供给，延长了战争。在这场战争中，菲利普的盟友之一是帝国防务委员会成员埃舍尔勋爵，他多年来一直在皇室和军队圈子里掌握着相当的实权。雷吉·埃舍尔掌管着一个非官方的情报搜集网，信息完全来自他在伦敦和巴黎社交圈里消息灵通人士的八卦和见解。埃舍尔的风格和经历都与菲利普十分合拍，并且他在性取向上也有些含糊，与菲利普·沙逊这样的青年男子建立友谊已经成为他的一种习惯。从他们的信件中看不出罗曼蒂克的关系来，基本上全是关于赢得战争的各种小道消息。然而菲利普无疑对雷吉是敞开的，这鼓励了一种非常强烈的相互信任。与他同其他年长朋友之间的关系类似，某种程度上取代了他的家庭。有一封写给埃舍尔的信，信中充满了忧郁的自我反思。“睡过卡瓦列里（米开朗琪罗的缪斯，一位青年男子），发明了无线电，画出了《宫娥图》，写出了《呼啸山庄》——那是不朽的生命。可我呢，一个一无所成、一文不值的傻瓜，就像夏天里随阵风打旋的一枚榆钱。”

埃舍尔为他所担任的这一相当于总司令守门员的重要角色提出了忠告和建议，要他协助司令抵御来自白厅政府行政上的干预。1916 年初，埃舍尔告诉菲利普：“眼下的关键在于，去除缠绕在堡垒四周的由 K[①]、老罗伯森[②]和总司令所掌控的铁丝网……不过不动声色的宣传一直在不声不响地进展中。”

---

① K，指基奇纳勋爵（Kitchener），战争大臣。

② 陆军元帅威廉·罗伯森爵士，帝国总参谋长。

这些“宣传”来自丘吉尔、F. E. 史密斯[①]，以及大卫·劳合·乔治。他们已经开始质疑将军们的战略，尤其是都对西线以如此巨大伤亡，取得这样微小的胜利，而日渐担心。他们在争论，是否需要找到其他方法，以突破这一僵局。另一方面，将军们则坚信，在法国和比利时击败德军是取得战争胜利的唯一途径，因而他们反对将资源分散到其他的军事用途上。丘吉尔在这件事上，责怪基奇纳勋爵以及其他在法国的将领，认为是没有更早些支持他，为他提供取得成功所必需的人手，从而造成了他在加里波利战役的失败。

这些上层政治家同时还相信，将军们也正在通过他们在媒体的关系来减弱政府的威信，从而使得任何军事挫折都可归咎于政府对军队在训练有素的人员、子弹和炮弹供给等方面的不力。丘吉尔的批评态度尤其尖锐，他将自己眼前所见如此总结：

> 愚蠢的宣讲正在通过各种渠道抵达公众，将军们和海军上将们在有关战争的一切问题上总是正确的，而各方面文职人员则一定是错误的。这些不公正的认识，通过报纸，以最粗糙的形式，正十亿倍地向大家灌输。懦弱而嚣张的政治家们被描绘成躲在办公室里，试图用政党阴谋，或者美化个人来毁灭这个世界，他们回避责任，除了制造一些肤浅的词汇外别无一用。与之相对的，是沉着、高贵而坚定的伟大形象，一位陆军或海军指挥官，穿着华丽的制服，勋章闪耀，放射着英雄的光芒，装配着技术和作战时的全副武装。这个高贵的形象，没有一丝一毫留给自己的考虑，他给我们提供富有远见卓识的指引，积极行动的忠告，或者

① F. E. 史密斯，议员、大律师，1919年获伯肯希德勋爵头衔。

灵巧而机智的闪避。然而他的忠告却遭到了拒绝，他完美的计划被搁置，他英勇的提议被政客的清谈和无能所阻拦。

1916 年，菲利普·沙逊便是这“各种渠道”中最重要的一个，他负责代表道格拉斯·黑格与各媒体进行沟通。其中他与报业大亨，《泰晤士报》及《每日邮报》的老板诺斯克利夫勋爵之间的关系便是最为重要的一环。诺斯克利夫勋爵对于军队领导力的认可之高，与他对政治家的不屑相当。他从一个无名之辈成长为当时最大的媒体老板，不谦虚地说，每天早晨在伦敦被印出来的报纸里一半都是他的。按后来的比弗布鲁克勋爵的说法，他是那个时候“报纸所有者中最有权有势的一位”。

菲利普有足够的情商去懂得这位大亨希望得到感激。他因此会满足诺斯克利夫希望访问前线的要求，也会给他的记者安排采访黑格的机会，菲利普还会因为他报上的报道令司令部满意而写信向他致谢。菲利普从诺斯克利夫那里学到的最大教训便是，无论一个人职位有多高，如果得不到他人的认同，他的权力便不可能得到最大程度的发挥。而这样的认同基本上是基于信任和尊重。媒体有能力通过施加外部压力，引导人们去质疑他人的能力。正是通过这种方式，他们协助促成了约翰·弗伦奇爵士的下台，迫使阿斯奎斯首相将保守党引入政府。

诺斯克利夫对军队及将领们的战略能够在西线获胜有着完全的信任，他希望能与黑格的核心层直接打交道，又知道与菲利普·沙逊沟通已经无异于与首领沟通。菲利普也相信自己有足够的理由来全力支持黑格，这并不仅仅源于个人的忠诚。劳合·乔治有政治阴谋家的名声，祸害过很多保守党员。[①]丘吉尔也因（1904 年）转投自由党而招致很多托利党议

① 菲利普·沙逊的父亲爱德华就是一例，他在 1912 年遗嘱中拒绝捐钱给慈善机构，作为对劳合·乔治 1909 年引入的继承税的抗议。

员的怨恨，这种决定在他们眼里，仿佛是受了机会主义的鼓动，只想着自己的政府职位，而不为更高的理想。加里波利失败后，丘吉尔从内阁辞职，菲利普明确地告诉过诺斯克利夫，他不是丘吉尔粉丝，也反对他以任何形式，再“拿他的野猫计划以及灾难性的业绩”，重新对战争的方向施加影响。

1916年6月初，菲利普陪同黑格从布洛涅出发，跨过风暴中的海峡在丹佛尔登陆。本来已经严重晕船的菲利普，一眼看见送到司令手上的新闻，脸上所剩无多的血色也立即退去。帝国英雄，征兵海报上的形象代表，基奇纳勋爵去世了。皇家海军汉普郡号装甲巡洋舰在运送他前往俄国执行秘密外交使命途中，在奥克尼岛附近触雷沉没，勋爵溺亡。菲利普是在加入了黑格勋爵的团队后才认识基奇纳的，发现他“除了好大喜功的个性以外——其他感性和幽默方面的品质，很少被人们在谈论中提及。他的死，对他个人而言成就了荣誉；而对于我们损失有多大，这个国家知道，而一些上层的人物渐渐会意识到”。基奇纳的死，在埃舍尔勋爵希望用来避开政客、保护军事将领的“缠绕的铁丝网”上轰开了一个洞。更糟的是，司令部所关心的问题，基奇纳战争大臣的位置将被劳合·乔治勋爵接管。

7月1日开战的索姆河战役，为西线带来了更为惨重的损失：第一天伤亡总数6万，其中2万阵亡。这是英国军事史上伤亡最惨重的一天，而黑格依然坚持要继续他的作战计划。到了那个月的后半个月，最高司令部决定动员媒体来支持黑格，以防止新的战争大臣有任何干预军事策略的企图。菲利普·沙逊设法将诺斯克利夫勋爵安置在司令部，并安排了他与黑格见面。菲利普告诉埃舍尔勋爵，这次成功的会面，“将证明它与打胜仗一般重要……一定要竭尽所能，将媒体的观点往正确的方向上引导”。尽管他有时也因为媒体对黑格在司令部的每日生活琐事的强烈兴趣而被烦扰，不过他对埃舍尔说，“英国公众现在知道了他每天几点用早餐以后，显然对黑格更有信心了”。黑格起初对这样的效果喜出望外，在一封写给妻子的信中，他充满喜悦地告诉妻子，他的名字“开始与正面评价同时出现在报纸上了！你一定觉得我正在变成一个广告商吧！”

诺斯克利夫希望，在自己去意大利度假期间，菲利普能与他保持联系，并告诉菲利普通过英国驻罗马大使馆以及他在伦敦的政治顾问乔弗瑞·罗宾逊来传递信息。他鼓动菲利普与罗宾逊拉近关系，并允许罗宾逊来前线访问。他说，罗宾逊是他关于内阁成员的思想及行为上最信赖的顾问，“这就是我们的机制。应当是他去了解他们，而不是我。这是一个非常好的模式。他们是一群很容易上当的乐天派，任何愚蠢的故事都能骗过他们。不过他们中也有例外，那就非常优秀，但总的来说，他们像鳗鱼一样油滑，结合了些职业交际花的虚荣”。

来自政界的炮火，由温斯顿·丘吉尔率先发起。丘吉尔于1916年初离开内阁后在前线作战，但夏天前就已返回伦敦，这时以正奋战在战壕中的士兵代言人身份在下议院发声。①8月1日，他向内阁呈递了一份备忘录，在他的朋友F. E. 史密斯协助下流传开来。丘吉尔在备忘录中陈述道，索姆河战役开始后，军队的能量正在被持续的、不惜以双方巨大伤亡为代价的进攻所“消耗”，这使得决定性的突破成为不可能。这份备忘录立即引起了劳合·乔治的关注。帝国总参谋长罗伯逊暗示黑格，“当局”开始对目前的局势“有些不安了”，黑格准备了一份要点，以回应丘吉尔那份在战争委员会中所流传的批评。战争委员会是内阁里用以监管国家在战争中事务的一个机构。8月8日，国王视察了司令部，详细地与黑格讨论了丘吉尔的文章。黑格在日记中回忆，他告诉国王乔治：“这些是次要的，我们一定不能被这样的琐事分散了注意力，而忽略主要矛盾，也就是说‘击退

① 丘吉尔重返政界也因为他被召回就他在达达尼尔战役中的角色陈词。

德国人’。我也料到温斯顿的脑子被药吃坏了。”

菲利普·沙逊听从了诺斯克利夫的要求，向他通报司令部的进展，并写信告诉他：“我们还从本周前来的国王及其身边人员那里，了解到丘吉尔小集团的一切情况……战争委员会现在得到了总司令呈交的战况，以及一份针对丘吉尔那份可恶指控的完整应答，显然已经满意了。”菲利普接着暗示性地添了一句：“劳合·乔治本周六晚上要来这里吃饭，我很想听听他会说些什么。我非常相信他和卡森[①]会意识到，任何与丘吉尔的眉来眼去，将给他们带来什么样的伤害。您觉得他们意识到这一点了吗？足够？”

8 月 14 日，埃舍尔勋爵写信来确认并警告菲利普：

> 只要运气在战场上青睐我们，丘吉尔和 F. E. 的联盟不会对我们造成任何伤害。这些人就知道在不可避免的低潮期发难。正是这个原因，永远不要放松警惕，也永远不要轻敌，无论他们如何卑鄙。

菲利普无疑对黑格的战略，以及正在进行中的索姆河战役有着坚定的信心。他同一天还给舅舅利奥波德·罗斯柴尔德写信：“这里的一切进展都令人满意，整体前景也很好。如果正如我所希望的那样，我们能坚持联合打击，到秋天，结局就应该不会太远了。”

劳合·乔治在造访司令部的过程中，向黑格保证自己“没有捣乱的意思”。然而，接下来的一个月，消息直接从法国总指挥福煦传到了黑格，劳合·乔治曾经就英方指挥官的能力询问过他的意见。黑格不能相信“一名英国大臣会如此小人，以至于用这样的问题去问外国人”。菲利普·沙

---

① 爱德华·卡森爵士，是事实上的反对党领袖。

逊就劳合·乔治造访福煦的完整过程接受了问询，因为与福煦沟通，本来只能由黑格本人直接进行，他于是立即着手在诺斯克利夫身上做工作。他对此事的反映，就是造成个人伤害，他说劳合·乔治对英法双方司令部的访问都“全程愉快”。他还告诉诺斯克利夫，劳合·乔治非常失礼，约好的午餐让福煦将军等了一个半小时，结果连一个道歉也没有，然后还问，为什么法国的枪比英国枪更有效，对这个问题福煦拒绝答复。在造访道格拉斯·黑格时，劳合·乔治只留了十五分钟私人会谈的时间。“如果这就是那个被人们期待着成为首相的人的话，”菲利普对诺斯克利夫说，“我宁愿选择我们那位一身缺点的老斯奎福[①]。这纯属我个人的看法，他对总司令既无好感，也无尊重，而且毫无疑问，他把这个印象传递给了每个人。其中丘吉尔暗下的毒药绝对起到了致命的作用。”

通过菲利普的介入操作，诺斯克利夫的报纸上出现了一系列称颂黑格及驻扎在法国的英国军队的文章，并尖刻讽刺了那些“不穿军装的政客”对战争的干预。菲利普为自己上司所做出的努力也引起了劳合·乔治顾问们的关注，他们警告他，黑格“正在通过那个讨厌鬼沙逊来赢得媒体”。

当指望军队在战场上取得实质性胜利的呼声愈来愈高时，索姆河战役后期在波济耶尔第一次用上了坦克。可用装甲机器来碾压战壕的想法，则是由驻扎在西线的英国战地记者恩内斯特·斯文顿少校于 1914 年 10 月第一次提出。这启发了温斯顿·丘吉尔。于是 1915 年丘吉尔敦促阿斯奎斯允许海军部开发这样一个“陆上战舰”的模型。为保密，这一研发项目以具有误导性的“俄罗斯水运器”为名，但有人指出，这么一缩写就成了“俄罗斯 WC”[②]，这才把名字改为“水箱”，直至“箱”。

丘吉尔请求阿斯奎斯，在这个机器得到完善并能量产之前，一定先不

① 在议会圈子里，阿斯奎斯常被人称作“斯奎福”或“斯奎费”，这与他嗜酒有关。

② “俄罗斯水运器”原文为“water-carriers for Russia”，可缩写为“WCs for Russia”（俄罗斯 WC）。——译注

要使用，以达到让德军完全措手不及的效果。然而黑格急不可耐地要将它们投入战场，越快越好。于是1916年9月的第一次部署所获成效极其有限。即便这样，在政客和司令部之间依然引发了谁的功劳最大的争执。诺斯克利夫在10月2日给菲利普写信说：

> 你可能已经注意到了，坦克直接就成功了。劳合·乔治通过官方新闻局发布的公告说，这归功于丘吉尔。你会发现，我们必须得盯着这些人，不然他们会宣称索姆河战役的伟大，也应归功于政客。这本来没有关系，但大家需要意识到，政治家的职能是创造和平。如果允许他们在民众中过度地拔高自己，这对国家来说是很危险的。

埃舍尔勋爵初夏时给菲利普的忠告果然不假。也就是说，只要黑格能打场胜仗就一切都好办，不仅对将军们如此，对政客们也一样。但索姆河战役并没有取得菲利普所希望的决定性突破，甚至出现了英国说不定会输掉这场战争的担心。诺斯克利夫认定，必须把阿斯奎斯从首相的位置上换下来。于是，他的报纸领导了一场要求政府高层变动的呼吁。他这么做，并非得到潜在的最大受益人劳合·乔治的支持，而是他相信，阿斯奎斯政府太软弱，会让国家陷入危险。

劳合·乔治和诺斯克利夫之间的信任极其有限，战争大臣认为这位媒体大亨不过是黑格的“传音鼓”而已。诺斯克利夫坚定地站在军人阵营一侧，劳合·乔治作为首相上任后第二天，他对菲利普·沙逊说，他已经“告诉《每日邮报》每晚8点钟跟你通话，无论我是否在伦敦”。[①]

---

① 晚8点是每天黑格准时离开办公室去晚餐的时间。

这次政治危机期间，菲利普正在伦敦休假一星期，他通过写信将劳合·乔治新政府组阁的情况通报给黑格："我想，到目前为止所有的任命和撤换都已经安排过了……对德比的任命我觉得是个很好的决定。诺斯克利夫说：'那只大水母现在在战争部，他会一切都按照道格拉斯·黑格爵士说的去做！'整个这一星期都很令人满意。"[①]

菲利普还利用这次伦敦假期安排了与重要的小说家爱丽丝·杜登尼见面。经朋友玛丽·贝洛克·朗蒂丝的介绍而得知她的作品以来，他对她一直十分推崇。爱丽丝·杜登尼以戏剧性的浪漫小说闻名，故事往往基于苏塞克斯东部她家乡附近的生活，在整个写作生涯中，她一共出版了五十部小说。菲利普设法从玛丽那里得到了她的地址后便直接写信给她："我是您大作的忠实崇拜者，如果能有幸与您交谈将是我最大的荣幸。但愿您不会认为我这样自我介绍很不礼貌，只是我多么希望您能来（公园径）午餐啊。"第二个星期，爱丽丝如约前来赴菲利普和西比尔的午宴，这成为他们之间持续了一生的伟大友谊的开端。

整个战争期间，菲利普一有空就遵循玛丽·贝洛克·朗蒂丝的推荐读当代小说，让他在伦敦的秘书贝雷斯福德太太给他寄到司令部来。他一直带在身边的，读了一遍又一遍的书，是马塞尔·普鲁斯特的《在斯万家那边》，这是出版于1913年的《追忆逝水年华》的第一部。小说的讲述者通过详尽地回忆一个男孩怎样在一天晚上没有得到来自母亲的晚安亲吻这件事来开启，他的父母当天在宴请一位犹太出身、与上流社会关系紧密的优雅绅士斯万先生。由于这一个吻的缺失，他便要求母亲整夜为他读书作为补偿。叙述者说这是他与家人在那所房子里生活的唯一记忆，直到其他感知的出现，例如玛德琳蛋糕的味道，才带回更多对当时的记忆。对菲利普

---

① 德比勋爵刚刚被任命为战争大臣。

来说，独自一人待在司令部的小房间里，战前的世界已经变成一个遥远的记忆。也许从普鲁斯特的字里行间，他想要忆起母亲的亲吻，或者某个周末的塔普洛派对上，他与如今已经葬身佛兰德斯的朋友在一起的时光。哪怕屋外传来一声好像在鞭打牲口的噼啪声，也能将朱利安·格伦费尔活生生地带回眼前。

在看不到多少战争即将结束的希望的情况下，英国人走进了1917年的新年。菲利普·沙逊依然坚定地支持着黑格（他此时已经是陆军元帅），他一月份回了趟福克斯通，在一个被广泛报道的公开演讲中，他对听众说：

> 他们可以去相信他们的军队和将军，因为他们（将军们）那些空谈而过分自信的日子已经不再。他们知道自己的使命，也知道自己能够胜任……索姆河战役让德国睁大了眼睛，她已经看见了摆在自己面前的失败。我们一定不要堕入和平陷阱。我们拥有我们民族所缔造的最优良的部队，全军信赖的总指挥，以及相信他们能够做出勇敢而坚决的行动的政府。

然而新首相对将军们有他自己的看法。劳合·乔治组建的新政府，正是基于对战争日渐高涨的担心，他希望自己在西线的运筹上能够施加一些影响。出于这一考虑，他决定让罗伯逊和黑格分别从帝国总参谋长以及驻法国总司令的位置上退下来。

菲利普陪同黑格去加来、伦敦以及巴黎出席了一系列的会议，而劳合·乔治的计划在一步步展开：要组建一个新的最高西线指挥部，从而削减黑格的权力，使得法军将领的权力高于黑格，并赋予战场上各分部指挥官更多的自主权。劳合·乔治还指派诺斯克利夫代表政府出访美国，宣传他们在战争中所做出的努力，并借此将其纳入自己帐下。诺斯克利夫十分振奋于这个新角色，于是，首相这下有了足够的胆量来进一步袭击，他将丘吉尔重新引入内阁，担任军需大臣。

战争大臣德比勋爵给菲利普写信，抱怨他“直到在报上读到消息之前，对于（丘吉尔的任命）一个字也没听说，被蒙在鼓里让我大怒，所以你可以想象，当我发现连战争内阁也不知情时我的惊讶……丘吉尔是个巨大的危险，我不相信他就满足于管好自己那一摊，我敢肯定他一定要试着在海军和战争部都插上一手的”。

菲利普能够非常清晰地看到劳合・乔治的提案将给黑格和司令部带来的危险。首相在加来会议上初次提出了英法联合最高指挥部的议案，菲利普在那时就警告了埃舍尔，尽管政客们看上去对黑格态度很热情，但他的位置已经岌岌可危。他写道：“每一个人——国王、LG①、寇松，等等——都拍着 DH②的背对他说，他是多么优秀的一个人——除此之外，一切事务都与加来时的状态没有两样，未来将会充满艰辛。”

除了前线伤亡人数依旧惨重，现在德军又从比利时飞行基地发起对英国的轰炸，造成后方大量人员伤亡。1917 年 5 月 25 日，晴朗的下午，在没有任何预警的情况下，德国高达战机向菲利普的议会选区福克斯通投掷炸弹，其中一枚击中汤丁大街上斯托克斯蔬菜店门外，致六十一人死亡，包括一名年轻的母亲芙拉伦斯・诺里斯，以及她两岁的女儿和十个月大的儿子。受伤的更是好几百人，一些炸弹落在城市西边的肖恩克里夫军营，炸死十八名军人。这次轰炸震惊了全国上下，致使在遭受袭击的高风险地区妥善安装空袭警报系统的呼声高涨。

就道格拉斯・黑格去年夏天及 1917 年秋天在佛兰德斯帕斯尚尔的鲁莽进攻一事，尚有进一步争议。6 月，司令部曾向议会建议，13 万人足以

---

① LG，劳合・乔治（Lloyed George）的缩写。——译注

② DH，道格拉斯・黑格（Douglas Haig）的缩写。——译注

填补英军的人员损失，以支撑战斗。事实上，截至12月，英军在整个前线的伤亡人数达到399000。当军队很显然没有达成任何实质性的突破时，劳合·乔治又进入着急想要撤掉黑格的状态。然而11月底，康布雷战役的胜利一开始似乎稳固了司令的位置。它是大规模成功地使用坦克的第一次，但同时有批评指出，成功的程度被司令部的情报官员夸大了，尤为严重的是，他们试图掩盖由于他们的失误，使德军得以成功反击，夺回了大部分德军本已丢失的阵地。菲利普·沙逊两位伊顿和牛津时期的朋友，帕特里克·萧·斯图尔特和爱德华·霍纳在这场战役中失去了生命。

痛失康布雷的机会，以及紧接着的更多无谓的牺牲，似乎都是由将领们糟糕的部署直接导致，因此而引起的愤怒撼动了诺斯克利夫对军队领导能力的信心。《泰晤士报》报道说，“对于任何军事行动所出现的一丝批评的空气，都会被驳斥为针对总司令的‘阴谋’”，它呼吁对康布雷惨败进行“及时的调查以及完整的问询”。

埃舍尔勋爵在巴黎瑰丽酒店向劳合·乔治就康布雷所发生的一切做了完整介绍，结果首相大发雷霆。埃舍尔在日记中如此回忆，劳合·乔治——

> 发起了针对他的“阴谋”的抵制。菲利普·沙逊是与阿斯奎斯及媒体共谋的嫌犯。我表达了怀疑，说黑格对这些事一无所知，但劳合·乔治回答说，每一个记者之类的都报道过对他的采访和写给他的信件。他对这一切行动都了如指掌。接着说起查特里斯，他用上了最粗暴的语言……黑格被查特里斯误导了，是他制造了德军“士气”等谬论，这些都出自查特里斯。那人是一个公共危害，正在操纵黑格。黑格的所有部署都失败了，他承诺过要保住泽布吕赫和奥斯坦德，以及康布雷。而他用40万人的代

价换来了失败。如今还写信又要发起进攻，又要要人。这两样他都别想。

菲利普·沙逊对查特里斯的信心也同样开始破灭。当埃舍尔向他讲述了与首相的会晤一事之后，他回信说，他从来"就没有同意过查特里斯常年灌输给 DH，让他说出来的那些愚蠢的乐观想法，不过他们（战争内阁）应当知道，士气是一种波动的存在，而无疑俄国和意大利的形势极大地振奋了敌军的精气神"①。

德比勋爵告诉黑格，战争内阁对查特里斯没有信心，想将他从现有的位置上撤下来。又补充说，在他看来，基本上整个军队都认为查特里斯是一个"公共危害"。第二天，诺斯克利夫勋爵也加入了反对他的行列，警告菲利普·沙逊："我应该坦白而直接地告诉你，即以司令的朋友身份，对他在法国带兵打仗的不满意，轻而易举就催生了全国性愤慨情绪的爆发……战争部之外，我怀疑司令是否还有任何其他支持。道格拉斯爵士在军中受到喜爱，可其他每个地方的人都说他被一帮无能的人包围。"这一信息传到了黑格那里，他承认继续支持查特里斯是不可能的了，因为他"使得本来应该与他友好相处的人都变得反对他了"。查特里斯同一天被撤走，菲利普并没有什么同情。他对埃舍尔勋爵说："无论正确与否，他是被憎恶的对象，他的名字在国内已经成了一种象征。我听说他曾经领导过一个派系来反对我，说我把私人秘书这个位置的职权发展得过大了。我很不舒服，只好去找 DH，你知道我在这些事上的志向，若没人需要我，我一秒钟也不愿意多待。"

黑格挺过了这次危机，但 1918 年 2 月，罗伯逊从帝国总参谋长任上

① 1917年11月的俄国革命导致布尔什维克掌权。德军在东线的胜利，以俄军1917年12月休战以及1918年3月3日《布列斯特－立陶夫斯克条约》的签署坐实。德奥还于11月在意大利前线卡波雷托战役中赢得了决定性的胜利。

被撤换。接下来那个月，劳合·乔治实现了他组建英法联合最高指挥部的目标，从而使西线军事力量全部听令于法国总指挥斐迪南·福煦将军。

战争期间的各种英法会谈也给了菲利普拓宽他在巴黎交际圈的机会，其中的一次机会忽然降临在克拉里奇酒店。他喜欢与来自各种背景的成功人士交往，当然运动、媒体和文化领域一直是他毫不动摇的最爱。一天上午，会议间隙时，菲利普看见大堂另一侧站着那位英俊的法国王牌飞行员——乔治·卡彭铁尔。卡彭铁尔后来回忆：

> 一位外形出众，面容秀雅的修长绅士前来与我攀谈。他说一口漂亮的法语，略带一丝英国口音……意识到他是英国代表团成员后，我摸出烟盒说："你知道我最想要什么吗？我想要海军上将彼迪、温斯顿·丘吉尔以及这个盒子上所有其他绅士的签名。"
>
> "这再简单不过了，"他笑着回答说，"你把盒子给我，明天我在这儿还给你。除非，你希望我给你送去住处？"
>
> 我将盒子留给他，并约好我第二天回克拉里奇来取。我这位素不相识的朋友信守了诺言，当他把香烟盒还给我的时候，上面有海军上将彼迪、温斯顿·丘吉尔、劳合·乔治、伯肯希德勋爵以及蒙塔古勋爵的签名——以及第六个，菲利普·沙逊。"我冒昧地加上了我自己的。"他又微笑着说。

这次偶遇又开启了另一段伟大的友谊。像朱利安·格伦费尔一样，卡彭铁尔也是一名拳击手，战后他还继续了一段颇为成功的职业生涯，获得过重量级冠军。他与菲利普都爱好飞行，这是一项令人兴奋的活动，而且作为战争武器愈来愈有效，同时也特别危险。卡彭铁尔以其作为战斗飞行员的业绩获得了英勇十字勋章。这一荣誉，沙逊和黑格手下的其他军官也都在法军总司令约瑟夫·霞飞1916年访问司令部期间获得过。菲利普从未在战斗中飞行过，他的经历仅限于利用飞机作为会议地点间往来的交通工具，以及能够从蒙特勒伊的司令部在短短四十分钟内就回到肯特郡的家，这让他十分惊喜。

直到1909年，路易·布莱里奥才第一次用飞机穿越海峡，当时即使很有经验的飞行员坠机也时有发生。温斯顿·丘吉尔也是名发烧友，常常从伦敦飞去前线，再于当晚回到威斯敏斯特向众议院报告他当日所见。他认为天空是一个“危险的情人，一旦被她的魔法罩住，大多数人都无法逃脱，年龄也不一定有用”。1918年，在第三次坠毁，以及他驾驶的飞机上的第三个人丧生后，丘吉尔在来自家庭和朋友的压力下，放弃了他的“情人”。而菲利普没有这样的压力，他终生保持了对天空的忠诚，不仅因为它的速度和便捷，更因为在天上，他不会遭受海上航行所带来的晕船等痛苦。飞行同时还展示了普通人的生命与正在西线展开的恐怖画面离得有多近。福克斯通距离伊普尔不到100英里，在他利姆的家，菲利普可以听见前线交火激烈时的枪声。

与高级将领并肩工作，给了菲利普实现一些自己想法的机会。其中之一便是鼓励著名艺术家到前线来，透过他们富有创造力的视角来捕捉这里生活的各个侧面。他把这个念头告诉诺斯克利夫，后者对于能够将军人日常生活中的高贵和英勇表现出来这一愿景十分兴奋。诺斯克利夫后来把孕育出这一想法的功劳归到了自己身上，但表扬了菲利普的具体落实。对于菲利普而言，这是他军人职责与艺术天性之间的完美结合。他为朋友，例如约翰·辛格·萨金特以及威廉·奥尔彭申请了在比利时和法国前线逗留的通行证，并保证可以自由地选择他们所要描画的对象。萨金特在刻画阿拉斯大教堂遗址时，唤醒了一种阴森恐怖之美。画面上展示了一队军人在遭遇芥子毒气袭击而临时失明时彼此支撑扶持的景象。天气不好时，菲利普就安排萨金特乘坐坦克参观各个战壕，“大致兜一圈”。他还安排了萨金特与道格拉斯·黑格会面，向其展示作品。这样两位个性强烈，且性格略微古怪的人并肩而立，让菲利普觉得极有意思。菲利普回忆道：“萨金特说不出句子的开头，一般从每句话中间开始，用手一挥来代替开头，而黑格不会收尾，总是用手而不是语句来做总结。结果他们俩的见面就非常逗趣—— 一系列的小哑剧。”他还记得带黑格去看萨金特的一幅十分出色的画作，一列满载军人的火车在暮光中开往前线，黑格专注地看了好一会儿，然后转头对着萨金特，评论说：“我明白了——我们那些轻轨中的一条。”面对这样的评论，艺术家只报以一笑。

威廉·奥尔彭是当时最好的肖像画家之一，他1916年那幅丘吉尔在加里波利战败后失魂落魄的画像，是克莱门汀最喜欢的一幅丈夫的肖像。那之前，他还为菲利普·沙逊及妹妹西比尔画过像。菲利普替他安排给好几位将军画像，1917年5月电话邀请他来给总司令画，先到司令部一起进午餐。黑格给奥尔彭留下了正面的印象。艺术家眼里的他：

> 道格拉斯爵士是位强壮的人，一个真正的北方男子，在他内心——没有丝毫作态。要令他伤心仿佛是一件不可能的事，要令他流露出任何强烈的感情也不可能，然而人们却能感觉得到理解，他知道并能与手下所有的人感同身受，他真正地爱着他们，而我知道他们也爱他……当我开始画他时他说：“为什么要浪费你的时间来画我呢？去画那些军人。他们才是拯救这个世界的人，他们每天都在牺牲。”

尽管菲利普越来越自信地在利用他所处的位置来拓展个人关系网络，但有一个名声正盛的人他一直很谨慎地避开了——他的远房堂兄，授勋军官、诗人西格夫里·萨松[1]。西格夫里是菲利普祖父同父异母兄弟 S. D. 沙逊的孙子。作为他们共同的曾祖父大卫·沙逊的主要继承人，菲利普世袭了家族的爵位后，西格夫里那一支便有些从整个沙逊家族中疏远开去[2]。那段时间堂兄弟二人虽从未见过面[3]，但他们有共同的朋友，比如作家奥斯伯特·斯提维尔以及画家格林·菲尔波特。菲利普早期是菲尔波特的赞助人，而且正如前面所提及，这位画家 1914 年还为他绘制了肖像。当西格夫里 1917 年 6 月出版了他的第一卷战争诗歌《老猎人》，并因此引起公众关注后，菲尔波特又画了他。那是在他那篇呼吁终止战争的陈述在下议院被诵读之前，这一事件给他带来了更大的名声。宣言尤其引起了当时正在司令部工作的菲利普的注意，因为西格夫里不光是随便哪位和平主义诗人，同时还是一名因战场上表现英勇而被授予十字勋章的军官。他的名声在 1918 年 6 月第二卷诗集《反攻》发表后进一步上升。埃舍尔勋爵问菲利普："对了，西格夫里·萨松是谁？别忘了告诉我。他可是个强大的讽刺作家，温斯顿能背诵他最后这一首诗，动不动就翻出来。"菲利普最初把埃舍尔的问题一带而过，但随后他又写信来问，只好承认西格夫里是个远房亲戚。菲利普很为这战争诗人的作品感到难堪，其中持续地提及军人的勇敢，将领的残忍以及参谋职员的无能。丘吉尔尤其记得其中那首《战争歌谣》中的这几句：

然后他会说起黑格的最后一战，
惊讶于居然有人能够

---

① 萨松与沙逊是同一个姓氏的两种译法，但诗人萨松与大家族沙逊被介绍进中文世界时并不同步，各有译名，这二者到现在都已成为默认的固定译法，故此保留。—— 译注

② 西格夫里·萨松的父亲，阿尔弗雷德·埃兹拉·沙逊违背犹太家族的意愿，娶了一位天主教女子，导致了他们一家与整个家族的疏远。

③ 要不是 1925 年在塔普洛庄园德斯伯勒夫人那里偶然相遇，菲利普与西格夫里大概根本不会见面。

从人类制造的狼藉里生还
砸碎并洗白这个世界的罪恶

然而西格夫里对政客们也同样要命，丝毫不逊于他对将军们。他在《伟人》一诗中宣称：

你们这些元帅，红色军装上挂满了金色的勋章，
你们这些大臣和王子，以及伟人们，
为什么不去与死去的人说说话？
去啊，去那些简陋的墓地走一走，然后
对那些木十字架
谈谈我们高尚的牺牲与损失。

牺牲是巨大的，损失是惨重的。毫无疑问到 1918 年时世界已经不堪战争的重负，然而依然看不到任何终止的迹象。1918 年初，英军竟然在本方的战线上开始了对德军进攻的抵御。1917 年的俄国革命预告了德军在东线的胜利，使得他们可以向法国和比利时调度大量的军力和弹药。美国这时也已参战，在西线支援，但它的部队才刚刚抵达前线。3 月 21 日凌晨 4 点，迈克尔行动开始，这是一次巨大的德军春季进攻，又称皇帝会战的第一阶段。其目的非常简单：击溃英军，将他们赶回海上，然后迫使法国投降。

菲利普和司令部都处在德军进攻的火线上，这次行动的重要性他非常清楚。正如他在攻击后写给埃舍尔勋爵的信开头所说一样：

这是战争史上我可以想得出来的最大一次进攻。总的来说，

我们对第一天的结果很满意，毫无疑问敌人损失惨重，我们一向做好了撤退的准备，对于前线的防守比较放松。运气不好赶上了大雾，因为我们本来具有空中优势，晴好天气会有利于我们……形势因此很简单，敌人有雾、有人，而我们没有。两年来，DH爵士一直在警告后方的朋友，我们在兵力上存在的严峻局势，但他们却总爱去谈阿勒颇，沉浸于对美国人的神奇梦想中……我们在为自己的存在而战。[①]

英军确实被赶回去了，但德军也承受了巨大的损失。无论怎样，当国王于3月29日造访司令部时，菲利普对埃舍尔提及“这是进攻后的第九天，感觉就像九年。每天总有些时候，人会忍不住地想象这一切都结束了”。黑格向国王诉说了他的担忧，一方面英军支撑得尚好，但情形却受到政客们所做决策的损害。他们正在与军力上具有压倒优势的德军作战，比起头一年，兵力少了10万，而战线却更长，这是劳合·乔治所签协议的结果，英军接管了部分从前由法军把守的战线。第二天菲利普又写信给埃舍尔：“承诺给我们17万人，其中8万是从前线短暂回家休假的军人，余下的并不足以弥补伤亡，就这样了。没有退路。很严峻。”

4月11日上午，黑格一早就坐在了办公桌前，亲手书写当天的特殊命令，他交给菲利普，并嘱咐一定要送达前线所有级别的英军军官手上。两天前，德军发起了皇帝会战的第二阶段乔治特行动，毫无疑问，现在进入了战争的关键时刻。黑格写道：

我们大多数人都已经很累了。对你们，我只想说，胜利将属

① 菲利普这封信指出了司令部的两项主要不满：没有足够的人力可以调遣；军需被调往二级战争，例如在中东对奥斯曼的战役中，所以他提到了阿勒颇。

于能坚持到最后的一方。法国军队正在快速移动，给予我们极大的支持。

除了决战到底，我们没有其他出路。坚守每一个据点，直到最后一位战士：绝对不能有任何退缩。与我们身后的墙一起，坚信我们的正义，每一个人都要战斗到最后一刻。后方家园的安全和人类的自由，都仰仗于我们每个人在这关键时刻的表现。

前线守住了，4 月 24 日，大袭击被英军和澳大利亚军队在亚眠守卫战止住。德军后来于7月份发起了最后一次进攻，但其军力已从本质上耗尽，随着大量美军力量的加入，夺取胜利已是迟早的事。

菲利普在伦敦休假期间染上了西班牙流感，休养之后，在返回司令部前的周末回到利姆家中。他很走运，只感染了这一将在秋冬季节席卷全球的致命病毒的一点皮毛，仅在英国就有超过 20 万人在这场流感中丧生，而在全球据称夺去了 5000 万性命。

取得夏天对德战斗的成功以后，菲利普开始允许自己期盼和平了。他给朋友爱丽丝·杜登尼写的信中说起利姆："那儿非常迷人，我很想请你去看看。我就处在世界的唇边，俯瞰蓬蒂内沼泽[①]，像一面镜子，映照着天空中飘过的云。而海，距离远得刚刚好，以至于看上去永远平缓而蔚蓝。"

8 月 8 日凌晨 4 点 20 分，过去几个月里挺过了德军所有袭击的盟军发起了自己的进攻。这场以"百日攻势"著称的战役，始于亚眠之战，将德军击退到城市的东面。菲利普·沙逊与道格拉斯·黑格一起待在前线指挥部，那是停放在维里欧蒙车站的一节火车，在阿尔贝特前线的西边大约 40 英里处。英军突破了防线，在被德军指挥埃里希·鲁登道夫称为"德

① 蓬蒂内沼泽，从前位于意大利拉齐奥地区的一片沼泽。信中这一段显然是用蓬蒂内作比，而非笔误，拜伦的《恰尔德·哈罗尔德游记》中出现过对蓬蒂内沼泽上空的云的类似描述。—— 译注

国军队黑暗的一天”中向前挺进了 8 英里。黑格对妻子说:“哪怕就在两个月前，有谁能相信这是可能的呢？相比坚守并等待敌人的袭击来说，进攻有多容易！”盟军在剩下的整个夏季持续挺进，到 9 月下旬，由总参谋长保罗·冯·兴登堡和其副手鲁登道夫组成的德军最高陆军指挥部向政府报告，西线已近崩溃。10 月 4 日，新上任的德国总理马克斯·冯·巴登向盟军示意，表达了停火结束战争的意愿，尤其希望美国总统伍德罗·威尔逊以诚实的中间人身份介入调停。当盟军与德军之间正在进行对话时，菲利普与道格拉斯·黑格一同于月底来到伦敦，与法国商讨需要提出的停战条件。会谈后他告诉德斯伯勒夫人:“我今天见了福煦，他说‘和平正在到来’。这当然是最好的解决方案了，前提是我们要明确并提出和平的条件，剩下的就是安静地等待德国接受了。与此同时，‘威尔逊高于一切’成为撒克逊口号。每个人都很愤怒，却都无能为力。我们作战——美国收获成果。”

1918 年 11 月 11 日早上 5 点，在一节停在贡比涅森林中的车厢里，福煦将军代表盟军与德国签署了停战协议。那一天的 11 点，协议生效那一刻，菲利普与黑格以及军队指挥官们一起在康布雷共度欢庆的时刻。停战协议正在商讨的消息，无疑通过菲利普的协助，在那之前已经传到了他的选区福克斯通。《福克斯通快报》关于 11 月 11 日事件的报道是这样说的:

> 从今天一大早开始，尽管战争结束的消息尚未正式确认，本城市民中已经涌动起兴奋的气氛。福克斯通是最前沿的几个市镇之一。因此，在市政厅附近，人群从 9 点就开始聚集，不断有来自帝国各地的士兵加入，这基本上代表了整个英勇侠义的盟军。

11 月一个细雨霏霏的清晨，市长斯蒂芬·彭福尔德爵士“用因喜悦而颤抖的声音，也许还怀着对那些永远无法回来的人的哀思”，宣布了停战的消息，“骚动持续了几分钟，汽车喇叭以及任何可以发出噪音的东西都用来传播喜讯。教区教堂的钟声响起了欢快的歌曲。一时间到处彩旗舞动”。

菲利普·沙逊没有多少时间加入喜庆。停战后三天，大卫·劳合·乔治提议 12 月 14 日举行大选。首相希望，赢得了这场战争的两党联合政府可以立即开始和平谈判。保守党领袖安德鲁·博纳·劳同意，凡支持联合政府的本党候选人应当获得由他本人以及自由党领袖劳合·乔治联合签署的支持信。这是党派之间组织产生的第一个类似选举协议，支持信由赫伯特·阿斯奎斯（目前只是独立自由党一个小分支党派的领袖）以“奖券”形式发放，事实证明，这是非常有效的一个策略。但这并非这次选举中唯一一个匆忙上阵的革命性举措。《1918 年人民代表法令》第一次将投票权赋予每一位年满二十一岁的男性和部分女性。菲利普 1912 年首次竞选议员时就支持过妇女选举权，那项由妇女选举权倡议者发起的运动，尽管未能完全达成与男性平等的条件①，最终总算实现了目标。议会的这项新法令，将选民数量从 770 万扩展至 2140 万，其中有三分之一的人过去从没投过票。

这次竞选以承诺德国将为这次战争付出代价而闻名，并且那些从战场上归来的人，将会因为他们的牺牲和坚韧而获得奖励，最著名的一项是，一个“配得上英雄”的家。菲利普依然在司令部道格拉斯·黑格手下服役，但司令准了他的假，让他飞回自己的选区去参与竞选。11 月 21 日，星期四，他第一次回去，在一系列公共集会上发表演说后，第二周周一就又返回法国。

---

① 只有年满三十岁，并达到最低财产标准的妇女获得了投票权。直到 1928 年，年满二十一岁的男女在英国才获得平等条件的投票权。

在福克斯通市政厅，菲利普在首次选举集会上受到了“热烈的欢迎”。他的支持者们为他在战争期间辅助道格拉斯·黑格的角色而感到自豪。如今重返政治舞台的菲利普，开始全身心地支持联合政府。“没有哪个政府，”他说，“像联合政府那样能够赢得战争。我相信，也唯有联合政府能够保证一个令人满意的和平，将国家引上一条理智、安全而繁荣的新道路。这也是为什么我以联合候选人的身份来参与竞选。也许在某些问题上，我不完全赞同首相的意见，但我会将个人观点搁置脑后。”

这一演讲，也表露出战争对菲利普作为政治家所施加的影响。他相信情形不可能回到从前，也就是1914年时候的样子了。“战争带来的教训是，”他对听众说，“我们这个社会的各个群体之间都彼此仰仗，以及为什么只有通过无私地为共同利益付出，幸福才能到来。”这样的理念，是他的伊顿校友，在加里波利战役中负伤死去的查尔斯·利斯特尔一定会为之感到欣慰的。查尔斯曾经为帮助哈克尼维克的穷人付出了大量的时间，他一定会看得到菲利普的改变，从一个似乎只关注漂亮物质的学生，成长为现在这个为每一个人争取机会的斗士。

菲利普尤其专注于教育，关注儿童和母亲，他相信“每一个降临人世的孩子，都应当得到机会，成为帝国的一名健康而有用的公民”。他还告诉这些聚集在市政厅里的他的听众，住房是“摆在他们眼前最重要的问题之一，这从来就很重要，战前就应该被提上议程”。

甚至在爱尔兰自治的问题上，这是他刚刚进入议会时反对过的一件事，战争似乎也软化了他的立场。《福克斯通快报》报道，他在会上这样说——

> 他一向持有的坚定观点，至今并没有彻底放弃，但他意识到，需要一个能允许爱尔兰兴建自己的工业和政治繁荣的解决方案。劳合·乔治先生说他绝不会与任何有阿尔斯特武力胁迫参与

的和解协议产生瓜葛。在这个基础上，他将支持任何可能为那一片多灾的土地带去和平繁荣的方式。

那个周六的市政厅演说后，菲利普又在福克斯通港铺着鹅卵石的鱼市发表了露天演讲。再一次受到民众的狂热欢迎，当他站上讲坛时人群里唱起“他真是一个好人”。在这里，这个将百万战士送上西线的港口，他把火力转向了德国人。他宣称盟军“痛打了德国人，尽管他认为打得还不够”，这时人群中响起“说得对，说得对”的呼声。他说，应该让德国为战后重建买单，因为这些毁坏正是他们所发起的战争造成的。在福克斯通东部西德尼大街学校[①]的选举前夜集会上，他告诉听众“他希望德国人，自皇帝往下，都受到惩罚”。他还倡议，德国应当从其殖民地被永久驱逐。

选举在 12 月 14 日举行，但结果将直到 12 月 28 日才公布，这样可以有足够的时间来清点那些仍在服役的士兵邮寄投来的票。菲利普·沙逊以 8809 票轻松击败了他的工党对手，获 3427 票的罗伯特·福赛斯。

选举后菲利普立即返回司令部，在那里一直待到 1919 年 3 月 1 日复员。他在道格拉斯·黑格身边服役的最后这一阶段，引起了劳合·乔治非常正面的关注。2 月他被派往伦敦，就黑格的退休协议进行谈判。军队将领赢得战争后获得一笔丰厚的退休金是常事，黑格做好了准备，要以封赏晋爵作为对他安置的一部分，最大的可能将是个伯爵，但同时需要想办法负担随之而来的地产将引起的开销。沙逊向劳合·乔治提出，黑格应该获得 25 万英镑的现金安置。这一数目对于他这样的一个百万富豪来说并不大，大约与他花在利姆港的钱相当。首相还出了 10 万的价，最终以这个数目，加上伯爵头衔，和购置苏格兰边境的拜默斯德庄园一揽子达成了协

① 西德尼大街学校后来于 1928 年更名为乔治·斯珀吉恩小学，其校舍如今是城堡山社区小学的一部分。

议。这一安置协议，远远好过了其他将军所得，例如埃德蒙·艾伦比，仅得到3万英镑加一个贵族头衔。[①]菲利普还在黑格的要求下坚持，对将领的安置协议，应当与所有军人的战争抚恤金一同获得批准。劳合·乔治原则上接受了这个条件，但是最终的实现却比预计的要久。

司令部已经是菲利普三年多来的家了，他作为一名现役军人也已经超过四年。如今他将要回到利姆港那个完成了一半的庄园，以及自宣战以来便长期缺席的下议院。“我将于3月1日复员——带着一颗有些沉重的心。”菲利普给爱丽丝·杜登尼写信说：

> 现在司令部里仍然弥漫着尸体般的气息……昨夜的灰烬……如果不是因为那令人心痛的巨大伤亡，战争期间的我，应该是很快乐的。士兵们让人愉快，工作尽职，又远离了家里所有的飞短流长和阴谋诡诈！但是——我敢肯定地说，和平年代里我不会这么快乐——在议会里跟700个傻瓜朝夕相处——呃！！比任何监狱都糟糕。

① 艾伦比曾带领埃及远征军于1917年和1918年征服巴勒斯坦和叙利亚，这次战役因T. E. 劳伦斯在其中扮演的角色而闻名。

第三章 美丽新世界

所有那些我们在战争期间所用到的艺术和科学，如今都在我们身边，随时可以在和平年代帮助我们……科学对人类，从未像今天这般宝贵，知识和方法如此重要，修复被损坏的，重建被毁掉的，为胜利者加冕，给受伤的、心碎的带去抚慰。这是摆在我们眼前要打的一场战役。

温斯顿·丘吉尔，在邓迪的演讲，

1918 年 11 月 26 日

菲利普·沙逊的阿弗罗 504K 飞机穿过英吉利海峡，向家的方向开去。在耀眼的阳光以及低云层的情形下，几乎海天一色，让人难以分辨，身下的景象一成不变，你几乎感觉不到自己在移动。尽管引擎一直在发出响声，却仿佛人就这样悬浮在天地间，没有动弹。当飞行员开始朝利姆机场下降时，拨开云层，身下是福克斯通山崖上优雅的爱德华式建筑，汽轮突突地正在进港，前方的海斯湾蜿蜒向更远处，直至邓杰内斯。起码从空中看下去，战争给家乡留下的伤疤并不明显。

菲利普对飞行的热情导致他 1919 年买了自己的飞机，[①] 同一年，全世界第一架载客商用飞机启用。据《标准晚报》上流社会专栏的报道，菲利

① 他 1929 年才学会驾驶飞机。

普是英国第一位“敢于购买并维护一架飞机，就如同别人购买并维护一辆汽车一样”的人。

机身上贴着他选用的眼镜蛇标志。一个盘卷着身子，正升腾而起，作势要进攻的眼镜蛇银雕。同样他也用这个标志取代了名为“欢乐女神”的飞翔女雕像，装饰在他的劳斯莱斯引擎罩上。在古埃及，眼镜蛇为法老提供保护，而在东方传说中，它又象征着财富、新生以及重生——蛇能够蜕皮，每一次都焕然一新。如今他换下了卡其军装,1919年，将是菲利普·沙逊的重生之年。他刚满三十岁，有着花不完的钱，无牵无挂，在下议院有一席之地。

哈罗德·麦克米伦，另一位从战争中幸存回来的伊顿和牛津校友回忆道:“对一个年轻人……能够快速从思想和道德伤害中恢复过来，这是年轻所赋予的能量。1918年底的生活，如果并不令人兴奋的话，却仿佛带来了某种迷人的前景。”回首那个时代，伊夫林·沃写道，人人都向往年轻——年轻的主教，年轻的校长，年轻的教授，年轻的诗人，年轻的广告经理，这都很好，他们当然也当得起。

作为迷惘的一代中的一名幸存者，菲利普·沙逊也下决心要好好地利用这一战争留给他，却从他大多数朋友那里拿走了的生命。爱德华式上流社会的古板，被新的社会自由风尚所取代，人们在战争中已经习惯于无所拘束，与来自不同阶层和出身的人混在一起，妇女如今更比从前独立了很多。最初，菲利普对于美国作家格特鲁德·斯坦率先表达出的那个观点并不买账，那个观点认为，所谓迷惘的一代，不是指那些在战争中丧生的青年，而是指那些从战场上回来了的人，将生命投向狂饮、药品，并迷失了方向。菲利普的生活，被激情和目标所驱动，他成为那些少数而非凡的年轻人中的一个，以社交圈主人和政治家的双重身份，一瞬间脱颖而出。

1919年3月和4月，菲利普以一段西班牙和摩洛哥假期标志了自己脱离军旅重返自由生活的转折。陪他一起度假的，是一名叫杰克的司令部参谋同僚，他们一起体验了这两个国家的珍贵文化。菲利普尤其被马德里的普拉多博物馆中维拉斯奎兹①的作品打动。他在旅行日记中宣称，维拉斯奎兹是“世界上最精彩的艺术家，而其作品中最好的，又非《宫娥图》莫属。如果奇迹指的是一个效果的比例远远超出了它本身的事件的话，我们也许可以说，在世界上最伟大的图画当中，这一幅，最当之无愧地被称作奇迹”。

对《宫娥图》的如此评价，菲利普·沙逊的态度并不是独一无二的。他的朋友威廉·奥尔彭后来写过：“很难构想出能比这更美的画作了——如此自由却又稳固，还如此长于揭示……同所有伟大的艺术家一样，维拉斯奎兹从生活中提炼出对象，然后赋予它自由。”《宫娥图》同时还是许多其他作品构图的灵感来源，例如约翰·辛格·萨金特的作品，以及约翰·拉维利爵士 1913 年为国王乔治六世全家所绘制的肖像。

《宫娥图》对于几个世纪来在它面前停留驻足的欣赏者而言，一直是个谜。画面的场景位于马德里皇宫内，画面中心的人物，是西班牙国王腓力四世的五岁女儿，“幼年”玛格丽特·特蕾莎，身边有两位宫女，她的狗，以及两位宫廷侏儒玛丽巴博拉和尼克拉西托陪伴。在这一群人的左边，站着维拉斯奎兹本人，他在一幅巨大的画布前工作，同时看着我们，但我们看不见他在画什么。画面上，远处的墙上正对我们的，是一面镜子，照出国王腓力四世和玛丽安娜王后，暗示他们可能正好站在观赏者身边。而镜子的旁边，是一扇打开的门，一名贵族男子站立门外，可能前来给国王传递什么消息。

艺术史家肯尼斯·克拉克写过这幅画，“我们的第一感觉是在现场”。

---

① 即迭戈·维拉斯奎兹（Diego Velázquez，1599—1660），西班牙画家，腓力四世的首席宫廷画师。

它不仅仅把你带回到西班牙腓力四世时期的宫廷，更是邀请你通过他的眼睛来观察。对菲利普·沙逊而言，在奥地利、德意志以及俄罗斯帝国相继倒下之后的1919年3月，站在《宫娥图》前，他极有可能想到了作为统治者的不安地位，从被关注的焦点，变作边缘人物的转换有多迅速，就像画上的国王。再看那美丽而同样岌岌可危的孩子，菲利普也许还联想到了自己镀金的童年，在已经远去的战前巴黎马雷尼大街，那个属于他祖父母和父母的年代。

这一趟西班牙之旅，菲利普深深地被阿尔罕布拉这一位于格拉纳达的宫殿城堡群所打动。它为“利姆提供了很多想法……阿尔罕布拉……一定会永远光芒闪耀，屹立在摩尔艺术的辉煌顶点”。

这是非常及时的启发，因为这次回到英国，菲利普·沙逊的1919年计划，正是要完成他在肯特的房子和庄园。利姆港绝不仅仅是一个设计来供他在自己的选区有一个舒适居所的建筑工程，它本身就是一件艺术品，是菲利普品味、风格和雄心的代言[①]。他的朋友，作家奥斯伯特·斯提维尔认为，利姆完全抓住了他“作为青年男子的火焰和激情”。西比尔也回忆，菲利普“非常爱（利姆），因为是他亲手建起来的”。

赫伯特·贝克爵士于战前设计并建好了房子，但由于他被选中前往印度，参与埃德温·勒琴斯爵士的新德里规划，而不得不中断了这一项目。菲利普索性请了一位年轻而时髦的建筑师菲利普·提尔顿来完成庄园的室内外装修。提尔顿当时因为丘吉尔的查特维尔庄园工程已颇有些名声，但在1920年代早期，菲利普·沙逊才是他真正的主要客户。当丘吉尔正在购置这座肯特郡房产时，也正是菲利普把提尔顿介绍给了他。沙逊和提尔顿在精神上仿佛有些血缘关系——二人都充满活力与创造性，年纪相仿，

① 这座房产最初取名叫贝尔凯尔，1920年代更名为利姆港。

有共同的审美趣味，相互之间十分欣赏和尊重：提尔顿认为“这个年代的人里，没有比菲利普更精彩的人了。我不是说他一定比别人更有学问，而是从效果上看，他极其有趣，也容易被有趣所感染。他对很多别人毫不在意的事情充满了自己的认识和见解，充满想象力和好奇心。最重要的，他绝顶聪明”。

提尔顿相信，利姆港应该是“全新而充满力量的，闪烁着新鲜血液的脉动”。房屋内的一切都应该是摩登的。菲利普没有从他别的房子里搬任何古董家具或者艺术品过来，房内几乎所有的内容都是向当代艺术家和设计师定制的。《乡村生活》在报道利姆时宣称“无动于衷似乎变成了一种姿态，甚至一种正被大众推崇的美德。如今，我们大部分人都觉得，我们中的一些人甚至刻意地去觉得，我们对一切都见惯不惊了——至少可以说几乎是一切。但这一切也有例外，比如，去参观一下利姆港……那里还存在着会让你感受到奇妙的可能”。

菲利普在伊顿所学到的很重要的一件事是，把真实的自己藏在心里，不要看上去就与众不同。这个原则也同样适用利姆。这座大宅其实是一座现代化建筑，却通过利用旧的墙砖让它看上去显得一直就在那儿似的。倘若由东而来，这所房子看上去像任何一座古老的英式大宅，不凡的格调中透露出一丝中庸和保守。菲利普还从斯多的乡村庄园出售中买了些老的花园雕像，来为这所房产增添更多的悠久气息。[①]然而如果从利姆港的南面看，它却又带一丝意大利风味，弧形的回廊从屋里延伸出来，下面是几层叠加的露台。提尔顿在房子西侧建造了一个石头阶梯，作为整个建筑外观的最后一笔，石梯顺着房后的斜坡而上，仿佛雅各布的天梯，通往无穷。石梯两侧装饰着喷泉和由古典样式的廊柱所支撑的凉亭，以此向利姆作为

① 其中的一座国王乔治二世雕像，如今依然站立在利姆港石灰径的尽头。

古罗马港口这一传承致意。它所呈现出的戏剧性和某种志向，更像是黄金年代的好莱坞，而非伦敦的周边郡。

跨过一条分界线后，最大的改变才出现在你眼前。当你穿过绿色的青铜正门时，你被带进一个被玛丽·贝洛克·朗蒂丝称为“一座美丽而古怪的房子—— 一座像是从伊斯巴罕的哈吉·巴巴[①]的书页里走出来的房子”。室内的东方风格才是让菲利普·沙逊得以信马由缰地发挥的地方，他富于异国风情的创造力，最后以看似没有限制的预算圆满达成。然而会客厅非常令他头痛。在战争快要开始时，一次他观看由尼金斯基为谢尔盖·达基列夫的俄罗斯芭蕾舞剧团编排的《约瑟夫传奇》[②]，一下子爱上了加泰罗尼亚艺术家何塞普·马里亚·瑟特设计的舞台布置。于是他请瑟特为利姆的会客厅绘制一幅壁画。艺术家创作了一个寓言式的作品，画面描绘了德国的战败。法国在画上被表现为一个身上盖着布，蜷缩在地上的女性形象，正在遭受两只德国老鹰的攻击，她身旁有一群孩子，正在协助她抵御，这些孩子象征着协约国，每人头上戴着标志。印度帝国，则用大象来描绘，呈现在房间中央的壁炉上，走在最前面。故事的结局，老鹰被撕裂，羽毛纷飞。[③]

当时的瑟特原本痴迷于黑白绘画，但在利姆，他放弃黑白二色，选择了黑色和金色。这样，他希望在打动人的同时，又能基本上占据整个会客厅。菲利普对瑟特的作品表示出极大的担心，“我个人意见，那简直恐怖骇人”，他在写给朋友路易斯·马列特爵士的信中这样说，随后又补充，说那幅作品——

---

① 指詹姆斯·莫利阿 1824 年小说《伊斯巴罕的哈吉·巴巴历险记》中的主人公。

② 这出芭蕾舞剧是基于《旧约》中约瑟夫在埃及所做的一个梦的故事改编而成。俄罗斯芭蕾舞剧团应邀排演，于 1914 年 5 月在巴黎首演。在巴黎演出了七场之后，又在伦敦演出了七场。理查德·斯特劳斯作曲。

③ 瑟特在利姆港的这幅壁画已经不在了，不过他 1913 年的作品《阿波罗凯旋》作为桑坦德银行基金会的收藏品，现存于马德里，是对他那时作品的画风和色彩运用的很好参照。瑟特的作品在纽约华尔道夫酒店以及洛克菲勒中心亦可见到。

在想象力和绘画技巧方面，当然十分精巧——但如此吓人地沉重，以至于那个房间尽管从比例上看匀称优雅，却因为那幅画让人感到不安，让你的心猛地一下沉到腹部，需要赶紧从门边转身，否则就想用头去撞天花板——那原本是一个轻松明快的房间，比欧司朗灯泡里边还要亮的，如今变得漆黑，哪怕大白天也得从衣兜里掏出一个手电筒，不然你都不知道自己在哪儿。那可怕的好像是煮熟的芹菜的颜色，可以让你吓破肝胆。除非瑟特做出改变，直到我能接受，否则这东西必定不能留下。

尝试着想要挽救这个局面，菲利普向约翰·辛格·萨金特请教，让他建议怎么完成这个房间。萨金特关于瑟特作品给出的唯一意见是，剩下没有画的墙面应该“铺上松狮犬颜色的大理石”。菲利普·提尔顿被安排来完成这项指令，他回忆说：“这是典型的萨金特式言论，他一向惜字如金，默认别人会懂得他的意思。但松狮犬有各种各样的颜色，我们争论了一天也没有争明白他的真正用意。”最后用排除法，定下一种暖系的青苔棕大理石，带有金色的纹理，在伦敦马里波恩车站后面的一个公司合成定制。

此会客厅与一个小图书馆相连，那里可以俯瞰露台与远处的大海。从那个阴森的瑟特房间，一瞬间被穿越到这个明亮的空间，满墙摩洛哥粉红皮面的书，装在木质的书架里，闪着鎏银光泽——带着一丝金色的银。地毯是绿色间粉色的，同样的粉，还用在了书架内部的层板和壁炉的大理石上。穿过图书馆是餐厅，那儿的墙上铺着大理石效果的青金石，生出起伏而流动的钴蓝色来，以此为背景，一组金色的椅子围在房间中央的餐桌边，餐椅的扶手被雕出鹰翼的形状。艺术家格林·菲尔波特设计的中楣，描绘的是古埃及近乎赤裸的黑人与动物在一起的情景，被菲利普·提尔顿形容为“装腔作势的形象”[①]。从餐厅回头，透过层叠的门框，再去看图书馆和会客厅，这时人们才发现，色彩、色调和材质的对比竟是如此怡人——钴蓝的青金石让位给红色、金色和粉色的图书馆，进而暗沉的金色、黑色以及青苔色的会客厅。

被谈论最多的装修特色，当属被建筑包围的中心庭院中摩尔风格的那个小院子，这极有可能源自沙逊游览阿尔罕布拉宫时所得来的灵感，可通过房子中央主楼梯第一级平台上的一个电动推拉玻璃门进入。建筑结构包括了白色大理石柱、白粉墙以及鲜艳的绿色筒瓦。庭院里有喷泉、流水、橘树和柏树篱，柱子后面小院的远端，有两个独立的粉红大理石浴池，那个区域呈现出土耳其浴室的面貌。整体气氛让人联想起约翰·拉维利爵士的摩尔后宫，这无疑是被奇布思·香农的妻子奥娜儿·香农女爵，用来与西班牙妓院做对比的缘由。

利姆港不是适合于随便坐坐的地方。它的装饰更多地刺激了客人而不是使人放松。因为这个，菲利普·提尔顿又在建筑主入口的右侧增设了一个图书馆，这是一个带穹顶的八边形房间，模仿牛津的拉德克利夫图书馆，这里后来成为整栋房子的一个避难所。菲利普·沙逊的私人空间在一楼，与前露台相连，他永不消停的步调支配了整个利姆的节奏。清早，他会在院子里晨跑，有两个相互垂直的网球场，这样，当太阳的角度变换时，总有一个球场可以不刺眼。提尔顿还设计了一个很大的大理石游泳池，就建在露台的下面，由三个分开的正方形部分连接起来，形成一个长方形的游泳区域。中间的那一个安装了喷泉，启用后不久，发现它只要一开足，整个这一地区的供水都能被它用光。于是又为它安装了独立的供水系统，此外还装上了鼓浪机。最后，他们又意识到大理石泳池太重，会有

---

① 这一中楣至今依然在利姆港，只是被移到了别的房间。

沉入下面花园的危险，这才导致了一直保留到今天的这个围绕着中心泳池的设计。

利姆是菲利普用来待客交际的，尤其是夏日派对。菲利普希望它是这么一个地方，就像塔普洛庄园对德斯伯勒夫人的意义一样，朋友们都愿意选择在这里聚会，同时又是他小圈子里亲密朋友们的家。这些朋友，自打开战以来，在他眼里已经像家人。此外，除了提尔顿在设计和修建期间几乎是这里的半永久居民外，还有路易斯·马列特爵士[①]，他将庄园边上一个叫贝尔维尤的房子从菲利普那里租了下来。路易斯爵士是位单身的退休外交官，过去与菲利普父母相熟，他们去世后他便承担起了引导的职责，有点类似于菲利普在战争期间很享受的与埃舍尔勋爵之间的关系。路易斯卖掉了他自己在肯特郡奥瑟姆的房子搬来利姆，这个行为用菲利普·提尔顿的话来说就是，“向菲利普·沙逊的自私投降”。提尔顿这么说绝无什么恶意，只是想要表达“菲利普需要明白人在身边，来听他倾吐”的意思。路易斯在公园径 25 号也保留了一个房间，供他在伦敦时居住。其他常客中则包括了老朋友，例如玛丽·贝洛克·朗蒂丝和爱丽丝·杜登尼，以及表兄大卫·葛培及其妻子汉娜，葛培早已掌管了大卫·沙逊公司伦敦事务所的运作。爱丽丝·杜登尼在日记中记录了她 1919 年夏季第一次造访利姆的经历：“这是最美好而奢侈的居所，我仿佛跟一个童话中的王子在一起。晚餐前更衣时，我还在浴缸里，他会前来敲门，‘杜登尼太太，您还在沐浴吗？请赶紧穿好衣服下来吧，我等不及了想要见到您’。这一切都是那么男孩儿气，处处精心。”

庄园的位置也很便利，距离伦敦不到 70 英里，靠近海峡港口，菲利普尤其欢迎朋友们在前往或从欧洲大陆回来途经此地时小住。达夫·库珀

---

① 马列特战前曾担任过英国驻土耳其大使，以及外务大臣爱德华·格雷爵士的顾问。

是菲利普在伊顿时的同学，他和妻子戴安娜蜜月旅行的头两天就在利姆港度过，然后再启程去法国。帕特里克·萧·斯图尔特 1917 年战死于康布雷之前，曾经是与达夫争夺戴安娜的情敌，世易时移，若斯图尔特尚在，菲利普毫无疑问会在利姆欢迎他。达夫认为这所房子“很迷人——对于度蜜月来说几乎可以说理想了……装饰超级现代——要居住不一定合适，但待上一阵无疑是很完美的。其奢侈和舒适程度无可挑剔”。

尽管菲利普被利姆港的事牵扯了很大一部分精力，但他并没有忽略自己在威斯敏斯特的政治生涯，虽然战争结束时，他对返回下议院曾经心存疑虑。复员后回到议会，他在政府的上升梯队中得到了一个最初级的职位，作为新任交通大臣埃里克·葛迪思的议会私人秘书。葛迪思是商人转型的政治家，战争期间是劳合·乔治的坚定盟友。黑格祝贺了菲利普的这一任命，强调说，这在战后的经济中是事关重建的关键部门，而议会私人秘书一职，则相当于大臣在议会里的耳目，搜集并向他汇报议员茶室和吸烟室的一切八卦，探测同僚们在私人晚餐会上的情绪，以及对于拉票的讨论。尽管菲利普在整个战争期间几乎都从议会里缺席，但他却通过在司令部为道格拉斯·黑格的工作而结识了很多高层政府人员，外加他天生的社交才能，也非常适合议会私人秘书这一角色。

1919 年 11 月，菲利普在他的公园径公馆为埃里克·葛迪思举办了一场晚宴，同时邀请了劳合·乔治及其私人秘书兼情人弗朗西丝·史蒂文森。首相与弗朗西丝的关系在威斯敏斯特的上层圈子里是一个公开的秘密。但仅限于这一类远离唐宁街的私人晚宴上，这一对儿才可以公开成对出席。菲利普看得出来弗朗西丝在政治上对首相的影响力，并且很显然，这二人情投意合。

宴会之后几个星期，弗朗西丝在日记中说，菲利普“刚才来闲谈了一会儿，他最近很热心，我猜他可能想要一个副部长职位，或者这一类的。

不管怎样，他是个很有意思的人，而且他的机灵抵得上一车的猴子”。她还留意到菲利普“是个好伴儿，尽管他自己也承认很有野心。D（劳合·乔治）邀请他圣诞节后跟我们一起去巴黎，D说这都是因为他对我很好！这一段时间他确实非常周到——事实上甚至有点令人尴尬。他好像惊人地有钱，不过也很聪明，又能做到十分有趣。同时是我所见过的最热衷八卦的一个人”。

菲利普与劳合·乔治对高尔夫有共同的热情，这时开始一起打球。通常与首相的非正式媒体顾问里德尔勋爵一起，里德尔是《世界新闻报》的董事总经理。1919年底，菲利普在利姆港举办了一个以首相为主嘉宾的新年派对，次年2月，当劳合·乔治因公务出差在外时，他又邀请弗朗西丝来他的另一处乡村宅邸，位于伦敦西北郊的特伦特庄园参加派对。弗朗西丝回忆说，那是一个最“有意思而愉快的周末”，还有一群年轻的皇族在其中，更增添了令人兴奋的色彩。菲利普在战争期间结识了国王乔治五世年长的三个儿子，尤其是威尔士王子爱德华。他们是在爱德华访问司令部时相识的。菲利普的父亲与祖父，都是国王爱德华七世的朋友，整个家族也都惯于与皇室圈子亲密交往。弗朗西丝·史蒂文森与亨利王子及阿尔伯特王子[①]打了网球，她认为这二人“好玩极了”。她给主人带来了一份来自首相的礼物，劳合·乔治让她问菲利普，是否愿意成为他的议会私人秘书。于是在离开道格拉斯·黑格的司令部不到一年的时间，他已步入政府的运作中心——唐宁街10号。

劳合·乔治及其圈子对菲利普如此接受实非寻常。战争期间他完全不被他们认可，他们觉得他“坏”，是黑格的“西班牙犬”。但他们也对他辅佐黑格时所表现出的高效印象深刻，加之他巨大的财富和那些华丽的住

① 亨利王子即后来的格洛斯特公爵，而阿尔伯特王子先后成为约克公爵、国王乔治六世。

宅，这一切理所当然地使他成为一个很有用的朋友。可在他们的关系中远不止这些。1918 年竞选期间，菲利普不仅表现出了对劳合・乔治以及联合政府的支持，还显示出了在被战争摧毁的旧世界基础上，共同重建一个新世界的决心。菲利普浮华的作风，常常令上流社会中较为保守的圈子皱眉，而这一点在他肯特郡的新庄园里尤其一览无遗。恰恰是这一点吸引了劳合・乔治。他们俩以不同的形式，同为英国上层的外来者：一个是非英国国教信仰的威尔士人，一个是东方犹太人。

与首相一起工作对菲利普的诱惑则很显然。1919 年的大卫・劳合・乔治，是“欧洲最有权势的人”。6 月，他签署了《凡尔赛条约》凯旋时，受到了国王的亲自欢迎，二人共同乘坐一辆敞篷马车穿过伦敦的街道。回望那一刻，新闻大亨比弗布鲁克勋爵回忆道，“现在绝没有可能意识到，劳合・乔治这个人在当时无与伦比的地位”。菲利普发现，在战后的威斯敏斯特，他与劳合・乔治以及温斯顿・丘吉尔这一类人的直觉更为相似，那就是，要创建一种新的政治风尚，而非顽固保守派那样拒绝改变。菲利普甚至为自己创造了一些资质来将自己包装为一名社会变革者，主要是兑现他在 1918 年福克斯通连任竞选中所做的改善选区居民居住条件的承诺。他在战后议会的最初几次亮相中，重申“急切地希望看到比现在多得多的大量住房被建起来”，并且决心自己作为表率来证明，这是可以实现的。他创建了一个公共设施组织来为福克斯通建造新住宅，又通过私人投资和政府资助等方式为其中某个项目筹集了资金，购下两英亩土地来开发港口上面的一个地区——德洛克。一共在那儿建造了三十三个住宅，包括木屋和楼房，这在当时被认为很有开创性。还有一项尽管在今天看来十分平常，而在那个年代堪称创新的举措，菲利普要求居民参与到物业管理中来。根据当地报纸的说法，这一安置房“远超健康部的最低标准”，当时负责为政府福利房设定标准的是健康部。木屋的设计包括了一个“起居室、厨房、洗涤室，三间卧室和浴室”。

菲利普的住房安置项目也受到《建筑师》杂志的喜欢和关注，它称赞其“避免了政府福利房设计中常见的单调和乏味”。沙逊亲自要求的一项设计是引入了荷兰山形墙，类似于赫伯特·贝克为利姆港所修建的那种。他相信，在战后的新世界里，来自所有不同阶级的人们都应该受益于美好的新设计。

为劳合·乔治工作时，菲利普将首相的议会私人秘书这一角色变得与他为道格拉斯·黑格担任私人秘书时极为相似。他将自己的角色描述为，首相的“政治秘书”，这一更宽泛的名称更准确地描述了他所开展的工作。不像传统的议会私人秘书一样仅仅局限于议会，他陪同劳合·乔治一起出席国际会议，还将自己的家提供给首相作为他的工作场所，利姆港因此常常变成劳合·乔治的办公总部。

菲利普开始为劳合·乔治工作后的头几个月，主要精力几乎都用在了外交事务上。那期间出席国际会议占据了首相的主要时间，即便《凡尔赛条约》签署之后亦如此。许许多多的重要议题亟待解决，例如前奥斯曼帝国在中东的瓦解，在柏林接受了和平协议中对“各协约国政府及其民族，由于德国及其盟国所发起战争所造成的损失”负责这一条款之后的赔款细则等。

菲利普陪同劳合·乔治第一次出席国际会议是1920年4月，在位于意大利里维耶拉的圣雷莫。能够流利地使用法语这一当时的国际外交通用语，加上战争期间陪同黑格开会而认识的法国军事及政治领袖，例如福煦、白里安以及普恩加莱，都使菲利普在这些任务中游刃有余。圣雷莫会议就如何解散奥斯曼帝国，以及在叙利亚、伊拉克、巴勒斯坦、黎巴嫩和约旦之间划定新国界线等事达成了一致。叙利亚的新国界线是在法国的授权之下界定的，它为那位与T. E. 劳伦斯一起领导了抵抗奥斯曼帝国的阿拉伯起义的王子，费萨尔国王，所创建的叙利亚阿拉伯王国画上了句号。这一次在圣雷莫，还商定了与德国召开商定赔款条件的会议。原计划将于6月初在比利时的斯帕召开，现在不得不推迟至即将到来的大选之后，改在国会大厦举行。由沃尔夫冈·卡普和新近被解散的自由军团成员在柏林领导的一场政变，加上《凡尔赛条约》的苛刻条款，导致了战后德国政府的倒台。该自由军团是一个主要由战争中归来的前军人组成的准军事组织。

在赔款问题上，协约国与德国社会中所涌现的巨大愤怒之间出现了很大的争议。劳合·乔治回忆道，“1919年的公众意见，无论是在这里还是在法国，无疑都是强烈支持迫使德国赔偿的”，这也是菲利普·沙逊在1918年的竞选中曾强烈呼吁过的情绪。有一些是很显而易见的费用，协约国可直接去德国上门讨要的，例如战争抚恤金，这一项仅在英国，就预计达到30亿英镑。西线的堑壕战，一直在法国和比利时两国的土地上进行，他们希望获得用以修复这些土地的赔偿金。这一“被摧毁的地区”有400英里长，约30英里宽，而对于英国来说，与被摧毁地区相当的，是其航运及全球贸易。由德国袭击带给英国航运的直接损失达5.51亿英镑，再加上由供应链遭战争破坏而带给出口市场的持续性损失，这使得英国过去的客户转向了其他市场，或者开始自行生产。例如，截至1927年，当世界贸易总额达到战前120%的水平时，英国的出口量仅恢复到战前83%的水平。

对英国而言，重新推进贸易，是恢复经济的关键所在。这可能意味着降低施加在德国身上的经济惩罚，从而有助于欧洲整体经济的复苏，这从整体上来看，也许好处更多。然而法国急需现金，它背负了沉重的债务，且已不具备继续举债的条件，它需要德国的赔款到位，以开始被摧毁地区的重建。

到圣雷莫会议结束时，英法两国政府决定，将于延期举行的有德方参加的斯帕会议之前，找时间再次会谈。会谈需要一个对伦敦和巴黎两地的来者都方便的地点，于是菲利普·沙逊将利姆港提供给了劳合·乔治。不出所料，大家都同意将它作为 1920 年 5 月 14 日开始的会议地点。利姆港在那之后不久才成为首相的日常办公中心。劳合·乔治从圣雷莫回来的旅途中，搭乘的是途经巴黎的火车，以便在那里面见英国大使，前战争大臣德比勋爵。两人在凉飕飕的火车站月台上交谈了很长时间，结果导致首相患上了重感冒。内阁秘书莫里斯·汉基相信，他真的“被极度的紧张所累……这大概是我第四次看见他精疲力竭”。医生建议劳合·乔治在英法高峰会前留出三个星期的时间来休养，而菲利普·沙逊表示随时都欢迎他前来利姆。

接下来那一个月的大部分时间，菲利普的庄园成为不列颠帝国最高权力运作机构的基地。他亲自负责，安排了劳合·乔治在利姆港的一切，弗朗西丝·史蒂文森也被安置在此。劳合·乔治无论对于同僚还是对手，都极擅施展魅力，把他们通通集中在利姆港，尤其适合他发挥这一优势。在菲利普·沙逊那个远离现实世界的奢侈而惬意的宫殿里，首相拼命地工作。高级大臣和官员们乘坐查令十字列车从伦敦往返，到了桑德林站，他们会看见菲利普的一位司机已经等候在那里，于是乘坐汽车完成通往利姆的旅途最后一段。菲利普的法国厨师满足了首相的一切需求。这种乡村庄园形式的政府，毫无疑问十分诱人。对劳合·乔治而言，这一定程度上勾起了他对巴黎和谈期间的日子的联想，此外，它也成为日后温斯顿·丘吉尔利用查特维尔和契克斯来办公的样板。

菲利普·沙逊总是开玩笑说，利姆港太安静了，都能听到博韦[①]传来

---

① 博韦，法国北部皮卡第的一个城镇，距离利姆大约 170 英里。

的狗叫声。爱尔兰的危机正在上升，最近在那儿发生的好几起严重的共和兄弟会暴乱，终将打破这里的宁静。一直在岛上指挥英国军队的内维尔·麦克雷迪将军来到利姆港，向劳合·乔治寻求支持，要求调拨更多的资源给他——确切地说，要增加五个营和大量的装甲车。这迫使首相给如今已是战争大臣的温斯顿·丘吉尔写信，请他帮忙来一趟利姆讨论这件事。他补充说："我们不能任其自由发展，事实上德·瓦勒拉[①]已经开始对英军挑战，如果不把他拿下，帝国看上去会很没面子。我知道要拨出人马和物资有多不容易，但在我看来，这于我们而言是个刻不容缓的问题。"于是安德鲁·博纳·劳领导下的内阁定于次日讨论麦克雷迪的这一请求。劳合·乔治也给博纳·劳写了信，强调"我们势必要给予他（麦克雷迪）我们力所能及的一切援助……以剿灭叛乱，只有这样才能确保自治的失败。我恳请你切勿拖延"。

博纳·劳回复劳合·乔治，确认内阁同意麦克雷迪的增援请求，同时也提出一项建议，"征集英格兰退伍军人组建特殊部队，以备特殊时期派往爱尔兰作为宪兵使用"。这一"宪兵"即成为后来的"黑棕部队"，他们因遭到爱尔兰共和军袭击后实施的报复行动而闻名。因此当菲利普·沙逊的利姆港在促成欧洲和平中充当角色的同时，那些精美的房间和庭院，同时也成为看上去很不相配的，首相做出决定支持爱尔兰战争升级的场所。

莫里斯·汉基于5月14日一早达到利姆港，准备出席英法会谈，他发现劳合·乔治与丘吉尔正在会客厅里为前一夜就爱尔兰的讨论收尾。他说，尽管还没到午饭时间，"温斯顿已经喝上了，看上去浮肿而疲惫"。他想，尽管有菲利普的照顾，首相"看起来又老又弱，不过一想到他刚对付了24小时的温斯顿，这足以让任何人看上去又老又弱的"。汉基能看得出

---

① 即埃蒙·德·瓦勒拉（Éamon de Valera，1882—1975），爱尔兰共和党领袖，爱尔兰国会下议院领袖。

来，利姆港对劳合·乔治有多大的吸引力，他说："每一样东西都（是）最好的，最贵的。最好的床、床品、浴缸、食物、酒水、雪茄、劳斯莱斯轿车等。大厅还有水池、喷泉，以及露台上的游泳池和更多的喷泉。"他也承认，那是"一个非常好的地方……如果我正好在养病，并且被舒适地安置到这里，没有什么能让我挪窝的"，可汉基却感到了一丝"不快"，劳合·乔治好像越来越"喜欢上了这样的奢侈生活……不过别误会我的意思，我觉得，他虽然喜欢这些，但如果没有，他也一样会很好"。

会议开幕前夜，7 点 30 分，法国总理亚历山大·米勒兰乘坐一艘包租的专轮艾莱特号，在财政部长弗雷德里克·弗朗索瓦－马绍尔以及英国驻法大使德比勋爵的陪同下抵达福克斯通港口。菲利普·沙逊带领的迎接队伍中有财政大臣奥斯丁·张伯伦，以及外衣纽洞里装饰着红白蓝三色的福克斯通市长雷金纳德·伍德。《泰晤士报》报道说："码头的大门外聚集了大量的福克斯通市民，当迎宾车队开过装饰一新的城市街道时，爆发出阵阵友好的欢呼声。"菲利普的劳斯莱斯车队沿着海岸公路，穿过海斯向利姆开去，首相已在正门等候迎接。

法国三色旗和英国米字旗并肩飘扬在利姆港的旗杆上。里德尔勋爵精心安排了媒体对这一事件的报道。新闻短片记录下劳合·乔治欢迎米勒兰的镜头，新闻摄影师捕捉到一些领袖一边走一边交谈的非官方镜头。警官一直在庄园领地上巡视，以确保领袖们不受打扰。

菲利普请妹妹西比尔前来利姆协助他一起招待这次会谈，又为其增添了一份周末庄园派对的气氛，而不是两位大国首领会谈的国际峰会。在向媒体发布的官方照片上，菲利普和西比尔明显要比客人们更加年轻优雅，他们是整个会议期间的社交中心。当他们穿梭在一个个政治家中间时，在英法两种语言间不费吹灰之力地切换，保证了每一位客人的轻松舒适。里德尔勋爵记得，菲利普是个在会谈期间"永不闲着的家伙"，他"在一个又一个房间、一个又一个人之间穿梭，就像一只正在采蜜的蜂”。

媒体对于如此重要的一次会议，以这样轻松的形式举行感到十分意外，这在英国过去是闻所未闻的。《每日邮报》评论说：“关于为何要这样，至少是为何要尝试着这样，在一个家庭派对上来处置欧洲问题的八卦，自然十分猖獗。”同一份报纸上还有一个卡通栏目，以前一次国际会议做比，宣称“欢迎来海斯，英格兰的圣雷莫”。里德尔认为，菲利普对客人的招待达到了“奢华等级”，他“将待客之道变成了一门艺术”。利姆港的大楼保留给了代表团的领导成员，这样他们可以在一个封闭的居住环境里开会、社交。高级官员例如莫里斯·汉基，则住在位于庄园边缘的贝尔维尤——路易斯·马列特的房子里，距主楼七分钟的步行距离。至于其他官员及政策专家们，菲利普则把海斯的帝国酒店包了下来。整个会议期间，他的劳斯莱斯车队随时待命，将代表团在这几点之间，或者任何他们想要去的地点之间接送。而对于劳合·乔治和米勒兰，这意味着由菲利普亲自驾驶，在会议期间的星期日去坎特伯雷大教堂。

里德尔在日记中记录，这是“我所见过的最非正式的会议，米勒兰与LG之间绝大部分的会谈都是在庄园里散步时完成”。菲利普·提尔顿正在进展中的工作尽管被会议所中断，但他一直没有露面地留在了那儿。他记得，首相“在利姆港的南露台上来回踱步，永远裹在他那件一成不变的披风里。闪亮的头发被海风吹乱，步态稳健，充满自信，偶尔停下，随即又继续，希望用自己的观点去说服同伴”。

主会场原本计划在大厦朝海一面南露台下的草坪上搭个大帐篷，不幸天气不配合，于是只好用会客厅来代替。何塞普·瑟特那幅在战争中击败德国的寓言式大壁画，令人窒息地端坐于领袖们聚在一起讨论的空间上方，无疑壁炉上方的那三只凯旋的印度大象并不对每个人的胃口——在内阁秘书莫里斯·汉基回忆中，那“怪异的东方装饰铺满了整个墙壁”。菲利普·提尔顿设计的八角形图书馆，因装配了与巴黎奥赛码头外交部联系的热线，成为用以沟通的神经中枢。

晚餐在蓝色餐厅里举行，劳合·乔治、米勒兰以及张伯伦都“状态良好”，十分享受彼此的陪伴。汉基坐在法国财政部长马绍尔身边，他认为马绍尔是个“很不善言谈的人，并且显得很紧张。两手总是很不安地搓着，好像在洗手一样”。他们间关于政策的讨论也不是很成功，汉基觉得马绍尔“很糊涂，尽管有翻译在一旁相助，我仍然弄不明白他究竟想说什么”。晚餐后，西比尔有个新主意，她建议放映查理·卓别林的电影来缓和一下经过了一整天商谈的气氛。事实证明这个主意很奏效。当晚，《每日邮报》从会议处发出报道：“照明发电机使得整座房子闪闪发光，就像大海上的一艘轮船。”

会谈的讨论主要集中在协约国债务以及德国赔偿这两个话题上。劳合·乔治拒绝了法国的建议，他们赤裸裸地要求不对德国提供的赔偿金在各协约国之间进行公平分配，而是按紧急程度来决定提供财务援助的优先级——绝大部分都将去往法国。相反，劳合·乔治却使得米勒兰同意了他的方案，让来自各国的专家准备“立刻着手审查……确定一个协约国可接受的最低债务总额，同时保证这一金额在德国的支付能力范围内”。

米勒兰在法国的反对派对此结果十分震惊，强硬派，例如前总统同时也是赔偿委员会①主席的雷蒙·普恩加莱相信，他一定是被劳合·乔治的花言巧语加上菲利普·沙逊的豪华款待给迷惑了。普恩加莱从委员会辞职，他坚信不应该对德国人认为他们有能力支付多少予以任何考虑；他们所应该得到的，要么被通知付款，要么就接受协约国可以使用武力强制没收财物以抵押款项。

① 赔偿委员会，在《凡尔赛条约》中建立的一个负责监督德国支付的组织。

如果说利姆和会是劳合·乔治的外交成功，那么对于菲利普·沙逊，则是个人的胜利。当他和劳合·乔治的私人秘书菲利普·克尔在福克斯通码头送别法国代表团时，《每日邮报》的一位记者试图劝说沙逊就这次会议以及他这个周末的这些客人发表一番评论。菲利普答复说，他无可奉告，又假谦虚地加了一句："请一个字也不要提及我，或者我的房子，我将对你感激不尽。"然而这报纸却被这位富有的青年完全迷倒了，他们看见的，是他脸上带着"男孩气的微笑"，陪同在欧洲政坛领袖的身边，在福克斯通码头"轻快地走来走去"。

菲利普的个人情况出现在了《泰晤士报》以及《每日邮报》上，而这两份报纸的所有者都是他的老朋友诺斯克利夫勋爵。这些报道详细地描述了沙逊家族在印度的崛起，《邮报》还指出，菲利普身上"那古老而神秘莫测的东方气息，通过深色的皮肤以及鹰钩鼻等特点，在这位富有而极具政治抱负的年轻人身上展示无遗；他的仪态又完全与一位出身好、受过大学教育的英国人无异；他充满活力，完全能够独当一面"。

报纸还补充说，"事实上"菲利普是"一位非常怡人的青年，阿拉丁和他奇妙的神灯是人们必然会产生的联想。菲利普·沙逊只需许个愿，嗒哒！就实现了"。他正在"积极争取进入政府的荣誉委员会，以及得到一个可能的贵族封号。有人说，他也许会成为'利姆勋爵'，而那些更了解内情的人，则宣称他绝不会去做任何一件可能导致他失去海斯代表身份的事，这是他一直珍惜并视为己有的一个选区……他是要打算，村里的长者说，成为首相的，因此还提到迪斯雷利"。

对菲利普·沙逊而言，做东举办利姆会谈，以及为劳合·乔治工作这两件事的结合，将他推上了政治事务的中心。正如战争年代他为道格拉斯·黑格工作时一样，利用自己所处的位置，在英法两国间一面也为自己拓展并维系关系网。面对巴黎的动荡政治局面，以及政府极力想要与法国之间找到解决之道的紧迫性，菲利普的这些努力对劳合·乔治也同样很有用。战争最后那一年，伟大的法国领袖乔治·克列孟梭已于1920年初退休，其继任者亚历山大·米勒兰能否巩固权力并不被看好。

会议后几个星期，菲利普·沙逊与英国驻法大使德比勋爵再次见面，以巩固他担任战争大臣期间两人所建立的良好工作关系。德比认为，米勒兰在政治上“极不稳定，斯帕之后很可能在这个位置上待不住……如果我们愿意的话，可以通过帮他去掉法国三分之一的债务，作为对受损地区的贡献来挽救他。因为，如果米勒兰下台，普恩加莱就会上”。

菲利普将这一信息传递给了劳合·乔治，不过这极有可能是法国人使的计。他们知道，劳合·乔治一定懂得，要想与德国人签署适当协议的最大机会在于，与米勒兰而不是普恩加莱联手。米勒兰明确说过，在斯帕要让我得到我需要的结果，否则后果你得自己承担。如果德比认为米勒兰“靠不住”，那么法国总统保罗·德沙内尔的情况只能更糟。他不过2月份才就任，到5月底就经历过一次精神崩溃。当他仅穿一件睡衣从总统专列的大窗户上摔出去时，情形发展到了高潮。当时火车在位于巴黎以南70英里处，靠近蒙塔日的一个地方。德比通过菲利普，将整件事的前后经过告诉了劳合·乔治。德沙内尔“肯定是在去蒙塔日的路上吃了药，将头伸出车窗外呕吐时晕了过去，随即摔下车”。当他被发现在铁路边游荡时，被带到了最近的一个平交路口养护工的木屋内，他显然还在那儿对接待他的主人发了脾气：“你们看不出来我是位绅士吗，没见我的脚有多干净吗？”菲利普告诉劳合·乔治，“整个巴黎都在编滑稽剧取笑他”。又据德比勋爵说，克列孟梭认为这事“一点也不令人吃惊，（德沙内尔）丢了脑子，他原本就没有多少脑子可丢，又补充一句‘这世界上的人被分成两大类——一类得不到他们想要的，另一类得到了却发现跟预期的不一样’”。

斯帕会议日期原本被重定在6月21日，却又一次起了变化，改到7

月5日。于是劳合·乔治和米勒兰决定利用这期间在布洛涅再度见面，将他们与德国的谈判立场最后敲定。莫里斯·汉基提及，“原本（布洛涅）的这个会议只是LG与米勒兰之间的一次私下沟通，本意是要严格保密的，但还是被泄露了出去，所有其他国家都开始怀疑，并纷纷宣称要来”。于是劳合·乔治和米勒兰决定“闪避他人，将这次私人对话”提前一天在利姆港举行。

利姆港的会谈虽然准备很仓促，然而这一非官方的盛情招待，却让米勒兰以及包括协约国西线最高司令福煦元帅在内的整个法国代表团感到备受欢迎。菲利普·沙逊连同福克斯通市长，再一次在欢呼的人群中来到码头迎接米勒兰。全镇由会议引起的兴奋是很明显的，《福克斯通先驱报》称：“海斯的福克斯通和利姆又一次通过在菲利普·沙逊爵士家举办的会议而获得了世界级的声誉。”菲利普亲自驾车载着法国总理，穿过装饰着红白蓝彩旗的街道，沿海岸来到海斯高尔夫俱乐部[1]，等候在那里的劳合·乔治刚刚已经同菲利普的表兄大卫·葛培打了一轮。前任海斯市长，同时也是本俱乐部队长的市议员约翰·杰尔为他们提供了茶点，只是当晚他不幸忽然病倒而离世。

里德尔勋爵在此担任媒体协调员，对此次会谈进行了简要说明。他回忆道：“利姆展示出一幅奇特的场面，一间房里首脑们在协商，另一间房里官员们在开会，再一间房里秘书们在工作，而还有一间，里面摆着丰盛华美的茶点、蛋糕、水果和各种美味，法国厨子们则在厨房里准备华丽的晚宴……每一件事都是在不计成本的前提下完成。”会谈的细节按说是保密的，但里德尔抱怨说：“按惯例，每件事都应被包裹在神秘当中——鸦雀无声是当天的纪律。然而也是惯例，每件事都被泄露了出去。”媒体被告知，

---

① 最初的海斯球场后来被二战严重毁坏，继而关闭。福克斯通高尔夫俱乐部后来拿下其大部分土地，由亨利·科顿设计了一个新的十八洞球场，于1965—1966年间成为瑟尼故高尔夫俱乐部。

此轮对话“比第一次利姆会议期间的更令人满意”，但实际上收效甚微。英法两方在对德政策将更加强硬这一点上取得了一致，然而在要求它遵照赔款和裁军这两方面，斯帕会议前再没有任何进展。

菲利普·沙逊陪同劳合·乔治前往出席斯帕会议，这是自凡尔赛以来协约国与德国双方领袖之间的首次会议。选择斯帕很说明问题，它在整个战争中不仅被德军所占领，并且是 1918 年德军总部所在地。战争没有以德军入侵，而是以其投降结束，接着，英法军队又在停火后占领了德国莱茵河以西的领土。然而对菲利普·沙逊而言，在这片曾经被宿敌从比利时夺去过的土地上，斯帕给了他第一次直视敌人的机会。致力于这个国家的解放，正是当初英国参战的原因。

当英国代表团乘汽轮到达奥斯坦德时，菲利普注意到码头上站着一排比利时女孩，“举着旗子和硬纸做的月桂花环，当我们的轮船靠岸时，一旁有 37 位戴着 37 顶圆礼帽的男子正在吹奏 37 个版本的德国国歌（惯性导致的失误！）”。他们沿着海岸线乘车来到泽布吕赫，在那里见到“由德国人搭建的、糟透了的海滨防御工事”，在布鲁塞尔的一家酒店里过了一夜。菲利普写道，这个酒店“本来声誉不太好——但我们失望地发现只能在包间里吃饭，并没有机会去考察这片人间天堂”。劳合·乔治尤其不快，他让沙逊“试着去楼下搞定”，但根本没有可能。次日一早，他们继续上路前往斯帕，沿途拜访了布鲁塞尔附近的滑铁卢战役遗址。站在狮丘纪念坡上，查看了身下的战场，这是威灵顿和拿破仑的军队一个多世纪前奋战的地方。此时大战刚刚结束，带着刻骨铭心的记忆，菲利普“在经历了索姆河和佛兰德斯战场之后，觉得这一切都像小人国——这不免令人觉得滑铁卢一战更像塞莫皮莱，而非新沙佩勒”。

斯帕会议在费尔诺丝城堡举行。德皇威廉二世退位前，他作为皇帝的最后一夜在此度过，次日即飞往荷兰。英国代表团下榻于布雷藤尼克酒店，这里曾经是战争最后几个月里德国军事指挥部的总部。持续巴士底狱风暴的精神，菲利普又查看了“皇室掩体”，德国皇帝在英军轰炸附近前线时曾在此藏身，掩体“在地下数英尺，被两米厚的水泥围起来，面上挂着印花棉布帘子”。

菲利普在斯帕的感触太深，因此他给两位已经牺牲的朋友朱利安和比利·格伦费尔的母亲德斯伯勒夫人写了一封长信。“这次会议颇有些戏剧性的事件，”他对她说，“在德国人呼声最高时，这里曾经是其军事总部，如今他们在同一个地方祈求宽恕。这酒店曾是鲁登道夫和兴登堡的办公室，而就在我隔壁的房间里，皇帝退位。”

会议本身气氛不妙，不能算成功。一切的情绪都尚未平复。某天深夜在露台的咖啡座上，一名比利时骑兵军官忽然向一名德国记者发起攻击时，这一情绪展露无遗。德国代表团穿着全套军服出现，而鲁尔河谷地区绝大部分的煤矿矿主，同时也是德意志国会成员以及报业大亨雨果·斯廷内斯告诫协约国，不该在胜利后使用傲慢的语调。德国人认为在“参与的协约国政府”间也应当有一份关于如何提振德国经济和财务状况的计划，以及任何赔偿协议应“仅仅”基于该国的赔付能力。

这直接导致英法发出最后通牒，作为整个赔款计划第一笔十亿英镑一部分的煤炭，务必于七十二小时内送达，否则他们将据鲁尔河谷为己有。这一最后通牒虽然后来被撤回，但危机并未得到解决。德国提出了在未来六个月内完成煤炭运输的计划。此外，除了赔款应当在协约国间分配的方案外，再无其他进展。①

菲利普在一旁仔细地观察了德国代表团如何据理力争。就在战争刚刚结束时，他还说过，希望德国受到惩罚；然而当他面对面与从前的敌人代

① 比例为法国52%，英国22%，意大利10%，比利时8%，所余由其余协约国分享。而比利时，由于其在德占期所受到的遭遇而享有优先权得到高至1亿英镑的金额。

表相处时，他好像更被同情而非愤怒所动。他觉得德国总理康斯坦丁·费伦巴赫是“一位很值得尊重的老人，（他）看起来像是一位挥霍浪子的老父”，而国防部长奥托·格斯勒则“十分好斗”。德方坚持，他们需要在国内维系其军事和财政力量，以平息极左和极右势力。菲利普丝毫不为这一说法所动，认为这不过是一个“虚招”，而且这比起“高手例如LG来，他们完全像一群蹩脚的业余选手”。

菲利普·沙逊作为劳合·乔治核心圈子成员的角色，比起议会私人秘书这一正式职位，给了他在英国政府中更多的重要性，其结果之一是与温斯顿·丘吉尔所发展的友谊，其后挺过了两次战争之间那段时期内所有的危机和挑战。战争期间菲利普一直对丘吉尔总是试图暗中削弱将军们的努力而持批评态度，而温斯顿则从他的角度，只将菲利普当作不过是道格拉斯·黑格的一个代理。然而，在战后的不同环境下，他们能够在诸多方面彼此欣赏，有相同的品味和兴趣。而社交圈多年来更是屡有重叠，丘吉尔战前就是德斯伯勒夫人塔普洛庄园派对的客人，偶尔也出席过菲利普父母举办的晚宴。温斯顿和菲利普最大的共同点，是两人都对马球和飞行有着狂热的兴趣。在战争的最后一年，丘吉尔频繁地飞往蒙特勒伊的司令部，他在那儿甚至有自己的房间。沙逊的朋友，艺术家威廉·奥尔彭1916年为丘吉尔画过像，菲利普还鼓励丘吉尔积极发展他自己对油画的热情，他将自己收藏中的部分作品借给丘吉尔临摹，比如约翰·辛格·萨金特画的阿拉斯大教堂遗迹等。丘吉尔在菲利普的利姆港和特伦特庄园两处房产内居住期间，画过不下二十幅油画。菲利普·沙逊的世界里那种不惜重金的奢侈生活，显然很对丘吉尔的胃口，他也觉得自己是某种程度的审美专家，也极其崇拜奥斯卡·王尔德，曾经坦陈，这是他下辈子最想要见到的一个人。丘吉尔在社交层面对待同性恋的态度也较开放：他用了多年的私人秘书爱德华·马什就是同性恋，而在1950年代担任首相期间，他还私下支持过放宽针对同性恋关系的法律。

温斯顿和克莱门汀·丘吉尔1920年8月初来到利姆港，参加菲利普·沙逊的一个周末派对，同来的还有其他一些共同的朋友，例如德斯伯勒夫人以及休·塞西尔。菲利普自议会的夏季休会期间，直到9月份都主要待在利姆，并持续地邀请朋友们前来做伴。国际事务在这一次的利姆聚会上投下了深深的影子。这时的苏联与新独立的波兰之间爆发了战争，并且有可能上升到一个危险的紧张程度。战争始于乌克兰，眼下很显然红军占了上风，开始大肆越过维斯瓦河，继而占领华沙。6月份在利姆举行的第二次会谈上，劳合·乔治建议过米勒兰，他们应该着手与俄国建立外交关系，这事两方政府从1917年布尔什维克革命起就一直在回避，但法国拒绝了这一提议，究其根本，是因为他们希望布尔什维克能够同意执行一部分前沙皇政府欠法国的债，布尔什维克当然不肯。眼下这场战争可能将是对《凡尔赛条约》的第一次真正考验。这个在《凡尔赛条约》上被确立的新国家波兰，被认为是维持欧洲东部和平的核心，一旦它被俄国夺去，而其他国家不做出反应的话，在凡尔赛确立的其他国境线还会被认为是安全的吗？

在利姆的宁静中，温斯顿·丘吉尔通过把眼前的罗姆尼沼泽一直到大海的风景，画到画布上来寻求危机中的片刻解脱。当他在颜料和画布中工作时，有时会被菲利普·沙逊的另一位客人，正在花园里散步的玛尔特·比贝斯科打断。比贝斯科是一位罗马尼亚公主，也是当时一名当红的社交名媛，同时还是巴黎和伦敦的文学人物。她记得，“他完全沉浸在……画那片广袤的沼泽……四幅草稿支在画架的脚边，在太阳底下晒着。他这时正在往第五幅画布上猛戳，几乎上气不接下气地在表达他的情感”。

丘吉尔向玛尔特招手，叫她过去，她坐下后看他作画。丘吉尔问她：“今天是8月1号吗？”她说是，又加一句，“你在这一天拯救了舰队”，指他1914年作为第一海军大臣决定将舰队放到海上做好准备，迎接几天后降临的战争。丘吉尔的脸仿佛瞬间被点亮："是啊，我想到我们有可能被德国潜艇在海峡上扼死，就觉得像噩梦。那天晚上，六年前，我命令舰队趁夜色出发——绵延 18 英里长的战舰，全都熄了灯火。第二天一早，他们平安抵达北海深水区。如果我没有这么做，战争可能将是另一个局面了。"

几天后的 8 月 4 日，丘吉尔在唐宁街 10 号内阁房间里听劳合·乔治对俄国代表列夫·加米涅夫及利奥尼德·克拉辛说："如果苏联军队继续向波兰进发，与协约国的断交就在所难免。"从英国参战到这一天已经六年了，丘吉尔回忆他前一个周末在利姆时，"脑海里那双眼睛回到了六年前，我们挣扎其中的那场大屠杀和恐怖场景中，会有终止的一天吗？哪怕再绝对的胜利也无法确保公正和持续的和平吗？……又是 8 月 4 日，这一次却是我们变得无能。英法的民众呼声显得非常疲惫，任何形式的军事干预都不可能，除了语言和姿态外，没有别的办法可想"。

劳合·乔治下了决心要把他们现在仅有的这两个武器——语言和姿态——的作用发挥到极致，于是紧急约见法国总理米勒兰，就一个联合立场达成一致。菲利普·沙逊再一次将利姆港无偿提供给首相使用，政治家们在 8 月 8 日和 9 日两天在那里再次会谈。这次会谈的议题，被菲利普精练地总结为"对俄之战争或和平"。英国代表团由军事及外交顾问组成，包括亨利·威尔逊爵士，以及来自外交部的罗伯特·范斯塔特和拉夫·维格拉姆。法国代表团则再一次是福煦元帅加上"才华出众但十分奢侈的"阿里斯蒂德·白里安，这位曾经是，将来会再一次是的总理。妹妹西比尔无法在场，菲利普于是请求德斯伯勒夫人前来帮忙接待，并且由于亚瑟·贝尔福也是英国代表团成员，使得这次会议染上了一丝从前的塔普洛庄园派对的怀旧色彩。利姆港这已经是十二个星期内第三次举办重大国际会议了，而当地社区的热情却丝毫不减。再一次，巨大的人群涌现在福克斯通欢迎法国代表团的到来。

里德尔勋爵回忆道，在会谈期间，劳合·乔治“精神饱满。我到达时，他正在一边穿过草坪一边与米勒兰交谈。他向我走来，用手掩住嘴好像在说一个秘密，悄声道：‘我们决定去华沙召开一次会议，你一起去吗？’当天晚上，别墅里放映了一部电影，令首相、米勒兰以及福煦开怀大笑”。后来华沙并未举办另一次会议，俄国人也拒绝来伦敦出席，相反建议在明斯克与波兰一道展开和谈。在利姆，英法双方都同意，明斯克谈判前不会宣布与俄国的“最终破裂”，并且只有当波兰政府决定拒绝俄国条款时他们才出面干预，或者当两国政府间达成的协议违反了《凡尔赛条约》的条款时。福煦对局势非常担心，他在利姆对里德尔勋爵说：“这很严重。如果波兰沦陷，德国和俄国就会联手，这样你将处于比 1914 年还糟糕的情形。”里德尔回答说：“你愿意当众讲这番话吗？”福煦回答：“愿意。局势之严峻，需要让这个世界明白，紧迫的形势正在逼近。”危机被一个意外所转移，那就是华沙战役中波兰人取得了决定性的胜利。这终止了俄国军事力量进一步在波兰行动的机会，一份和平条约被成功签署。但无论如何，这却迫使协约国开始考虑，在维系《凡尔赛条约》这个问题上他们究竟还能走多远。不久，他们将在欧洲的其他地方面临类似的挑战。

对菲利普·沙逊而言，1920 年是他的高层政治与上层社交走向交集的一年。他成为一位显著的公众人物是两件事的共同结果，既因为他在首相手下工作，也因为他常与威尔士王子一起参加派对。菲利普在政治上的朋友，无论他们的背景如何，都是锦衣玉食享乐派，也是正统保守社交生活的挑战者。王子更代表了新一代的皇室，既懂得自己的责任，也渴望独立生活，并且向其他富裕的年轻人敞开。他同时也是在兴起的新闻电影、带图片的报纸以及无线广播等新媒体下长大的第一位皇室成员。这些，都有助于他成为那个年代最耀眼的名人。

就连菲利普·沙逊以及威尔士王子这些人的穿着，也体现了一种对战前正统的打破。从 1919 年起，王子开始青睐萨维尔街 7 号的荷兰裁缝弗雷德里克·舒尔特。菲利普的裁缝则是把舒尔特当师傅看待的“安德森与谢泼德”的瑞典人皮尔·安德森，他当时在 13 号。舒尔特对男装进行了改革，通过创造出被后世称为“伦敦裁剪”或“英式垫肩”的革新，将萨维尔街带入了 20 世纪。与传统裁缝将军装裁剪原则——使人时时不得放松的高耸肩部和僵硬前襟——运用到日常外套中不一样，他们更像是“市民”裁缝，采用更柔软的面料，自然地从肩部垂下来设计外套。对维多利亚年代的绅士而言，西装的舒适性并不是主要的考虑。

王子在其回忆录《一部家庭相册》中说：“我父亲以及他那一代人，除非在乡村，否则随时都被奴役在长礼服外套以及浆过的衬衣中。（成年之前）我一直都在与着装的约束抗争，那些东西代表着我的家庭所处的世界中的僵化社交传统。一旦独处，就像条件反射一样，我会脱掉外套，扯掉领带，放松领子，卷起袖子——这不仅让我感到舒服，它更像一种象征，自由的象征。”

一些人也许会认为，容许一个荷兰人和一个瑞典人来改写萨维尔街的规则简直是一桩丑闻，但这一新形象要求穿戴者本身神采飞扬，王子正好是让这一风格受到追捧的完美模特。

菲利普·沙逊常常被人看见与王子一起外出，享受伦敦的新夜总会，尤其是在梅菲尔的使馆会所里，随着波特·安布鲁斯著名的乐队翩翩起舞。他们俩也是狂热的运动爱好者，都对马球和高尔夫入迷，菲利普与温斯顿·丘吉尔两人都是王子的罗汉普顿马球队成员。当他们观看了菲利普的朋友，那位伟大的法国拳击手乔治·卡彭铁尔，在 1919 年的伦敦奥林匹亚运动场将英国拳手乔·贝克特击败后，菲利普还把爱德华也介绍给了他。战争期间他们第一次在巴黎见面后，菲利普向乔治发出了长期邀请，无论他何时来伦敦，都希望他来公园径下榻。卡彭铁尔觉得他的款待“非常英伦……管家永远听候需要，无论是午餐还是晚餐，外加一个就像附着在我身上的贴身男仆，负责提供个人所需的一切服务”。乔治是有点花花公子名声的，除了跟菲利普一起出现在使馆会所外，人们还在爵禄街 43 号臭名昭著的梅芮克妈妈俱乐部[①]里看见他。菲利普为王子举办了一个晚宴，由乔治和温斯顿·丘吉尔作陪，乔治发现丘吉尔“是一个很有趣的玩伴，一脑子好玩的故事”。他还记录说：“这是自那场与贝克特的比赛后，王子与我握手后第一次见到他，他是整个晚宴中唯一没穿晚装的客人，可能因为晚宴结束后立即要去外地打马球吧。”

王子身上有种像孩子一样的，对来自朋友的纵容和关照的渴望。这在菲利普这儿能够极大地得到满足。他赠予王子大量的礼物：一个古代的鼻烟壶做圣诞礼物，一些“极品”钻石和玛瑙袖扣做生日礼物，这一切使得爱德华感叹，“这个人真是把我惯坏了啊”。

菲利普对朋友的婚外恋情既周到，同时又十分开明。比如与劳合·乔治，他就像对待他妻子而非情人一样地欢迎弗朗西丝·史蒂文森，还总是提供机会使他们能够在有朋友的陪伴下也待在一起，因为这在官方活动中是绝对不可能的。类似的，菲利普也对王子的复杂私生活提供了支持。1918 年，爱德华点燃了与自由党议员威廉·达德利·沃德的妻子弗丽达·达德利·沃德之间的恋情。达德利·沃德夫妇结婚时她仅仅十九岁，他长她十六岁。到那一年底，他们结婚刚刚五年，但已经基本上各过各的了。威廉·达德利·沃德对这桩恋情没有表示强烈的反对，条件是不能表现得太唐突，当然事实也正如他所愿。弗丽达在公众中知名度不高，王子圈子以外很少有人知道这一段关系。一些知情的人也仅仅认为弗丽达不过是王子生活中的一个点缀，而另一些，包括在菲利普的一次派对上见过她的里德

① 爱尔兰出生的夜总会老板凯特·梅芮克，在 1920 年代的伦敦参与了好几家夜总会的运作，包括位于伦敦苏豪区爵禄街 43 号的这家。亦为伊夫林·沃小说《布园重访》中梅菲尔德妈妈的“老百号”夜总会原型。

尔勋爵，则认为她是“聪明而敏锐的那一类女子，很难静下来，总是在唱歌、跳舞、吸烟、交谈，或者打网球”。

1920 年 3 月，王子被派往澳大利亚和新西兰出访，历时七个月。临行前夜他写给菲利普·沙逊的信中强调了他们之间亲密的友谊。“没有任何言语可以表达，”王子写道，“我有多感激，或者说我有多么喜欢在特伦特度过的那些美好周末，以及公园径 25 号那些令人兴奋的‘亲密’晚餐会。”接着，他在圣地亚哥和火奴鲁鲁之间，又从皇家荣誉号船上再次写信给菲利普，表达：“让我再一次重复你已经知道的事实，我永远也不能够，哪怕是开个头来为你给予我的无尽善意表示感谢，或者说一声我有多感激。”他又补充道：“我刚刚读完了《苏珊·伦诺克斯》，很精彩的一本书，这是我读过的唯一一本会促使人去思考的小说，当然整个故事极其丑恶，不过就该是这样啊！”

菲利普答应在王子离开期间照顾弗丽达·达德利·沃德，他在爱德华离开后的当天晚上就同她一起用餐，并且把利姆庄园里的一幢木屋拨给她用。爱德华在旅途中写给菲利普的信里说，弗丽达认为利姆“妙不可言”。随后又加上：“我多想见到那美妙的地方啊，如今更因为在那里举办了和会而闻名。”菲利普深受弗丽达信赖，她甚至把她与王子之间通信的暗语都告诉了他。于是当“困惑的”爱德华收到一份用暗语发来的电报时，他转而对弗丽达说：“你一定帮他破解了我们的秘密。”

王子 6 月 11 日从墨尔本总督府给菲利普写信，抱怨他的抑郁和劳累，说在澳大利亚很难见到美丽的女子，他们是“一群火腿脸蛋的人，这让我感到累”。来自国内的压力也在上升。国王对于公开发表的一幅威尔士王子与正陪同他出访的表弟路易斯·蒙巴顿伯爵的合影表示了极大的不满，他对爱德华说：“你该裸体拍这幅照片啊，这样公众会更喜欢。”另外白金汉宫还建议，王子应该在自澳大利亚的回程上访问印度，这事让爱德华非常反感。他请菲利普利用其在劳合·乔治手下工作的便利，想办法能否将印度之行延期。并将他一贯对沙逊的感激之情置之不顾，直言不讳地说："我感到有些失望，你仍然没有告诉我那小个子首相现在是怎么考虑这一切的，以及他是否愿意试着将行程延到明年！！天哪！我祈求会如我所愿……当然不用说，我关于这件事的看法有多隐秘，请务必把这些都烧了，因为一定不能让印度认为我不愿意去那儿！！我想去，只不过不是今年。"

首相同样也非常喜欢这位王子，他对国王乔治提议了此事。于是7月22日，菲利普给在霍巴特的爱德华发了电报，告诉王子他认为他们能够设法将印度之行延期。爱德华于是给弗丽达写信报告了这一好消息，还说："非常好奇他是怎么办到的，以及首相又是怎么对付陛下的。"不出一周，王子得到了确认，他告诉弗丽达："好家伙菲利普，我猜因为这一个延期，我现在欠他的比欠任何人都多了。对他真是感激不尽。"8月3日，他又从布里斯班写信给菲利普，宣称，"基督啊！国王发来的电报是多么令我如释重负，现在眼前都是蓝天……我真是欠下你一笔大债了，我亲爱的菲利普"。

爱德华回来以后，《每周快讯》报道，他与"那位年轻而可亲的男爵，菲利普·沙逊爵士，自打回家以来，就一直在一起"。还评论说，"他们对运动和跳舞有着共同的兴趣"。但菲利普的关心和纵容有时也会让王子吃不消。他告诉弗丽达，"我们得想办法松开这绳子，已经被牢牢地绑在他身上了……我非常喜欢我的生活中有一点点菲利普，但不能太多了"。然而圣诞节的第二天，王子又从桑德灵厄姆写信给菲利普，"你一定跟汉娜和大卫·葛培一起在利姆度过了一个宁静而美好的圣诞节吧？这里很安静，可是哎！多无聊啊，有时甚至让人生厌。再一次感谢你送的那些美好的圣诞礼物……我根本配不上如此的溺爱的"。他又建议第二天晚上7点钟打电话再说。

1921年2月，菲利普又一次担任了他的政治圈子与王子之间中间人的角色，在公园径为爱德华举办了一场晚宴，客人中包括劳合·乔治和丘吉尔。几个星期后，那次晚宴中的一部分客人再一次与菲利普聚在特伦特庄园，这次聚会被弗朗西丝·史蒂文森称为“一个完美的星期日。威尔士王子与达德利·沃德夫人一起到来，我们谈及刚刚出版的（利顿·）斯特拉奇的《维多利亚女王的一生》，王子说：‘一定是今天早上国王谈到的那本书了。他很生气，十分激动。’威尔士王子还没看到这本书，所以我们拿出来给他看，不一会儿我们就发现他对着女王和约翰·布朗的描写发出一阵阵的爆笑”。

第四章 舞台中央

菲利普·沙逊爵士是代表海斯的议员
他富丽堂皇又慷慨大方，皮肤黝黑而优雅轻盈，
善谄媚，态谦卑，天真烂漫似孩童……
他的住所昂贵但保守
不过菲利普·沙逊爵士的品味无可挑……
菲利普·沙逊爵士和他的父辈，貌似，
在英格兰扎根好些年
友好地入侵
给内阁带来了声誉，给国王带来了现金……
菲利普爵士过去总是有两重身份，
巴格达裔银行家，剑桥郡地主
可如今他一下子身兼四职，
奴才，地主，外交官，以及白痴。

C. K. 斯科特 – 蒙克利夫，
《奴颜婢膝的政客》

菲利普·沙逊迎接1921年到来的新年派对，是利姆港的一次盛大聚会。劳合·乔治也在场，同他一起的还有温斯顿·丘吉尔和里德尔勋爵。

有人围着钢琴在唱流行歌，里德尔勋爵回忆说："LG唱了《蛤蜊与淡菜》和其他一两首，唱得很好，他要是以音乐厅舞台作为职业的话，没准会赚很多钱。温斯顿带着痴迷的崇拜和艺术家的眼睛坐在一旁观看。"丘吉尔本身也是一名狂热的音乐剧爱好者，尤其喜欢喜剧明星丹·利诺，自然也不服输，里德尔记得，他"给大家奉献了好些音乐厅曲目，以及另外几首好多年都没有听到过，却毫不费力就能回忆起的歌曲"。

尽管派对气氛十分欢快，然而谈话却集中在劳合·乔治正在计划中、即将到来的政府重组。财政大臣奥斯丁·张伯伦地位不稳，他因尝试向发战争财的人征税未果而失去了优势。关于张伯伦所招致的不满，菲利普在此之前就警告过劳合·乔治，那是"拉票游说中唯一被讨论的话题"。他还说，联合政府的议员们抱怨奥斯丁，"眼里从来没有城市里的任何大人物……他完全被财政部里那一群牛津费边社里出身的学生给左右了"。温斯顿·丘吉尔很想要这个位置，以超越他父亲伦道夫·丘吉尔勋爵在从政路上所获得的最高职位。新年这天，他们在利姆的岩石滩上野餐时，他把这个想法向劳合·乔治提了出来。首相却另有打算，他想让丘吉尔担任殖民地事务大臣。

丘吉尔答应考虑一下，于1月7日再次来到利姆与首相见面，接受了这一任命。[①]

菲利普·沙逊也有想法，他希望得到某部大臣的职务。当他将劳合·乔治留在利姆，而自己前往瑞士度寒假时，给首相去了一封信直呈此意：

> 您知道我对政治的兴趣，绝非仅仅将它当作一个光鲜的消遣，或者是想要享受通过议会席位能得到的特权。我的兴趣是实实在

① 丘吉尔六个星期以后才正式出任此职。

在根植很深的，也正是因为这个，我冒昧写这封信，希望在政府改组时，您能考虑在可能的情况下给我一个不太重要的部门职位，假以时日，我或许能有更大的成就……我与您保持紧密关系迄今有几个月了，这几个月的时间，对我的价值无法估量。我将永远随时听候调遣，您知道我对您为我所做的一切有多么感激。

菲利普还请温斯顿也替他美言几句，温斯顿依言给劳合·乔治去了信：“我答应了向您提及菲利普·沙逊。当然您的判断比任何人都更准确，我只从个人角度来说，乐于见到他能得到这么一个机会，我认为他会干得不错。”首相的召唤没有如期到来。对劳合·乔治而言，一个资源充沛的能干议会私人秘书对他的用处，要远远大过让菲利普勤勤恳恳去做某部一名低级大臣。劳合·乔治非常看好菲利普的能力，弗朗西丝·史蒂文森也建议提拔他，然而他此后的议会岁月，一直在担任首相的 PPS①。与劳合·乔治的亲近使他在政界成为一个人物，然而他的迅速攀升却在威斯敏斯特内部招致了不同的反应。媒体大亨比弗布鲁克勋爵认为，菲利普是一个“非凡的八卦能手，以及一名习惯性的马屁精，他说的话与他拍马屁对象的实际情况毫无关系”。他回忆一次在他家举办的派对上，“当时很多人在场，有人问我：‘菲利普呢？’我回答：‘可能在哪儿拍什么人的马屁吧。’这时从附近的一个柱子后面，沙逊大声说：‘但不是你，麦克斯。’”年轻的议员奥斯瓦尔德·莫斯利②认为当时的沙逊“在法国的司令部里为黑格将军担任私人秘书后，到了和平时期又直接在劳合·乔治手下担任同样的角色，在那群年轻人中，他更像是个玩笑。在很多方面（他）十分具有亲和力，也很乐于助人，他友好的天性就是喜欢取悦于重要的、耀眼的或者时

① PPS，议会私人秘书缩写。—— 译注

② 莫斯利自 1918 至 1924 年间为保守党成员，后加入工党，再后来筹建英国法西斯联盟。

髦的那些人”。鉴于菲利普的犹太教信仰，也有些针对他担任政府职位的反犹言论。紧跟着雷丁勋爵被任命为印度总督后，《布莱克伍德爱丁堡杂志》刊登了一篇匿名文章，它充满恶意地这样写道：“（雷丁的任命）所带来的真正危害在于，又一个犹太人被加入众多已经在帝国政府中参与事务的犹太人当中。在（劳合·）乔治先生这一切的行动后面，注定隐藏着菲利普·沙逊爵士的手。”这种随意的贬低性反犹用语在英国社会中并不罕见，例如，弗吉尼亚·伍尔芙一次在写给姐姐瓦内萨·贝尔的信中，用了“缺教养的白教堂犹太人”[①]。反犹情绪也是奥斯瓦尔德·莫斯利在1930年代发起英国法西斯联盟时最想要激发和利用的一种情绪。

尽管菲利普没能得到劳合·乔治的大臣任命，不过首相另有一份礼物给他。菲利普在利姆港举办的复活节派对期间，他陪同劳合·乔治去福克斯通浸礼会教堂[②]参加礼拜，回来的行车途中，首相邀他担任国家美术馆董事会成员。报纸评论说，三十二岁的菲利普“可能是这个职务上（历来被任命的）最年轻一个”，但这个角色非常适合他，成为他保留了一生的职务。

复活节星期一，劳合·乔治完成了新年期间开始计划的重组。但是十一天前保守党领袖安德鲁·博纳·劳的辞职所引起的震动却大过了重组事件本身。博纳·劳以健康状况不佳为由，随即出国，去了法国疗养。奥斯丁·张伯伦取代他成为该党领袖，并从财政大臣一职改任下议院领袖。贸易部长罗伯特·霍恩应邀前来利姆，劳合·乔治请他出任财政大臣。利姆的另一位客人里德尔勋爵记得，霍恩“明显表现得非常兴奋——或许他不该为此吃惊，然而毕竟很少有人能够得到这么快的提升”。[③]

---

① 这一评语出现在一次由西比尔·科尔法克斯做东举办的午餐会上见到菲利普之后所写的信上。

② 福克斯通浸礼会教堂当时位于闰德弗大街，如今这座建筑是一座酒吧。

③ 霍恩1918年才进入议会。

博纳·劳的离开对联合执政是一记沉重的打击。菲利普·沙逊在圣诞节前刚收到来自德比勋爵的警告，保守党议员对联合执政的支持是基于对博纳·劳的“无限忠诚”；德比又补充说，“只要劳合·乔治与博纳·劳还能绑在一起”，他就看不出会有什么问题。从劳合·乔治的角度看，博纳·劳辞职的时机也很糟，政府来自国内和国际的压力都在上升。战后旋即出现的经济繁荣已经破灭，失业率从 1920 年 5 月的 2.7% 升至一年以后的 23.4%，煤炭和铁路工会间持续而严重的行业冲突有可能将整个国家经济引入停滞，加上仍然在攀升的国家债务，更加剧了削减政府开支的压力。在爱尔兰，抵抗英国统治的独立战争在整个 1920 年一直在恶化，11 月 21 日因报复英国情报人员在当天一早被 IRA[①]谋杀，皇家爱尔兰警队在都柏林柯罗克公园射击无辜游客的事件后，更是进入了危急关头。国际上，德国拒绝或无力遵守在斯帕和会上由协约国要求的付款条约，有可能引发法国动用军事力量攫取认为属于他们的财产。

1921 年 4 月，菲利普·沙逊又在利姆港为劳合·乔治主持了一场会议，同新上任的法国总理阿里斯蒂德·白里安讨论赔偿危机。领袖们 2 月份已经见过一次，那一次是劳合·乔治为同样这个议题在契克斯举办的一个周末派对[②]。菲利普在丹佛尔海军大堤迎接乘坐英威塔汽轮，经过了“不算太坏但很湿的”旅途，穿越海峡到达的白里安。正如头一年迎接米勒兰时一样，菲利普亲自驾驶将白里安送到利姆港，劳合·乔治在那里等候迎接。整个会议期间，天气持续恶劣，领袖们只偶尔戴着帽子裹着雨衣在露台上待一会儿，挤在一起进行他们的讨论。十分幸运的是，劳合·乔治与白里安很合拍，是一对绝佳的正面沟通伙伴。在首相眼里，他的法国对手“欢快、幽默、宽容、开明而热心”，作为一名威尔士人，他认为白里安这个

① IRA（Irish Republican Army），爱尔兰共和军。——译注

② 费勒姆的李勋爵在那年 1 月将契克斯捐给国家供首相使用。

布列塔尼亚人拥有“一个纯粹的凯尔特民族特有的想象力和灵活的头脑”。

同利姆港举办过的其他会议一样，里德尔勋爵记得，“沙逊为客人们所提供的接待极为华丽——最高规格的法式烹饪，应有尽有。早餐都是好几道菜，接下来的午餐则菜式更多，然后是丰盛的茶点，到了晚上，当然是精美的晚宴”。当他们聚在青金石色的餐厅，坐在金色带侧翼的椅子上时，里德尔问法国总理，他这第二次担任总理，跟第一次相比是否更开心。白里安回答说：“第一次更好。我现在已经无所谓了，何况你看这摊事。”一边用餐，劳合·乔治与白里安一边讨论，是户外公开演讲更有价值，还是在礼堂里对着请来的听众演讲更有意义。白里安倾向于户外讲话，劳合·乔治说自己还从来没有试过，白里安称：“对 5 万名市民讲话，比起对 200 个训练有素的人讲话，要容易得多。”晚餐后，菲利普又安排放映查理·卓别林的战争片《夏尔洛从军记》，当他们看到卓别林在柏林化装成一棵树，笨拙地想从战壕里逃跑被皇帝抓住时，哄堂大笑。

而会议的严肃话题再一次落在协约国打算对德国严苛到哪个程度这个问题上。法国迫切地想要进入鲁尔河谷，不计一切代价地拿回德国人欠他们的。劳合·乔治则认为入侵鲁尔有违和平协议，这是英国所不能支持的。赔偿委员会建议，到那个月底，德国政府应支付给协约国共计 125 亿美元，按 1921 年汇率折合 7500 亿德国马克，并立即支付 2.5 亿美元定金。这是一个德国不可能兑现得了的偿还总金额。他们于是向美国申诉，请他们出面调停，无果。德国总理康斯坦丁·费伦巴赫决定，他的唯一出路是接受协约国条件，然后辞职。为了支付这笔须立即缴纳的金额，德国政府向国内银行借款，并向国际货币市场发行了大量的纸马克，其结果导致了马克价值的崩盘，德国迎来巨大的通货膨胀。

劳合·乔治和菲利普·沙逊原本寄望于利姆轻松愉悦的气氛，能够说服法国人在赔款事项上采取更具和解倾向的态度，事实证明这一希望成为泡影。相反，英法领导人在利姆花园里的散步却为未来的动乱播下了种子。正如A. J. P.泰勒在其著名的《第二次世界大战的起源》中所指出："赔偿的意义主要在于象征，而他们却因此制造了愤慨、怀疑，以及国际间的敌意。在为二战的爆发清除障碍这件事上，他们起的作用比谁都大。"

利姆会议期间，爱尔兰也一直令首相担心。博纳·劳3月17日从政府的辞职，给劳合·乔治带来了一个好处，给了他更大的自由度，通过与民族主义领袖之间进行协商和解的方式，来探索结束爱尔兰冲突的可能性。据比弗布鲁克后来回忆，博纳·劳"完全反对与爱尔兰的谈判——他的意见是，不可能从他们那里得到任何好结果的"。4月22日，也就是劳合·乔治在利姆港迎接白里安到来的头一天，德比勋爵[①]作为政府密使，化名"爱德华先生"抵达都柏林，秘密会见爱尔兰议会领袖埃蒙·德·瓦勒拉。德比的使命是评估德·瓦勒拉及其议会成员愿意接受与英国政府进入和平谈判的条件。德比勋爵第二天一早回到英国，直接来到利姆港，据里德尔回忆，他在那里"与LG私下进行了很长时间的交谈——二人都表现得很神秘。LG说，他不知道D[②]想找他谈什么。他当然知道，德比来是要告诉他这一趟去爱尔兰的情况"。关于德比这一秘密使命的说法已经流传了出来，第二天，4月24日，《泰晤士报》驻都柏林记者就发表了报道。让公众感到最有趣的是，这么一个知名的政治大人物却戴一副骨质镜架的眼镜来掩人耳目。

5月12日，经过漫长的内阁讨论，政府拒绝了同意停火并与爱尔兰共和党领导人对话的提案。然而若无对话，他们势必面临在整个南爱尔兰强制实施军事管制法的前景，而劳合·乔治警告过内阁，军事管制法对居住在那里的市民而言，"事实上就意味着没有法"。

---

① 德比勋爵作为英国驻法大使的任期结束，已于1920年11月回归英国政治生活中。

② 即德比。——译注

爱尔兰在战前的下议院里就是一个巨大的争议性议题。自由党们，尤其是劳合·乔治和丘吉尔一直在推动自治解决方案，反对来自统一保守党的凶猛抵抗。作为一名统一党议员，菲利普·沙逊也不例外。他1912年在下议院的首次演讲，就是反对给南爱尔兰新成立的由民族主义主导的团体赋予财政权力。1914年3月，随着爱尔兰自治的迫近，为回应卡偌兵变[①]，菲利普据称主动提出“在阿尔斯特爆发战争的情况下，自费提供一艘轮船将（福克斯通）的（国家预备役）连队营运往爱尔兰”，以支持统一党。然而经历过一战的杀戮之后，只要不是强迫北部爱尔兰统一党同意，如今的他已经支持爱尔兰自治了。菲利普还有一些朋友很同情造反军，据悉威廉·奥尔彭就是一位，这位都柏林人准许民族主义的《爱尔兰评论》发表自己的作品。

1921年初，菲利普在公园径举办了一次晚宴，受邀客人中有另一位爱尔兰画家约翰·拉维利及其夫人哈泽尔。由丈夫为她所绘的肖像，作为爱尔兰女性的象征，很多年来一直装点着爱尔兰独立邦国的纸币，哈泽尔将这一邀请视为替爱尔兰发声的机会。其后，1922年，她开车将爱尔兰领袖迈克尔·柯林斯送去利姆港秘密会见温斯顿·丘吉尔。

菲利普·沙逊建议劳合·乔治在公园径公馆为内阁举办一次晚宴，首相可借机将大家在爱尔兰以及其他政府所面临的难题统一起来。麦克斯·比弗布鲁克记得，首相利用这次在菲利普宅邸的聚会施展了“魅力，那正是沙逊所有派对的目的”。公园径25号是伦敦最漂亮的私宅之一，其随意而奢华的布置为劳合·乔治提供了极好的机会来说服他的同僚。去年秋天它已经通过在此秘密会见矿工工会领袖罗伯特·斯麦利以及弗兰克·霍奇斯，而成功地向首相证实过自己的价值。工党领袖愿意在公园径与劳

① 1914年3月20日，驻守在英军驻爱尔兰主要基地基尔代尔郡卡偌营地的英国军官受到威胁，要求他们撤退，而非动用武力镇压反对爱尔兰自治的阿尔斯特志愿军起义。

合·乔治会面这件事没能做到不被察觉。沙逊的老朋友埃舍尔勋爵告诉威尔士王子，“那些人在一派奢华中狂欢，像小狗一样贪婪地舔着菲利普的波特酒和陈年白兰地”。

像利姆港一样，菲利普也赋予了它一丝神秘和幻想的色彩。由他的朋友约翰·辛格·萨金特所绘制的作品，包括菲利普母亲和妹妹的肖像，陈列在宽敞的大理石楼梯墙面和一系列的客房中。在这座维多利亚晚期的大宅里，摆放着18世纪的法国家具，墙上装饰着同一时期的进口木饰板。许多绘画，尤其是雷诺兹、佐法尼以及庚斯博罗的作品展现了英国乔治时期的私密场景。而在会客厅的大面积墙壁上，还有一些弗兰芒挂毯，其中包括一幅描述温斯顿·丘吉尔祖先第一世马尔博罗公爵约翰·丘吉尔的。如果说这批藏品歌颂了这所房子建造以前以及沙逊家族登陆英国之前的年代的话，在陈列中也还混合了些许东方风味，以标志主人的东方传承，例如中国的瓷器和来自伊斯法罕的古波斯地毯。

何塞普·瑟特被菲利普请去公园径，装饰一间足够容纳四百名客人的宴会大厅，要求墙面被一幅20英尺高，名为《东方的沙漠旅队》的壁画铺满。它要呈现一幅骆驼、大象以及戴着头巾的王侯这类异域风情人物，蜿蜒穿越棕榈树、绿洲和沙漠抵达远方山顶的理想之城的壮美图景。这幅画依然用瑟特所喜欢的重复色风格绘制，这一次选用了蓝色和银色。而天花板则是一个浓云密布的旋涡，并用镜子加深了其无限的感觉。菲利普·提尔顿也在这栋华宅里留下了自己的印记，他创造了一个凹进去的小画廊，俯瞰主楼梯。他回忆说，生蚝颜色的玻璃被用在了墙面上，“颜色一层一层加深，直到乌黑闪亮”。玻璃前矗立着斑岩质的瓶子，插着暗红色的玫瑰花，制造出“一种独一无二的效果”。

5月30日，内阁在菲利普·沙逊这座融汇了18世纪的优雅和东方的奇幻的殿堂里聚会。六天前，北部和南部爱尔兰议会进行了选举，南、北爱尔兰是经 1920 年政府爱尔兰法案产生的。这两个议会被赋予了在联合王国之内的自治权，其中专有事务例如国防、外交、国际贸易以及货币储备等仍由威斯敏斯特负责。在北部，42 个席位中有 40 个由统一党占据；而在南部，124 个新芬党候选人全部入选，而只有 4 位统一党当选，代表都柏林三一学院所占据的大学席位。由于新芬党拒绝承认这一新的南爱尔兰议会，因此它事实上作为一个机构已然被废除。选举次日，IRA 在都柏林与英国武装力量的一场激战中攫取了海关并纵火将其烧毁。这次进攻虽以 IRA 失败结束，但它令人想起了占领邮政总局的 1916 年复活节起义。这一持续了两天的事件使得英国议会面临着更大的压力，他们不得不考虑这一重要问题，在爱尔兰南部应当进行谈判还是军事管制？

晚饭时，劳合·乔治提出了他的爱尔兰谈判计划，这个晚上成为内阁改变态度的关键时刻，很快就出现了被丘吉尔形容为现代英国政府历史上最“彻底而突然的……政策逆转”。“5 月份，所有的国家力量以及联合政府的影响力都用在了‘追捕谋杀团伙’；而 6 月，所有的目标都变成了与爱尔兰人的持续和解。”

于是，一年前的利姆港，劳合·乔治对镇压民族主义的军事行动给予了支持，这一次，在公园径，菲利普·沙逊的餐桌上，他在寻求同僚的支持，以同意他是时候达成和平的建议。劳合·乔治指定南非总理扬·史末资出面，充当与爱尔兰之间的非官方调解人。史末资本人在抵抗英国的波耳战争期间就是一名卓越的叛军首领，随后在一战期间成为帝国战争内阁成员。他直言不讳地告诉内阁，爱尔兰目前的局面是“一场难以估量的灾难，与一切我们用以宣称作为帝国基石的原则都彻底相悖，它将对帝国内部的关系，以及帝国与他国之间的关系都愈来愈有害”。劳合·乔治还请求国王乔治出面干预，于是 6 月 23 日在贝尔法斯特，开启北爱尔兰议会的演讲中，陛下呼吁“全体爱尔兰人民停下片刻，伸出宽容与和解之手，原谅并忘记”。

次日劳合·乔治告诉内阁，德·瓦勒拉已准备好要进入谈判，即便并不保证他能获得独立，但他打算通过讨论来获得解决方案。他们邀请德·瓦勒拉以及北爱尔兰的新首相约翰·克雷格[①]前来伦敦。双方同意在爱尔兰南部停止交火，以作为7月11日中午开始的讨论的第一步。德·瓦勒拉于7月13日见到劳合·乔治，首相头一晚在公园径与菲利普·沙逊和弗朗西丝·史蒂文森用餐，给自己增加信心。他在一周前告诉内阁，他“不指望这次（与爱尔兰首领的）会面将有任何满意的结果”。史末资向他建议，他应该做的，就是让他们“自己把自己谈死”。针对这一建议，劳合·乔治的记忆中闪过最近一次与法国人在利姆的会谈，他说：“就像我们过去常常用来对付白里安的一样，直到他自己精疲力竭地瘫倒。”有关爱尔兰未来的这个会议的筹备一直持续了整个夏天，直到德·瓦勒拉9月14日宣布将要出席10月11日唐宁街会议的新芬党代表名单为止。

菲利普·沙逊在利姆度过了8月，其间劳合·乔治来待了一个星期。首相邀请博纳·劳前来加入他们，并尝试了一次并不成功的努力，希望引诱他重新回到政府中来。9月，菲利普去巴黎小住，当时查理·卓别林正在那里宣传他的新片《寻子遇仙记》。卓别林刚刚去过伦敦，这是自他成为世界知名电影明星后第一次回到他童年的城市。作家以及专门研究两次战争之间年代的编年史家贝弗利·尼科尔斯记得，卓别林“在英国受到了凯旋的英雄一般的礼遇……无论去到哪里，他身边都是蜂拥的人以及成队的警察”。

菲利普迫切地希望在巴黎见到卓别林，于是他去拜访朋友，拳击手乔治·卡彭铁尔。卡彭铁尔认识卓别林，那年7月，当卡彭铁尔在泽西城

① 约翰·克雷格（John Craig）因北爱尔兰一党在1921年5月24日议会选举中获胜，而于1921年6月7日被任命为北爱尔兰第一任总理。

与杰克·邓普西争夺世界重量级冠军时，与卓别林在纽约见过面。据贝弗利·尼科尔斯说，那一场拼打“将英美两国人激发到了歇斯底里的疯狂程度。平时从不关注拳击比赛公告牌的人，忽然发现自己被卷入了这场全民狂热当中，有人怀疑，极有可能是因为这个年轻法国男子外形上的魅力”。这是第一场门票收入达到百万美元的争夺赛，尽管后来邓普西在第四轮中赢得了这场比赛，卡彭铁尔却给美国观众留下了深刻的印象。

卡彭铁尔知道卓别林在巴黎期间下榻克拉里奇酒店，并同意在那里介绍菲利普。当被告知卡彭铁尔到了的时候，卓别林正在他的套房里沐浴，经过一番热情寒暄，他悄声说他带了一位朋友来，正在外间等候，希望这位演员能去见见，来人是一位“在英国非常重要的”人。于是穿着浴袍的卓别林见到了菲利普，并认为他“外表如画，英俊而十分具有异域风情”。那天晚上他们一起用了晚餐，还叫上了西比尔。席间他们邀请卓别林在返美之前去利姆港小住，卓别林欣然同意。

菲利普只比卓别林大几个月，而他们童年时在伦敦的住处相距不过3英里。然而沙逊所在的世界，那里的优裕和特权，与卓别林在肯宁顿极度贫穷的早年生活间的鸿沟，是无法逾越的。当菲利普1912年进入议会时，卓别林是弗雷德·卡尔诺流动戏院的一位年轻演员，几年后他成为这个世界上报酬最高、最有名的电影明星之一。电影在总体上，仍然被视作受大众欢迎的娱乐，然而菲利普对卓别林的崇拜，却足够让他在利姆港的派对上放映其作品。卓别林为贫苦大众发声，对权贵和富人嗤之以鼻，也同时赢得了大卫·劳合·乔治这类人的尊敬。相比之下，保守党政客内维尔·张伯伦在1936年前都没有观看过一部卓别林的电影。

菲利普安排了一个非常得体的欢迎仪式，迎接卓别林在利姆港的小住。庄园里的花园派对正在热烈进行当中，客人们被带到东面观看一架法国信使航空公司由巴黎飞来的航班。劳斯莱斯护送卓别林从机场到家的这一段短程路途，据他事后回忆说，“相当刺激，我感觉自己很生动地走进了这场派对”。卓别林认为利姆港像“一件从阿拉伯的夜晚中走出来的东西”，房子的装饰带着“夸张的炫耀”。菲利普用他为法国总理访问利姆时一样的悉心周到来为卓别林的来访做准备。在巴黎，卓别林向菲利普提到，他不喜欢酒店房间里那黯淡的颜色，更喜欢比如“黄色或金色”。当被带到他在利姆的房间时，卓别林发现菲利普已经把这里用他提及的那些颜色的窗帘装饰过了。还有一个“点燃的小加热炉，上面热着汤，以备我夜里饿了。早上有两名勤勉的管家将几乎一整个咖啡厅的选择推到房间里来，有美国麦片、鱼片、培根和鸡蛋”。利姆的厨师还被告知，要特别准备些卓别林最喜欢的食品，包括糖浆布丁和美式小麦蛋糕。糖浆布丁成为卓别林在英国巡回宣传《寻子遇仙记》期间的持续主题，他有次对一位记者说，他这次回到童年的土地上，是专门来品尝炖鳝鱼和糖浆布丁的。结果，他在丽兹有布丁，在加里克俱乐部特意为他举行的晚宴上有布丁，在H. G. 威尔斯为他举办的晚宴上也有布丁。但他们大概都认为他说的炖鳝鱼并不是认真的。

卓别林认为菲利普是位“完美的主人。我得到的不光有英国食物，还有英式待客之道。在那儿我休息得特别好，没有任务，没有娱乐，一切都如我所愿。这是最令人愉快的一天半时间”。西比尔记得，卓别林“在餐桌上特别滑稽，以至于用人们都没法持续服务，都笑得撑不住了”。

这次访问成为一段持续了一生的友谊的起点，也被卓别林认作是他进入英国上流社交圈的入口——跟沙逊一样，这是一种他尽管并不真的需要，却向往得到的认可。卓别林在后期回忆说：“进入某个社会层面的引荐往往来得十分偶然……我的英国社交圈入门点就完全是一次意外，发生时我正在洗澡。”为确保无误，菲利普还亲自把他在萨维尔街的裁缝“安德森与谢泼德”介绍给卓别林。

卓别林在利姆港期间参与的一件公共事务，是陪着菲利普和西比尔去一间桑盖特学校为战争纪念馆揭幕。随后，他又同菲利普一起，访问了位于同一个村子里的恩布鲁克庄园照顾残疾士兵的斯达嘉德医院。“那儿看上去一派惨景。”卓别林回忆说。

> 脊神经受了伤的年轻人，有的下肢萎缩，有的患上了炮弹休克症。他们看不到希望，但他们笑着。其中一位，双手已经彻底扭曲，他用牙齿咬着一支笔在写什么标牌，我看了看，那上面写着座右铭：“永不言死”，“我们消沉了吗？”真是一个超人……那些瘸腿残疾的年轻人微笑着，很有礼貌地欢迎我们，他们残疾的仅仅是肉体，而精神是活泼的。当他们喊着“祝你好运，查理”时，我觉得自己微小如一粒尘埃。我说不出话来。

与战争中的残酷和勇敢的这次相遇，使这两位男子都深受震撼。菲利普知道自己一直以来所受到的指责，作为一名高级文职军官，在战斗中从未被人看见参与过任何军事行动。而卓别林一直在美国工作，由于他的电影始终激励着前线士兵的士气，因而也时有观点认为，他本可以多做一些志愿军事工作。

卓别林的到访，让沙逊作为英国最有活力的社交主人的名声更是锦上添花。除了他还有谁，能将威尔士王子、首相以及卓别林通通带到自己的餐桌上呢？菲利普在丽兹安排了一场午餐，邀请卓别林和劳合·乔治相聚，不过查理有事迟到，而首相等不及，因而错失良机。不过到了10月11日，在社交女明星、演员戴安娜·库珀的促成下，菲利普在公园径举办了一次晚宴，让劳合·乔治与俄罗斯歌剧演员费奥多·夏里亚宾见面，由作家莫里斯·巴林充当翻译。按达夫·库珀的看法，这是次“成功的派对”，达夫也是受邀客人之一，他那天一早从唐宁街开始，就一直在激烈的政治戏中插科打诨，分散注意。

经过好几个月的谈判之后，英国政府和新芬党领袖之间试图达成一个关于爱尔兰和平解决方案的正式会谈开始。上午 11 点，由亚瑟·格里菲斯和迈克尔·柯林斯带队的爱尔兰和平谈判代表团到达时，菲利普正在 10 号的内阁房间里与劳合·乔治以及威尔士王子在一起。代表团被请到菲利普办公室稍候，等待王子离开。当爱德华步出办公室，走上街道时，他受到了来自人群的欢呼，这是刚才聚在这里欢迎新芬党代表的同一拨人。

代表英国政府参与谈话的，可能是英国政府能够组成的最强谈判阵容了，包括劳合·乔治、丘吉尔以及伯肯希德勋爵。他们的目的，是想通过建立一个多方都能接受的政治机制，为爱尔兰岛带来持久的和平。由于正式会谈将在内阁会桌上举行，劳合·乔治将在沙逊的帮助下，从侧面来引诱说服，一方是想要自治的爱尔兰民族主义者，另一方则是安德鲁·博纳·劳这些统一党，以及约翰·克雷格等人——他们压根反对任何形式的协商，只想武力胁迫阿尔斯特人接受都柏林政府的管辖。

一个月的会谈之后，劳合·乔治面临的是双重崩溃：谈判，以及他执掌的联合政府。他的条件是，可以赋予爱尔兰自治领的地位，在帝国和国王的属下，成为一个事实上的独立国家，就像加拿大。新芬党想要此协议覆盖整个爱尔兰岛，而统一党却坚持要北爱尔兰议会属下的阿尔斯特六郡留在联合王国。劳合·乔治担心，即将召开的利物浦保守党党代会，会通过一个对谈判及联合政府所站立场都持反对态度的议案，强硬捍卫统一党社区在阿尔斯特的主张。首相并不是唯一一个对保守党党代会存有如此担心的人。党魁同时也是谈判代表团成员的奥斯丁·张伯伦，11 月 13 日以模仿丁尼生《轻骑兵的冲锋》的口吻写信给妹妹希尔达：

前面是新芬党和阿尔斯特人，后面是死硬派，接下来星期四还要在利物浦与全国联合会[①]见面，橙色保守主义的大本营……最后我可能还得在麻烦目录中再加上一个博纳·劳，一个兼具血统和气质的阿尔斯特人，极有抱负，如今惊诧于……自己彻底的恢复，心痒痒地要回到政治领域中来，他认为头把交椅极有可能并且应该是他的。我正在为我的政治生活而战。

劳合·乔治从来就不是一个会让好的危机被浪费掉的人，他知道爱尔兰谈判对手宁可面对他，而不是一名保守党的首相，例如博纳·劳。他希望利用这个即将到来、令很多人害怕的利物浦大会去搞清楚爱尔兰谈判者究竟准备好了可以在什么程度接受。菲利普建议劳合·乔治 11 月 12 日在公园径 25 号与亚瑟·格里菲斯展开一次关键性的秘密会谈，试探他在排除阿尔斯特的爱尔兰自治问题上的口风。

再一次，劳合·乔治把他担任首相期间最重要的会议之一，委托给菲利普·沙逊来承办。公园径在年初已经被证实过是一个成功的会址，当时劳合·乔治在那儿的晚宴上说服了内阁支持爱尔兰和谈。这一次，他又在午餐时把他的想法交给了亚瑟·格里菲斯。阿尔斯特统一党领袖约翰·克雷格拒绝就北部六郡纳入爱尔兰议会这一提议进行讨论，保守党永无支持该提案的可能。格里菲斯同意了劳合·乔治的建议，如果保守党会议上有边界委员会提议在南北之间划界的话，新芬党将不公开表示反对。劳合·乔治将此视为一个重大让步和暗示，预示着仅覆盖南部郡的协议有可能会被新芬党接受。内阁官房长官汤姆[②]·琼斯就这一共识做了记录，随后

① 全称保守统一党全国联合会，代表了保守党成员中的草根阶层以及一些地方组织。他们有一年一度的党代会，是现代党代会的前身。

② 托马斯的昵称。——译注

被劳合·乔治在《英爱条约》谈判的最后几个小时里使出来，达到了摧毁性的效果。当格里菲斯试图为阿尔斯特分离条款争辩时，劳合·乔治将琼斯的记录拿出来在空中挥舞，并咬定这是他已经同意过的。柯林斯以及其他爱尔兰代表团成员并不知道这一记录的存在。

与格里菲斯会谈后，劳合·乔治离开伦敦，与弗朗西丝·史蒂文森一起来到特伦特庄园同菲利普·沙逊共度周末，同时开始执行首相计划的第二部分。周日午餐时，劳合·乔治又就他与格里菲斯在公园径达成一致的那个问题，试探出了统一党议员以及财政大臣罗伯特·霍恩的态度。到了晚上，安德鲁·博纳·劳以及媒体大亨比弗布鲁克勋爵也来了。尽管博纳·劳并非政府成员，通过邀请他前来参与，劳合·乔治暗示了他在阿尔斯特这一事件中非凡的重要性：是博纳·劳而非党领袖奥斯丁·张伯伦的支持，将在促成保守党支持任何协议中发挥关键作用。弗朗西丝·史蒂文森根据首相的回忆，在她的日记中将这次会谈做了记录：

> D告诉我，他与BL[①]在晚餐前进行了私下沟通，D很直接地告诉他，他不在游戏中。博纳被激怒，说如果这样的话，他将不再继续参与任何讨论，一度气氛非常难堪。然而D最终说服了他，他们坐下来一直谈到将近1点。D认为博纳同意了不反对他的所有关于爱尔兰解决方案的提议。

博纳·劳通过根本没有出席利物浦大会而充分地确保了此事。会上将有一个由死硬派保守党议员格雷顿上校提出的、针对爱尔兰谈判的重要议案被摆到桌面上来辩论。首相希望菲利普去利物浦，随时将辩论进展汇

---

① BL，博纳·劳（Bonar Law）的缩写。——译注

报至唐宁街给他。11 月 17 日午餐时间，菲利普给 10 号的托马斯·琼斯打电话，报告事情进展不顺：“没人替政府说话；主席雪莱·贝恩[①]软弱透顶……而一名来自爱尔兰保皇派的代表，条约的强烈反对者爱尔兰贵族法纳姆勋爵[②]占据了整整一个小时的时间。”劳合·乔治听闻此消息后，在内阁房间里来回踱步，但他没有害怕，他不担心博纳·劳的改弦易辙会导致显著的保守党造反，他说：“如果你要领导一次反抗，你得付出全身心。”

与会的保守党代表不喜欢联合执政，他们关心的是，在阿尔斯特的统一党应当受到保护。但与此同时，他们又同样不愿意看到内战在爱尔兰爆发，或者保守党因这一问题而分崩离析。经过党内重要成员例如德比、伯肯希德以及奥斯丁·张伯伦的力劝，他们主张支持正在进行中的爱尔兰谈判继续下去。格雷顿的议案以 1730 与 70 票的比例被压倒性击败。菲利普回到唐宁街，带回辩论结果成功的消息。当他走进内阁房间时，劳合·乔治抓着他的肩膀在房间里来回走，嘴里还假装用小号在吹《英雄凯旋歌》。菲利普津津有味地开始讲述会议进行过程中的各种混乱小段子，劳合·乔治听得饶有兴味。比如张伯伦勋爵遵医嘱要坐着讲话，但很不幸的是他坐在了自己的笔记上，所以讲话过程中翻了好半天；又比如德比勋爵在会上说，他“不会被任何人催促而匆忙做出谁对谁错的判断”。

关于爱尔兰未来的谈判一直持续到 12 月 6 日，但真正协议的成形，却是在公园径和特伦特庄园的那些私密会谈里发生的。最终在唐宁街 10 号签署的条约产生了一个独立的爱尔兰自由邦，属于英联邦成员，不过，由于统一派的坚持，该协议规定，自由邦不包括北爱尔兰六郡。协议当然还提议由一个委员会重新为阿尔斯特划界，但是在成立爱尔兰共和国这一点上却没有让步，这件事在都柏林的民族主义政治家内部引起了极大

① 雪莱·贝恩，全名亚瑟·雪莱·贝恩爵士（Sir Arthur Shirley Benn），普利茅斯议员，全国统一党协会主席。

② 法纳姆勋爵，亚瑟·麦克斯韦尔（Arthur Maxwell），第十一世法纳姆男爵，统一党领导成员。

分歧，最终导致内战。迈克尔·柯林斯对其重要性十分清楚，当天晚上他很有预见性地告诉伯肯希德勋爵，他相信很有可能是签署了自己的死亡判决。

条约签署次日，菲利普·沙逊在公园径为首相举办晚宴，庆祝其就任五年。整个气氛充满了胜利的喜悦，因为爱尔兰终于看见了和平的希望，而这样的结果连威廉·格莱斯顿都未曾达成。绝大部分内阁成员及好友都前来出席了晚宴，然而来自阿尔斯特的前统一党领袖爱德华·卡森爵士拒绝了邀请，以示对这一在他看来永远终止了英爱联盟条约的抗议。卡森还相信，劳合·乔治"背叛了阿尔斯特"，他将"不再与他有任何瓜葛"。一战前，时为新议员的菲利普·沙逊曾在公园径举办过一个大型的统一党午餐会，纪念海德公园为阿尔斯特召开的集会。世易时移，对菲利普以及很多其他保守党议员而言，一个能够避免更多战争同时又能维持统一党的阿尔斯特非独立的条约，是一个值得为之而战的结果。

菲利普在威斯敏斯特政治版图中的地位也发生了变化，尽管他仍然是保守党成员，但他如今已是劳合·乔治阵营的中坚力量，是他，而非奥斯丁·张伯伦，被视作其政治头目。他同时还希望首相能够获得人民的授权，以继续另一个五年的自由党－保守党联合执政。作为首相的 PPS 这一角色，他为劳合·乔治起草了一份关于"提前选举是否可取"的备忘录，供他圣诞假期中"瞄上一眼"，菲利普还抄送了一份给温斯顿·丘吉尔。这篇备忘录中充满了敏锐的政治见解，显示出菲利普对各种事务，以及代表劳合·乔治在威斯敏斯特所表达意见的跟踪之细致。这也强调了他如何看待自己的政治定位，尽管他们名义上隶属于完全不同的两个党派，但事实上他却完全与首相绑定在一起。

菲利普提醒劳合·乔治，尽管通过解决爱尔兰问题，政府"在国内外都赢得了声誉"，但"商业领域及纳税人从总体上，都在盼望葛迪思委员会[①]能够为国家经济指明方向。尽管这些希望眼下看来有利于形势，但要在当年完全实现却并不太可能，如果大选推迟至预算之后，他们的失望将表现在对现任政府的强烈反对上”。

菲利普告诉首相，套用如今尚可识别的政治策略来说的话，“在工业和农业两个领域，普通家庭的收入均低于上一年，而这是整个形势的关键。他们不满，担心，近一段时间完全没有什么可以让他们开心的事。他们很高兴看见爱尔兰问题得到了解决，但是对自己的每日需求和家庭生活的舒服却更加清楚地懂得”。

他还规劝劳合·乔治不要理会威斯敏斯特联合执政中的派别，广泛地去接触人群以求得对组成新政府的支持：

> 从真正的意义上来讲，我们的政党系统并未自我调节至适应战后的人和国家的环境。战争期间没有受到政治干预的普通投票人（非工党及社会党）正在为不同流派的自由党以及如今不同意见的统一党之间的论战感到困惑。只有城镇乡村中（相对）少数的过时党派人士对这些事有强烈兴趣，而对于新的选民大众（包括男女），这些论战并未传递出任何信息。

菲利普想要对劳合·乔治所传达的信号很清楚：必定要有一场提前选举，联合政府要再一次在他的领导下，以一股统一的力量站出来，聚焦经济。第一次讨论此事的机会，将在新年后不久的法国南部降临，利用戛纳会议的间隙。这次会议由劳合·乔治以及法国总理白里安召集，目的是讨论持续的德国赔偿问题，以及欧洲各国将于春天前往热那亚参加的会议日

---

① 1921 年 8 月，埃里克·葛迪思爵士被任命为国家支出委员会主席。这一委员会的任务是为财政大臣就公共开支上可以节省之处提出建议。委员会于 1921 年 12 月和 1922 年 1 月向内阁提交了报告，次月公布。

程。热那亚会议是劳合·乔治的一个伟大倡议，他希望它能成为凡尔赛之后的第一次峰会，把英国、法国、意大利与德国和苏联联合起来。

菲利普赶到戛纳与劳合·乔治会合，首相下榻于瓦莱塔别墅，这是金融家阿尔伯特·斯特恩爵士调拨出来供首相调遣使用的。他们在别墅集合，同财政大臣罗伯特·霍恩、温斯顿·丘吉尔、战争大臣拉明·沃辛顿－埃文斯爵士及麦克斯·比弗布鲁克一起商讨提前选举的前景。

同所有选举一样，需要同时考虑时机以及用于助选所需的资源。劳合·乔治基金会向来通过出售政治荣誉而经费充足，而保守党在了解到他们的财务主管贺拉斯·法夸尔将大量资金从该党的账号转至首相的竞选金之后，一直愤愤不平。正当这一群人在讨论这个话题时，阿尔伯特·斯特恩爵士的鹦鹉，栖身于不远处的一个笼子里，忽然间大喊——“如此清晰，实难相信这声音是一只鸟发出的”——“住手，贺拉斯！”随后，听了拉明爵士支持提前选举的热情讲演时，那鹦鹉再一次接嘴：“你这傻瓜！你这傻瓜！”

同那只鹦鹉一样，丘吉尔也没有被菲利普提前选举的提议说服，不过比弗布鲁克却听进去了，并安排劳合·乔治与博纳·劳接下来在戛纳卡尔顿酒店的会面。首相提出将外交部交给他，来作为他支持提前选举的回报，但博纳·劳回绝了。保守党领袖奥斯丁·张伯伦也对提前选举很担心，并推断他的党派将不会太受欢迎。他 1922 年写信给妹妹希尔达：

> 对于政治，除了你能在报上读到的东西外我什么也不知道——首相与大法官想要解散，而我反对，这基于很多原因，其中有两条尤其重要。第一，在我们把所有的爱尔兰政策都执行过一遍之前（几乎还没有开始），我们无权离开；第二，我认为这会使我的党派愤怒，并将其置于恶劣的境地。

提前选举的可能性再一次受到草根保守党的强烈反抗。党主席乔治·杨格爵士在未经征询其党领袖意见的情况下，向所有的当地保守党派人士发出一封公开信，警告说，提前选举将导致党内支持劳合·乔治联合执政的与反对者之间的分裂。杨格还拿出研究结果表明，如果他们站稳自己立场，并隔断其与联合执政的自由党的联系的话，将有更多的保守党当选——这一向是议员和候选人真正关心的事。这一事件，暴露了劳合·乔治政治上的薄弱。他是政府首脑，但他并非下议院多数党的领袖。他需要保守党的支持，既出于留在政府的需要，也出于在联合政府中连任的需要。

戛纳会议本身，对于劳合·乔治而言也同样失望。他多年后回忆说："拉特瑙先生（德国代表）为将他的国家从破产中挽救出来的表现，非常有魄力而令人尊敬，他的顽强奋争是卓越不凡的。几个月后，他被自己的同胞像击毙一只狼一样射倒在柏林的大街上。"白里安也是戛纳会议的受害者，他从戛纳被召回巴黎，并在国民大会上一项由反对党发起的针对他的动议通过后，被勒令辞职。用劳合·乔治的话说，这是不信任的结果，源自"他将对德国人做出让步的谣言"。炒他的借口，是与劳合·乔治在戛纳打高尔夫球时的一张倒霉的合影，这张相片让从未打过高尔夫球的白里安既显得愚蠢可笑，又好像是英国首相的随从。戛纳这场高尔夫球赛是紧跟在一次非正式午宴之后的，当时劳合·乔治的政治秘书 A. J. 西尔维斯特记得："跟惯常一样，L.G. 希望制造出'适当的气氛'来确保成功……于是那天午餐后，娱乐就开始了。"

失去白里安后，替换他的雷蒙·普恩加莱对劳合·乔治的外交政策，以及自《凡尔赛条约》后他同法国政府一道所有希望实现的目的而言，都是场灾难。回望那一刻，他在 1932 年写道，与白里安相比，普恩加莱——

> 冷酷，谨慎，死板，长着一个缺乏想象力的大脑和无法克制的墨守成规。他既缺乏幽默感，更没有好的幽默感，开会时总是阴森而沉郁……他是我所见过的最不法国的法国人……他想要搞垮德国，将其眼下的挫败转变成未来的敌意……白里安先生的下台将这个世界推向了灾难，到 1931 年时达到顶点。[①]如果他当时留任，欧洲从乌拉尔到莱茵河的绥靖或许在 1922 年能够得以达成，而随后十年的麻烦……也就避免了。

被来自海内外的政治压力搞得情绪低落的劳合·乔治，在返回利姆港之前与普恩加莱于 1922 年 2 月 26 日在布洛涅进行了一次很不成功的会谈。次日一早他召见 A. J. 西尔维斯特，并告诉他："我对继续担任首相一事，严肃而认真地考虑过了，决定应该给托利党一次机会，张伯伦应该得到这样的机会。"

西尔维斯特这样记得：

> 在口述了写给张伯伦的信以后，他钻进正在等候的汽车，并告诉我把信打好，乘另一辆车随他回伦敦。菲利普爵士提供了好几辆车供首相调遣，于是，将我留在利姆打印这封推荐奥斯丁·张伯伦接任的辞职信，LG 乘车离去。我没花多长时间打好了信，结束时，一辆车将我飞速带离前门。仿佛毫无时速限制的意识，司机紧随那辆载着首相的车而去，很快就追上了，两车停下后，我将信递给了 LG。

---

① 劳合·乔治这里是指 1931 年的经济危机，以及由此在德国等国家引发的巨大政治动荡。他还认为是普恩加莱对德、俄的敌意导致了 1922 年通过热那亚会议在欧洲各国间建立紧密关系尝试的失败。

张伯伦拒绝了劳合·乔治的提议，他知道由他来领导一个政府和一个分裂的党派将不是件容易的事：下议院六名死硬派保守党议员投票反对《英爱条约》，还有博纳·劳环伺在侧，党内成员中对联合执政的愤慨日渐上升。就连菲利普·沙逊在本地的组织中也生起了担心，《丹佛尔快报》这样报道："一些福克斯通保守党成员正在鼓动反对联合政府。"

奥斯丁·张伯伦对草根的意见毫无兴趣，他向妹妹希尔达吐露："我们当地的联合会充满了战前的老托利，他们什么也不了解，同时什么也没忘记，我相信他们根本不代表大部分选民。他们是积极的危险因素，很可能轻而易举地就将我们毁了。"

菲利普对劳合·乔治作为首相的前途也越来越担心，他 3 月 6 日告诉老朋友，也是战争年代的导师埃舍尔勋爵：

> 我从骨子深处感到，若为他自己考虑，LG 应该立刻离任。任何补救措施也无法避免即将到来的打击，他现在还有机会全身而退。但是温斯顿（其观点永远个人化）建议他挺住，因为温斯顿不愿放弃自己的工作，我敢肯定他一有机会便会立刻加入托利党。我希望无论发生什么事，LG 也会为我做出一些考虑，不过我不指望太多——我了解他。这事既刺激又令人心碎。我敦促的一月举行选举，是多么明智啊。

三天后，印度事务大臣埃德温·蒙塔古以及内阁的一名自由党成员，因未征得内阁许可而授权公开一份来自印度总督的敏感外交电报，被劳合·乔治强令辞职。这份电报暗示了印度政府支持土耳其对希腊开战，以安抚次大陆的穆斯林情绪。这与劳合·乔治以及外交大臣寇松勋爵的政策完全相反：支持希腊军队并维护土耳其在一战结束时接受的，由和平协议划定的国界。

蒙塔古辞职后，紧跟着 3 月 11 日在剑桥发表了一通激愤的讲演，批评政府以及首相的专制作风，引发威斯敏斯特政治风暴。同一天，劳合·乔治隐退，回到威尔士的克里基厄斯老家休假两个星期。

菲利普 3 月 13 日写信给劳合·乔治，诚挚请求他的“政治头领”回归斗争。这不仅仅是基于他的个人忠诚或者机会主义，更主要的，是他对劳合·乔治联合政府的失败意味着什么的担心。对菲利普而言，这是一个很好的机会，从战前的党派系统中创建一股新的政治力量，这个新的自由－保守党，结合经济活力以及社会变革，将占领中央地位。菲利普希望工党中激进的社会主义者，以及保守党中的死硬派能够被边缘化，这是一群对像他这样冉冉上升的年轻人恨之入骨的人。此外，如果这样一个机会，能够把所有最有才华的人集中起来，为找回那个已经逝去的国家和世界而工作，这难道是对战争遗产的背叛吗？让战前的部落式政治回归难道不是更大的失败吗？

菲利普在信中这样写道：

> 我很肯定您近来一定有着十分强烈的愿望想要辞职。依我个人的看法，允许您这样做的时机已经过去了……政府的声望，准确地说，联合政府的声望总体上已被极大地动摇……如果您不采取强硬而果断的行动的话，情况每一天都在变得更糟，我看不到改善的希望。几个星期，甚至几天以前，我认为您还有领导自由派——青年一代的保守党作为主要力量，来对抗激进工党以及极端保守主义力量的可能。但那个机会现在看来也已经不在了。
>
> 所以在我看来，只有一条路能将您留在这一切事务的首脑位置，那个属于您的地方，那就是，大胆地宣告融合，并且走向地

方，以全国作为平台。势必还会对一些保守因素做出让步，但这样会在您身后团结起一个不仅仅是在议会，而是在全国范围最强大的一个党派。再加上您的个人威望以及人们对不会被牺牲掉的真正自由主义原则的信念，这样无疑能给予您足够的数量成为多数党。没有任何其他途径能够使任何党派成为多数党了。

如果劳合·乔治不走这条路，菲利普继续写道：

我认为这将是不可避免的局面，现有政府的困难将一周比一周更大。在政治斗争中，一艘轮船即将沉没的谣言就足够不仅让鼠辈弃船而逃，更能够让人合力真的让轮船沉没。

如果您现在不确保保守和自由两党中的中间派都走在以国家为重这条路上的话，我担心必将会因各种事件导致您辞职。那种情况下，我敢肯定，温斯顿自己会想办法与保守党建立联盟。

语言已无法表达我的强烈感受，您不能再拖延了，需要立即采取明确的行动，要在爱尔兰法案在议会通过之前……您在克里基厄斯保持对事态的正确把控不易……不需我多说，利姆对您永远是敞开的。肯特郡的海风从健康角度来说，也算是对威尔士山林新鲜空气的一个不错的替代了。

接到沙逊的信后，劳合·乔治给弗朗西丝·史蒂文森去了封信，请她"告诉菲利普，我对他的来信深感欣慰。请他继续与我通信。并请告诉他，在我感觉自己身体彻底恢复前，压根不会考虑做出任何决定。疲惫状态下的判断根本算不上判断。我同意他对温斯顿的估计，麦克斯（比弗布鲁克）也在给我的信中说了同样的话"。

一场不信任动议的辩论定于 4 月 3 日举行，如果输了就意味着立即选举，若成功则有助于抑制任何对政府即将倒台的担心。然而潜在的问题还是在，菲利普向劳合·乔治提出过的那层考虑：温斯顿·丘吉尔在寻找契机从内阁辞职，最后是一个能够确保他在保守党议员中获得大量支持的事件，以此打磨他作为未来联合执政领袖的资质。菲利普认为丘吉尔所选中的议题是，是否给予苏维埃政府以官方承认的问题，这是是否吸纳其加入即将到来的热那亚会议的先决条件。菲利普 3 月 24 日写信给劳合·乔治：

> 今天上午见了比弗布鲁克和博纳·劳。前者认为温斯顿下了决心要就是否承认的问题辞职，并以此加入死硬派。他认为您可以信赖奥斯丁以及大部分的保守党成员会跟随您。但另一方面，博纳却认为，温斯顿不会离开，除非他可以确保保守党会出现严肃的反抗——而这不可能出现，除非您在这个问题上完全地"不妥协"，若真是这样，整个保守党会全体离职。他前天与奥斯丁谈过，他说奥斯丁对不满情绪的存在毫不知情——博纳从不会盲目乐观！
>
> 霍恩认为温斯顿明天将要在北安普顿破釜沉舟（他明天要在那里演讲），但我看，他最多只是把自己给烧掉罢了。

展示了他作为首相耳目的用途，菲利普还有更多的话要说：

> 我个人未能在议会里发现任何紧张感觉（当然除了郁积在死硬派胸中的那些）。我想您在内阁的感觉会比在下议院更困难些。我压根不认为 FE（史密斯）知道自己的处境，要从他的言行中摸索规律越来越困难，而另一方面，他的行动却又很容易掌握。他与弗雷迪·盖斯特（空军大臣），以及蒙娜·邓恩（史密斯的情妇），

还有施加特斯（马修·威尔逊爵士，社交名人议员）一起在标准餐厅的屋顶花园喝酒跳舞，直至凌晨1点。

请告知我是否应该准备周一与您一起进餐，若是，您希望都有谁。我把特伦特也给您准备好了，如果您觉得登赫斯特（利姆庄园内劳合·乔治常用的一幢房子）太远的话。

然而时机已经错过了。菲利普猜对了，丘吉尔在北安普顿搭了一堆柴火，但他并没有真正将其点燃。政府不信任动议在4月3日，菲利普4月10日陪同劳合·乔治在热那亚为会议开幕，地点在可以俯瞰哥伦布坐在一座浅色大理石王座上的雕像的圣乔治宫。劳合·乔治的到来，显然是在菲利普的影响之下，深深地打动了当时在媒体席上为《多伦多星报》报道会议的年轻的欧内斯特·海明威。他写道："英国代表团入场时，大厅几乎已经坐满。他们经过由部队把守的街道乘坐轿车到来，充满了活力，他们是着装最佳的代表团。"

然而热那亚会议乏善可陈，因为它从一开始，就被拒绝出席的法国总理普恩加莱给搞砸了。这次会议是劳合·乔治的倡议，吸引了来自三十四个国家的代表前来讨论应当如何重启欧洲经济，厘清德国赔偿问题，并放开与俄国之间的贸易。但据内阁官房长官托马斯·琼斯的记录，"其结果未达成结论，但公开的失败还是通过一个巧妙的休会借口，并说将在海牙召集专家继续，而得以避免……这一延期保全了几个月的面子，而最后失败时，各国将开始各行其是"。

菲利普提前回到了威斯敏斯特，用持续的信件使劳合·乔治得以随时了解情况，却发现自己陷入了棘手的局面。他被指在其担任理事的福克斯通商会会议中，向与会商界人士透露预算机密。作为首相的PPS，他肯定参与了预算的讨论，而他在福克斯通的这次谈话，恰恰先于财政大臣在下议院提交陈述一个小时左右。无论怎样，有人向反浪费联盟议员詹姆士·厄斯金举报了此事，后者在议会中提出后，迫使羞愧难当的沙逊做了诚惶诚恐的道歉。

菲利普对那一年预算的主要热情，在于促成一个他这个艺术赞助者以及国家美术馆理事颇有些个人兴趣的项目。在议会进行预算辩论时，他要求政府给予博物馆和美术馆更多的财政支持，提出了“我们国家艺术瑰宝流失”的问题，他这样对议会说：“我现在想提请议会给予情绪饱满的考虑和关注，因为我不认为我们有足够的意识，我们国家在伦敦以及其他地区向公众开放的美术馆和博物馆，究竟有多大程度在使贫困人口受益？或者说，它们有多频繁地被无力从其他方面满足自身对美好事物的爱好的人们所使用？”

财政大臣罗伯特·霍恩回报了菲利普的坚持不懈，8 月 3 日向议会宣布政府将提供支持，生成一项购买清单，当清单上所列的珍贵艺术品在市场上出现时将用该预算为全民购买。菲利普这一成功的倡议得到国家美术馆董事会的感激，其董事查尔斯·霍尔莫斯爵士特地写信致谢，为“您对本美术馆以及对艺术界所做出的巨大努力”，并说这一宣布是“这个国家在艺术政策上的真正里程碑”。菲利普非常感激查尔斯爵士的来信，他回复说：“没有其他事比这更让我开心了。当我最初加入理事会时我很担心自己，怕我不能证明自己在理事会中存在的理由，如今面对您如此的赞誉，感激之情实难言表。”

1922 年 7 月，菲利普在公园径举办夏季派对，客人中包括数位国家主要政客。丘吉尔一直待到凌晨 2 点，他在给克莱门汀的一封信中提及一点：“出现在菲利普派对上那老家伙（阿斯奎斯）显得十分沉重，PM[①]陪他上楼时，还彬彬有礼地将楼梯扶手一侧让给他。那是一幅很伤心的画面。他

① PM（Prime Minister），首相。——译注

充满感情地与很多人亲了面颊，我想那些都是有关系的人。真的，这封信主要就是‘且听孤寡道仙王’的。”

然而这一政治风度并不能掩盖威斯敏斯特持续上升的狂热气氛。几天后，奥斯丁·张伯伦和伯肯希德勋爵与几位保守党的政府低级大臣开会，火药味十足。会上他们坚持，如果他们大选后组建一个最大的党派，首相将不再是劳合·乔治，而将是一名保守党成员。张伯伦回忆说：“F. E. 用智识上的傲慢威逼责怪，险些当场引发争吵，随后产生的伤害当然是无穷无尽的……贝尔福说得很有说服力，但很令人惊讶的是，如今的他在党内是多么无足轻重。”

8 月 5 日，议会夏季休会期第一周，菲利普·沙逊在利姆为一些老朋友举办派对，包括亚瑟·贝尔福、德斯伯勒夫人、埃文·查特里斯以及休·塞西尔。菲利普还开车去贝斯沃特的苏塞克斯广场丘吉尔家里接上他，一起去利姆用晚餐。温斯顿告诉克莱门汀，他应该“会更高兴，如果能在那儿待得更久些”，可他第二天一早要出发去布洛涅见麦克斯·比弗布鲁克。然后，温斯顿和麦克斯一起开车去了多维尔，下榻皇家饭店，当时阿迦汗也是该酒店的客人。阿迦汗建议比弗布鲁克去一趟君士坦丁堡，以更好地理解希腊和土耳其之间正在升级的紧张局势。这是个很好的建议，事实上正是这一冲突为劳合·乔治政府的倒台提供了借口。

8 月下旬土耳其发起进攻，将希腊军队赶出了小亚细亚这一他们自和平协议后就占领的地区，赶回到了海峡对岸的欧洲。托马斯·琼斯记得，“一时间似乎凯末尔[1]会乘胜追击，在巴尔干地区点燃战火”。劳合·乔治向意大利、法国及其各自治领寻求支持，但是没人对一场新战争有丝毫热

---

① 凯末尔，全名穆斯塔法·凯末尔·法沙(Mustafa Kemal Pasha)，后常被称作阿塔图尔克(Atatürk)，即“土耳其人之父”；土耳其独立战争期间(1919—1922)民族运动领袖。一战时在加里波利战役中担任前线指挥官，成为土耳其共和国第一任总统，被公认为现代土耳其的缔造者。

情。英国军队在小亚细亚海峡中立地区孤军抵抗。在加里波利对岸的恰纳卡莱，他们遭遇了土军的袭击。9月16日，内阁发出声明，威胁若攻击恰纳卡莱，则将对土耳其宣战，土军退步。但劳合·乔治并未将其视作胜利。如琼斯所回忆，“在早已被战争拖得疲惫不堪的英国，强烈的抗议声立即响起并迅速传遍”。

9月17日，内阁聚集在契克斯，秘密达成协议，一旦土耳其的危机稍缓，他们将立即站在统一的国家平台上开始大选。9月25日，奥斯丁·张伯伦向所有的保守党大臣就此计划做了简述，并默认他们也都同意，只斯坦利·鲍德温例外。三天后，菲利普·沙逊与塞缪尔·霍尔议员以及温斯顿·丘吉尔一起用午餐。菲利普说漏嘴，透露了劳合·乔治将于10月28日发起大选的计划——换句话说，在11月保守党代表会召开前。他解释说，这么做是因为“没有必要让首相遭遇一些不必要的攻击”，而他极有可能在党代会上得到。霍尔回答说，这不会带来任何区别，“因为无论如何绝大多数保守党都会去参选，并且以独立竞选资格当选”。

然而，因为与塞缪尔·霍尔分享了这一信息，菲利普无意中启动了一连串的事件，最终导致10月19日在贝尔梅尔街卡尔顿俱乐部那次著名的会谈，将劳合·乔治扳倒。午餐后第二天霍尔联系了博纳·劳，敦促他尽快采取行动以打乱首相的计划。

10月15日，苏塞克斯广场丘吉尔家举办了一次晚宴，有劳合·乔治、奥斯丁·张伯伦以及伯肯希德勋爵，想要为正在上涨的政治危机，以及越来越多保守党议员下决心要终止联合政府的情形寻求出路。就是在这里，张伯伦决定在卡尔顿俱乐部召集一次议员大会。

次日塞缪尔·霍尔在《泰晤士报》上发表了一封信，有斯坦利·鲍德温的支持，呼吁党派制度的回归，而不是新建一个反对工党的中立党派。他宣称，保守党领袖“试图自上而下，把眼前这个十个党员有九个想要结束的体制强行施展开来”是“无用功”。他补充说：

> 当张伯伦先生说大选后保守党不可能指望获得多数席位时，他也许是对的，也许不对。没有人能够准确地预测任何大选结果，但至少选民人数有大幅上涨。而比如我这样的一部分保守党则相信，需要组建一个政府，就像确保一个政党团结统一一样，所需要的关键选票并不十分巨大，我们没有被张伯伦这一说法所说服。

卡尔顿俱乐部会议的头一天，将近六十名保守党议员在霍尔家开会，其基调为反对联合政府。当天晚上深夜，霍尔又去昂斯洛花园博纳·劳的家里与他见面，经过与比弗布鲁克的紧张游说之后，博纳·劳告诉他，他已经“决定去（卡尔顿俱乐部）开会，还打算在会上发表讲演”。霍尔以议员欧内斯特·普雷蒂曼的名义撰写了用以卡尔顿俱乐部会议上讨论的动议：“本次下议院保守党成员大会宣布如下主张，保守党在愿意与联合执政的自由党合作的同时，将以独立党派资格参选，有自己的党领袖以及自己的竞选纲领。”这项动议以185票同意、88票反对的比例通过，导致奥斯丁·张伯伦辞去党领袖。

菲利普·沙逊将此结果通过电话通报了唐宁街的托马斯·琼斯，琼斯将消息转告给了首相。菲利普然后才离开卡尔顿俱乐部，开车前往10号。当他离开卡尔顿俱乐部向他的车走去时，被斯坦利·鲍德温的妻子露西以及鲍德温的议会私人秘书J. C. C. 戴维森的妻子咪咪·戴维森看见。根据戴维森回忆：“一个苍白、蜡黄，很显然是忧心如焚的菲利普·沙逊走了出来，经过她们，径直向他停在街道另一侧的车走去……咪咪转头对鲍德温夫人说：‘你看菲利普——我们一定赢了。’”

内阁秘书莫里斯·汉基则在日记中写道：“我下午1点15分听说结果

后，直接去了唐宁街10号……在盥洗室遇见PM。‘汉基，’他说，‘你的任务已经完成了。我已经请国王前来，今天下午我将辞职，你将有另一位首相。’”国王也在自己的日记里记录了劳合·乔治的辞职，“我为他将要离开而难过，但是他有一天会再次成为首相的”。

劳合·乔治当然再没有担任首相，但他在解散过程中，向他的众多支持者和顾问授予了一系列的荣誉。菲利普·沙逊没有被他的首领忘记，他获授大英帝国爵级大十字勋章（GBE）。国王本来认为GBE对于菲利普有些过奖，低一档的KBE就“绰绰有余”。然而劳合·乔治的推荐成功了。菲利普自打他父亲1912年去世后，一直继承了最初授予他祖父的男爵爵位，但就像阿尔伯特·沙逊爵士一样，他如今自己获授爵位，作为他对国家所做贡献的承认。

博纳·劳被任命为首相，大选定于11月15日，将没有联合候选人参选，因此对于菲利普·沙逊这种曾经忠实于劳合·乔治的保守党成员，问题自然而然就产生了，他们将如何在选举中定位并展示自己。

菲利普在这一点上十分清楚，他10月28日给《福克斯通快报》写道，他将“在即将到来的大选中作为保守党成员参选，同我过往参选时无异。在保守党与自由党的联盟存续期间，我尽我最大的能力与机会支持了劳合·乔治先生与奥斯丁·张伯伦先生领导下的联合政府；我过去、现在都一如既往地相信，这样的政府是在令人担心和困难时期最有利于我们国家的形式”。

尽管菲利普作为保守党在参选，但他丝毫没有斩断与劳合·乔治自由党之间的联系。11月2日还同另一位自由党大臣H. A. L. 费希尔一起，去苏塞克斯广场参加了在丘吉尔家里召开的一个竞选策略会。四天后，他再次与丘吉尔见面，共进午餐。在这期间，11月4日，在福克斯通市政厅集会中，他被一致通过作为这个选区的保守党候选人。在向集会发表讲话时，他承认自己是卡尔顿俱乐部集会中扳倒劳合·乔治的关键。“坦白地说，我很后悔。”他说。

在卡尔顿俱乐部投票时，我与奥斯丁·张伯伦先生以及贝尔福勋爵是一致的。我同意他们的意见，我们国家尚未完全从战后危险的阴影中走出，并不具备足够的能力，可以安全地摈弃从一个联合政府中能够获得的权力和威望。这样的权力和威望来自联合政府所代表的两个历史悠久的党派，以及它所能聚集的来自两党的所有政治家的才能。我还记得在上一次选举中，劳合·乔治给予了我所在党的援助。众所周知，在那一次选举的各项竞争中，是劳合·乔治先生的个人分量和威望使保守党候选人获得了更多选票。

他继续称赞他的“政治首领”并且仍然认为他还有回归的可能：

没人能够否认劳合·乔治先生作为首相为这个国家所做出的伟大贡献……（听众中传出“说得好，说得好”的呼声）……那些正在被我们所用到的服务，还能在未来的日子里继续为他的国家所用吗？我们的国家，以及它明智而有序的政府，今天真的如此肯定，我们有能力把这个时代最有能力的政治家搁置一侧吗？……

正因如此，当我听到卡尔顿俱乐部的投票结果时，我感到了真正的伤痛和遗憾……如今我怀着可以原谅的骄傲回顾我作为他的政治秘书，与我们伟大的首相共事的日子，对于他和内阁其他自由党成员所给我的友谊，我既感到骄傲，也怀着深深的感激。

菲利普·沙逊作为海斯选区议员回到议会，但他为劳合·乔治工作的岁月结束了。

第五章 飞行大臣

咦已经这样晚了——这赤裸黑暗的夜
所有的人都已大醉
美人如云，觥筹交错
尼古丁腾云驾雾
我们坐在那儿
观赏
等待
忽然！那小机器一动
“踢可，踢可。”这时一缕纸带
从菲利普指尖滑出
盘卷着，盘卷着，像一条蛇
这怎么可能呢！
这不就是那墙上的字吗
预言了尼布王悲伤的衰亡
黎明时分一切大白
古老的英格兰，你的选择，我们清楚地看到了
那是麦克斯！
抱歉您再说一遍！ B. 劳先生

威廉·奥尔彭，
1922 年 11 月

携带着大选结果的自动收报机从菲利普·沙逊的指尖滑出，滑到公园径 25 号宴会厅的地板上。尽管他作为保守党成员已经顺利地再度当选，但他还是希望那个在几星期前被卡尔顿俱乐部扳倒的联合政府会在选举中复生。然而当各选区的结果向包括前首相大卫·劳合·乔治在内的来宾一宣布，很显然安德鲁·博纳·劳以及保守党在媒体大亨麦克斯·比弗布鲁克的强有力支持下，以明显的总票优势领先。劳合·乔治的国家自由党降到了第四位，居工党和阿斯奎斯的自由党之后；就连温斯顿·丘吉尔也失去了邓迪的席位。这是一个耻辱的翻转，原本就相信自己没有劳合·乔治也能赢的保守党，例如斯坦利·鲍德温以及塞缪尔·霍尔，被证明了是正确的。

1922 年 11 月 17 日，选举后仅两天，劳合·乔治联合政府的领袖成员即在公园径沙逊家里聚会用晚餐，以“考虑这一结果”。他们所面临的关键问题为，联合派们是应该成立一个新的中立党，还是回归传统的自由党以及保守党阵营。奥斯丁·张伯伦回忆，他在晚餐时说，尽管他“目前不会参与政府……但（他）会继续保持统一党身份，不会再加入中立党派，也无意指责或批评政府，除非在不得不的情况下……LG 说他也是那样想的，他并不打算像通常的反对党领袖那样去寻求一个批判立场”。

然而，第二天里德尔勋爵来到萨里郡劳合·乔治的家切尔特[①]拜访，发现他根本没有放弃组建新的政治组织的念头。“他自从离开首相办公室后，状态的改变非常惊人。如今的他，就像一台小发电机，想要通过将更多的进步分子引入他旗下，与‘小自由派’（独立自由党）联合，与工党中更加中庸的成员脱离——目的是组建一个他领导下的中立政党。”

过去的联合党派元老们希望，繁重的公务将会给这群新手，丘吉尔曾

① 切尔特是劳合·乔治的住宅，由菲利普·提尔顿于 1920 至 1922 年间主持设计并建造。

经蔑称为“二级十一人”[①]的政府一个下马威，兴许会让他们知难而退。奥斯丁·张伯伦告诉妹妹伊达：“我给他们四年时间，我可以利用这段时间来大量地读书和做园艺。”罗伯特·布莱克在他的保守党历史中有这样的观察记录：“联合党派中的保守党成员们私下里总是愤愤不平地嘟哝。但他们占了党内人才的大多数，博纳·劳将巩固他们的回归作为自己的主要目标之一。”尽管当时他们并没有进入政府，还得等待时机重拾权力。

菲利普·沙逊在利姆港享受了一个安静而思考良多的圣诞节，西比尔和她的孩子们也在。在过去的八年里，他的大部分工作时间都是在遵从上司的需求下安排的，起初是道格拉斯·黑格，接着是劳合·乔治。如今没有了公务拖累，对于新政府的早期事务也没什么兴趣，他按习惯去瑞士度过了冬季的运动假期，接下来去了一趟意大利和埃及，他的朋友路易斯·马列特爵士和朱丽叶·达芙夫人在那儿加入了他。人在异国，他还是一面关注着政治。1923 年 2 月 1 日，从罗马大饭店给劳合·乔治发去一份简报，并且按照旧习惯，称呼他为“我亲爱的 P.M.”：

> 这从内到外的，是怎样的一堆混乱啊……我们被失败所包围——从美国、法国到洛桑（盟军和土耳其之间的和平协议达成地）……我听说（土耳其人）已经下了很大决心要和解，但同时又下了同样大的决心永不与寇松（外交大臣）议和。不过我还是听说他极有可能在 5 月成为首相！
>
> 现在到了我一向最喜欢的圣莫里兹，这儿只有一点不好，那就是门外太冷而屋里太热……而一应丑妇人又总是特别多情。我明天要去埃及，准备去那些陵墓随便逛逛，去看看最新的法老。

① 源自板球术语，板球是英联邦国家的一项流行运动，比赛双方各有十一人参加，场上的十一人为“一级十一人”，“二级十一人”即可理解为替补队员。——译注

应该3月12日前就能回来——所以先生，在那之前请别把我忘了。新政府得到的媒体报道真好啊，即便这样，他们还是不知道下一步怎么走。墨索里尼似乎在这儿很受欢迎，如果议会试着要批评他，墨索里尼立即就派出军队，他们马上便闭嘴！

菲利普这一趟意大利和埃及之行，是他1919年从部队复员后的第一个长假。政治是菲利普选择的职业，而艺术则是他更喜爱的解脱和放松方式。他从意大利写信给西比尔，称“罗马就像一杯供灵魂享用的鸡尾酒，我一整天都处于被震撼的状态中”。两天后他又补充道：

无疑古罗马远比文艺复兴更出色。不仅仅因为它有更精美的作品，而且还因为它更有力的影响……万神殿是我见过的最漂亮的神庙，也是罗马现存唯一一座完整的古罗马建筑……西斯廷教堂堪称完美，拉斐尔的房间也好——但我对拉斐尔并不感兴趣。有个长长的走廊，整幅墙上绘着湿壁画地图——蔚蓝的大海和翡翠般的土地——很迷人，完全就是我想请瑟特替我临摹下来的样子。

1922年11月，考古学家及埃及古物学者霍华德·卡特，同他的赞助人卡纳冯勋爵一起，用帝王谷的图坦卡蒙墓的出土震惊了世界。至今，那仍然是同类发现中最精美的一处。菲利普从意大利来到埃及，为的就是在这一波热潮中去“看看最新的法老”，游客们大都迫切地想要在国王安息的地方看一眼他的珍宝。他从卢克索给西比尔写信说：

我们今天下到墓里去了，我必须得说，这太令人震撼了。几乎所有东西都被搬空了，所剩无几的物件里包括一把长椅，摆在两只瘦长的狮子中间——身上都有绚烂的鎏金——有一丝荒诞，有一丝利姆意味……（有）两尊非常壮观的国王塑像守卫在关闭着的门前，真人大小——宝石做的黑金色眼睛以及足金制成的鞋子。透过墙上的一个洞，你可以看见隔壁房间里层层叠叠堆满了东西。

墓穴比我想象的小很多，也基本上没有装饰。这周日要开放第三个房间，我想我们会在回程的途中在此停留一夜，看能否获准去参观这一新发现——也就是这第三个房间。卡纳冯告诉我那真是些好东西啊。

霍华德·卡特的发现使得他自己和图坦卡蒙一同成了世界名人，这也使得菲利普·沙逊早早前来参观陵墓，就像他即兴去巴黎的酒店套房拜会查理·卓别林一样容易理解了。但菲利普却被这一扇开向未经打扰过的古埃及的窗口所俘获。那个时代，甚至比他的沙逊祖先们被尼布甲尼撒从耶路撒冷羁押到巴比伦还早了七百年。又或许，菲利普的家族在迁至以色列前的图坦卡蒙时期也曾在埃及？

尼罗河上的一趟旅行后，菲利普又回到卢克索，卡纳冯勋爵领他参观了新开放的房间。他是这么对西比尔说的：

向我们展示了一切。我还是不得不说，这是我一生中所受的最大震撼之一。

第一间屋，几乎堆满了石棺——约九英尺高，二十四英尺长——巨大的工程，通体鎏金，上有蓝色玻璃镶嵌的美丽图案。周边的通道仅几英寸宽，你得很费劲地挤过去……这间屋通向一个更小的房间，里面可以说完全是堆满了奇迹。正对着的另一端，有一座约五英尺高的金色神龛——装饰着蓝金二色的眼镜蛇，当然还有陶瓷的瓶罐……我这次又看了看守卫在门前的那两尊真人大小的国王塑像，他们实在太壮丽了——表情和姿态均如此……

当一个人亲眼见到这些在这里躺了三千年的石棺时的感受是他人难以想象的——绚丽夺目——金碧辉煌，仿佛昨天刚刚被做出来。而如果你再想象里面躺着睡美人——这个包裹在伴随其一生的长眠中的“瑞普·凡·温克”[①]，蔑视了时光的进程——永恒——宁静。他一定会对着我们这些明天就会化在灰尘中的可怜生物，把手指放在鼻子上。他征服了无穷，得到永恒——这个活在荷马之前四百年的国王，躺在这里，带着无尽的优雅和威严，被众神和财富环绕，奇珍异宝林立，仿佛凡尔赛宫的辉煌。

两天后，依旧沉浸在探访陵墓的兴奋中的菲利普，又从开罗写信给西比尔：“我还在为卡纳冯在帝王谷向我们展示的那一切而兴高采烈。真幸运啊，几乎还没有任何人见到那座陵墓里新挖掘出的房间和宝藏呢。”

菲利普3月底回家，返回了众议院。《福克斯通先驱报》的报道说，他从埃及旅行回来，看上去“变成了古铜色，并且非常快乐”。法老所附带的永恒特质，与威斯敏斯特政局的持续变动，形成鲜明对比。这时，刚刚执掌权力几个月的首相安德鲁·博纳·劳已经又快要出局。尽管他比劳合·乔治只年长四岁，但身体虚弱，健康状况非常糟糕，喉疾一直折磨着他，似乎无药可救。到了4月，由于他的声音已经微弱到在众议院的讨论中都不能被人听见的程度，斯坦利·鲍德温应要求开始代表他在辩论中发声，甚至在内阁会议上他也无法参与任何有意义的讨论。4月26日，博

① 即华盛顿·欧文的小说《瑞普·凡·温克》（*Rip Van Winkle*）中的主人公，讲述其醉酒之后的梦中奇遇，从而顿悟人生。——译注

纳·劳通告了他的高级大臣们，他得出国几个星期，彻底休息一下，若这样做也于事无补的话，那么他就会考虑辞职。然而到了5月17日，情况变得更糟，在比弗布鲁克勋爵的坚持下，国王的医生托马斯·霍德爵士前来他下榻的巴黎瑰丽酒店为他诊治。霍德没有将诊断结果向博纳·劳公开，只告诉比弗布鲁克说，首相患的是不宜手术的喉癌，应该从公务中退下来。病情显示，他还有不到六个月的时间好活。当天晚上，比弗布鲁克及时说服了他的朋友退休。这一消息，延迟了好些天才对外宣布。媒体大亨还知道，关于继任的各种操作已经在威斯敏斯特展开。

外交大臣寇松勋爵认为，首相一职理当是他的。但他的傲慢态度使他树敌过多，联合保守党们还质疑过他在卡尔顿俱乐部会议后继续留在政府，在博纳·劳手下工作的决定。财政大臣斯坦利·鲍德温拥有众议院保守党普通成员的支持，但他缺乏经验，而且，在菲利普·沙逊及其盟友那里，他因为对前领袖奥斯丁·张伯伦的不忠而被孤立。

5月15日，博纳·劳被诊断出癌症的前两天，菲利普在伦敦会见了老联合政府的领袖成员，包括伯肯希德勋爵和罗伯特·霍恩爵士，他们同意一起施加压力，要求再一次成为战争大臣的德比勋爵作为折中候选人，成为重新统一后的保守党领袖。菲利普被公推出来担任代表，来到巴黎寻求比弗布鲁克的支持，后者对此表现得非常热情。博纳·劳的辞职于5月20日正式宣布，回到伦敦的当天，菲利普就与德比勋爵见面，试图说服他接下领袖的任务。同时也让他知道，他将会同时得到比弗布鲁克和罗瑟米尔勋爵，以及联合保守党员们的支持。

会后，菲利普立即向比弗布鲁克修书一封：

我今天上午去见了德比。他说，（1）他永远也不会在寇松手下工作，（2）他从未对鲍德温说过会在他手下工作。但他一开始时说，如果鲍德温开口让他去手下工作，他会同意的——最终又说，只有在下述条件满足的情况下，他才会在他手下工作，那就是（鲍德温）能够说服霍恩和奥斯丁也一起去。

我想这就够了，因为无论霍恩还是奥斯丁，除了德比他们不会在任何人手下谋职的。如果短期内给予足够的压力，德比已经准备好接手。霍恩说博纳应该被告知，“联合的唯一希望寄托在德比身上，由其他任何人来做党派领袖都将遭遇阻力，并且愈来愈严重，以致彻底无望”。

我知道你老朋友的病情令你忧心如焚，对你的心情我深感痛惜，我自己也很为此事伤心。无论何时，只要他愿意，利姆港永远为他敞开。他下来待一待会有好处的，远离各种事和各种人。

比弗布鲁克由于他与博纳·劳之间的私人友谊，以及作为英国媒体领军大亨的诺斯克利夫勋爵去世后他地位的跃升，因而在整个这场危机中扮演了关键角色。菲利普希望让麦克斯去说服博纳·劳提名德比作为他的继任者，然而外向的首相拒绝了。这无论如何都太迟了。一直担任博纳·劳议会秘书的 J. C. C. 戴维森，在幕后操作了这一切来确保鲍德温成为更佳人选。国王随即请他于 5 月 22 日出任首相。那一天，菲利普与比弗布鲁克在午餐时见面，再一次请求他的支持，以期将联合保守党元老们安置到新政府当中。他当天下午又用一封信重申了他的请求：

我对于您长期给予我的信任深怀谢意。您知道随时可以相信我会与您站在一起的。我真的请求您能够尽您所能将奥斯丁纳入，无论怎么说，直到几个星期前为止，《每日快报》过去都从未攻击过他。

除此之外，他无可挑剔，全然不同于F.E。他始终彬彬有礼，从未表现出一点不满，尽管在卡尔顿俱乐部会议上他比谁吞下的苦果都多。

无论政府现在感觉有多繁荣，没有了博纳及其所代表的一切，加之LG及其追随者作为反对派的积极活动，情况都会很不一样。因此他们不能，也不应该，错过任何可以团结圈外人的机会。我不喜欢艾默里①的主意，以及博伊德·卡本特②作为唯一的党鞭。所以恳请您，麦克斯，尽您一切可能。我想这是您站出来施展强大影响力的时候了。

新首相将财政大臣一职给了罗伯特·霍恩爵士，但被拒绝了。这成为新政府与联合保守党之间试图和解的结束。联合保守党保持在野状态，舔舐来自另一个重创所带来的伤口。J. C. C. 戴维森在回忆录中写道："当那决定性的一刻到来时……他们展示出了同样的对众议院和公众情绪的缺少认知，正如六个月前在卡尔顿俱乐部的所作所为一样。他们的判断力完全被他们对那个在1922年10月22日成功组建了联合政府的人的反对所盖住。"

然而这并不是菲利普和朋友们因为对鲍德温持有偏见而变得盲目，只是他们拥抱了一个更为多彩、更具活力的政治形势。吸引菲利普的不仅是成功，更多的是他人身上的才华和光芒，这些他在鲍德温这种人身上很难发现的品质。也无法想象，这位新首相会像劳合·乔治一样，有兴趣在鸡尾酒会上与前来菲利普处与政客厮混的艺术家、运动员以及电影明星们一

① 艾默里，指里奥·艾默里（Leo Amery），议员，MP，第一海军大臣（1922年10月—1924年1月），殖民地大臣（1924年11月—1929年6月）。

② 博伊德·卡本特，全名阿奇博尔德·博伊德－卡本特（Archibald Boyd-Carpenter），议员，劳工部议会秘书（1922年11月—1923年3月），财政部主计长（1923年3月—1924年1月）。

起闲聊八卦。

鲍德温在随后的十五年里，没有成为公园径或者特伦特庄园的常客，而温斯顿·丘吉尔、达夫·库珀等朋友则成为菲利普晚宴派对的支柱。在一次采访贝弗利·尼科尔斯时，达夫·库珀试图要定义菲利普·沙逊最遵从的一项托利精神，他说："我觉得白芝浩的这句话总结得最好，他认为'托利主义意味着享受快乐'。如果你同意这一点，那么英国的伟大政党就会回退为两个主要分支，这很自然。你有勇者的精神——这在某些意义上是非常宝贵的精神，但这从来不是享乐的，哪怕在胜利以后情绪最高涨的时候也不是。而另一方面，你有了骑士精神，那么哪怕失败，其中也注定有某种快乐。"

菲利普无疑是一名"骑士"，在1923年夏天面临失败时，毫不犹豫地要享受快乐，将一连串保守党领导力所遭遇的挫折置于一侧。朋友利顿·斯特雷奇这样描述菲利普那年6月在公园径所举办的一场派对："你从没见过像这样的。温斯顿在那儿，我跟他聊了很久。你知道吗，抛开那一切不管，我还是忍不住喜欢他。H. G.（威尔斯）在《神一样的人》中说过几乎一样的话；一个人很难不喜欢上那可怜的东西。当我说我认为他的书（《世界危机》）写得很不错时，他显得很兴奋，而当我又补充说，我还觉得它也很刻毒时，他似乎根本不介意。"斯特雷奇在战时被人看成一位孜孜不倦的反对者，对劳合·乔治和丘吉尔等政客的管理都发出过严厉的批评。尤其对丘吉尔，他曾经这样写过：

尽管在历史的书卷上，时间大多会模糊，
有些事却永不会被遗忘；
与加里波利那芬芳的名字一起，
温某某，你也会留下万古名声。

7月，菲利普在公园径为威尔士王子以及老联合派领袖们举办了一场盛大的晚宴。次年春天，又是一场舞会，其时，“威尔士王子和（他弟弟）乔治王子，以及那一群年轻人，包括美丽的澳大利亚拉夫堡伯爵夫人[①]……全都来了，不知疲倦地在那儿跳舞……铺陈的鲜花几乎有着战前的奢侈，大厅里布满淡紫色和蓝色的风信子”。

正是1920年代菲利普公园径这些舞会中的一场，使得奥斯瓦尔德·莫斯利第一次瞥见了他未来的妻子戴安娜·米特福德：“她在那些充满‘东方诱惑’的、玫瑰缠绕的廊柱间显得仪态万方，当音乐被最好的乐团奏响时，她就这样带着美妙的香气，翩跹在沙逊所营造的热烈氛围中。”

斯坦利·鲍德温一如既往在艾克斯莱班度过了他1923年的夏天。在那儿，鲍德温认真考虑了正在恶化的欧洲政局，以及国内疲弱的经济和高居不下的失业率。1月，法国总理雷蒙·普恩加莱派部队占领鲁尔河谷，攫取了德国人的煤矿和铁矿，以冲抵其亏欠法国的战争赔款。这一举动将劳合·乔治的所有努力毁于一旦。这正是菲利普·沙逊的利姆和会努力想要避免的，沙逊认为，这“无限期地延迟了”欧洲的恢复。“我们自身的经济自然而稳定复苏至繁荣的希望落空了。现在没有任何别的事比悲惨的失业阴影更明确无误的了。”

应对欧洲的紧张局势以及国内的失业，鲍德温考虑重新启用过去保守党的贸易关税以及首选来自英帝国的货物进口等政策，以保护国家工业和工作机会。自由贸易与关税改革之间的讨论在战前毁掉了保守党，并导致了1906年和1910年两次选举失利。关税改革被看作是，通过避免进口廉价商品，而对商业及制造业主进行保护的政策。而自由贸易的受益人是消费者，因为这可以看成是把低价引进了商店。鲍德温此时相信，眼前的

---

① 希拉·奇泽姆（Sheila Chisholm）是一位澳大利亚上流社会交际花，嫁给了拉夫堡勋爵。她是威尔士王子以及弗丽达·达德利·沃德的朋友，也是菲利普·沙逊派对上的常客。

首要需求，是节支和制造工作机会，那么关税改革就不得不进行。当博纳·劳上一年在大选中取得胜利时，他承诺，在未向选民征求意见前，将不再考虑此项改革。新首相也认为理应遵守这一承诺。没有听从同事敦促其等一等的建议，鲍德温当年秋天即宣布，他将就关税改革问题发起大选。联合派领袖奥斯丁·张伯伦，根本就是出生在由他父亲所发起的这一改革运动中，加上菲利普·沙逊这样的人，从来就站在这一方支持他，因此这场战役，将把保守党中更广泛的成员团结到一起来。然而选举对保守党重新联合自由党，以维护自由贸易也产生了潜在的灾难性打击。

再一次获得福克斯通和海斯保守党议员提名的菲利普·沙逊，“宣称自己是斯坦利·鲍德温的支持者，并说，保守党正在为没有工作的人寻找机会，这将由增加关税这一举措得以完成”。菲利普又向10月30日去世的博纳·劳表示了敬意，称他为“英国政治领域中最善良、最忠诚、最有原则，也是曾经的最醒目角色之一”。

菲利普个人的选举，因为没有其他候选人与之抗衡，再一次只是走走过场而已。而1923年12月6日全国投票的结果，却成为鲍德温和保守党的灾难。他们获得了最多的席位，258，但并未占据绝对多数席；工党位居第二，191；年轻的自由党，158。如果说旧的联合政府尚有机会一击，组建一个新的全国政府的话，那就是现在，但这个时机转瞬即逝，又与他们擦肩而过。由于大选战役主要聚焦于关税改革，使得劳合·乔治与自由党组建新联合政府绝无可能。虽然针对鲍德温出现了诸多批评，但距离他被任命刚刚过去六个月，眼前并没有明显的其他领袖可资取代。贝尔福被认为太老，奥斯丁·张伯伦又不能团结全党，而随着对工党支持的上升，选一名来自上议院的首相更是想都不用想。

鉴于保守党不能组建一个新政府，斯坦利·鲍德温只好建议国王去请拉姆齐·麦克唐纳，后者于1924年1月成为第一位工党首相。这一激进的概念在战前是绝无可能的，如今却被看成一个安全的实验。既无多数席，甚至在下议院里也不是多数党的工党政府不得不仰仗来自自由党的支持，这样，它的生命注定混乱而短暂。让自由党提供支持，成了温斯顿·丘吉尔的最后一根稻草，此时的他，自 1923 年选举中在西莱斯特输给工党候选人后，至今仍然没有进入议会。菲利普·沙逊相信，自从劳合·乔治的联合政府濒临死亡那时起，丘吉尔就一直在寻找借口重回保守党。1924 年 3 月，随着威斯敏斯特选区的议员补选，这个机会出现了。菲利普对丘吉尔说："我真高兴你参选了。你势必会进入，请告诉我，我能怎么帮你，无论哪方面我都乐意效力。"丘吉尔以独立"立宪主义者"身份参选，但菲利普却认为鲍德温应该促成，至少不反对，他为该党而参选。沙逊在一次午餐时对奥斯丁·张伯伦抱怨，说鲍德温本应在支持丘吉尔作为候选人这件事上更有作为才是。他还在一封联名写给鲍德温的信件中参与署名，那封信就恢复曾经的联合精神一事，是这么说的："我们感觉，如果我们能够在议会中与自由党取得一致，那么在全国范围内，他们在保持自己身份的同时，将会忠诚而高效地在大事上与我们协同工作。这在现阶段对我党十分有利，也会对即将到来的与社会主义者的冲突很有帮助。我们认为，丘吉尔先生的候选资格……是通往这一结果的一大步。"丘吉尔以微弱劣势失去了正式的保守党候选人资格，但其后不久即被党内推选为埃平选区下一次大选的候选人。

在野的保守党决定抛弃所有关于关税改革的讨论，相反，基于他们对工党正计划用布尔什维克统治英国的假设，发起了一个强有力的反社会主义运动。秋季，工党政府在下议院中被击败，选举定于 10 月 29 日举行。投票前四天，各英国报纸发表了一封信，宣称这是高级苏联官员格里戈里·季诺维也夫写给英国共产党的，以求引发更大的动荡。在几乎毫无证据的情况下，这封信当时却普遍被认为是真实的。但人们一旦发现它是伪造的之后，便大大影响了对工党的投票，甚至可能还起到了迅速终止自由党在上一年所取得的复兴的效果。由于自由党在其短暂执政期的大部分时间里都对工党表达了支持，保守党因而得以将自己呈现为唯一的真正的社会主义反对派。

保守党以412个议席，100席优势的多数夺回了权力。自由党降至仅40个席位。菲利普·沙逊也轻而易举击败了他的工党对手康斯坦丁·盖洛浦。那些从前联合政府的捍卫者，例如菲利普，在这场选举中都坚定地支持了鲍德温。这一巨大的保守党多数席以及党员所占据的位高权重的职位，给首相提供了在政府中重新统一政党的机会。大选后的当天夜晚，菲利普在公园径为联合政府时代的一些要人，例如温斯顿·丘吉尔和伯肯希德勋爵等举办了一个晚宴，出席的还有麦克斯·比弗布鲁克，以及鲍德温的支持者，譬如塞缪尔·霍尔和菲利普·劳埃德－格莱姆之流。当伯肯希德勋爵隔着桌子对丘吉尔大声说“我想你一定会进内阁吧？”时，丘吉尔回答道：“这很大程度上取决于他们给我什么条件。”“不，”伯肯希德说，“你垂涎内阁已经两年了，他们随便给什么你都会要的。”这时大家都在猜测丘吉尔一定会在内阁领职。有人把这顿晚宴的事汇报到了鲍德温那里，他这时已经决定了要让丘吉尔回来，给他财政大臣一职。这使得许多比他资历更高的同事瞠目结舌。丘吉尔高高兴兴地接受了。他告诉首相：“你所给予我的，比劳合·乔治这些年加起来给我的还多。”奥斯丁·张伯伦也得到了奖励，以外交大臣的身份回到政府。

菲利普在劳合·乔治时代没能如愿以偿的想要担任部长职务的愿望，这时也同样得到了鲍德温的同意。菲利普记得：“星期二晚上，11月11日，PM致电利姆，将空军副大臣一职给了我。我非常兴奋……（1）这是一支有活力和前景的部队；（2）相比其他任何人，我更愿意在塞缪尔·霍尔（新上任的内阁大臣）手下工作；（3）我在战争年代结识了所有的军事首领……（威尔士）王子来电话说，因为有预感，他已经为这事喝了杯鸡尾酒。”

菲利普还收到来自他从前的首长道格拉斯·黑格的祝贺，他写道：“见你如今已经成为‘国王陛下的大臣’中的一员，我非常高兴。特向你致以我热诚的祝贺，希望你一路高升。”

这一任命在菲利普眼里是完美的。他对飞行有发自内心的热情，从战争期间起，他就在利姆机场一直拥有自己的私人飞机。而控制了天空，就取得了守卫祖国乃至整个帝国的关键。在这一全新而重要的领域，英国已经有了领先世界的发展。尽管菲利普的任命对他来说似乎等了很久，但说到底他的三十六岁生日都还有好几个星期才到呢，他的面前，还有很长很光明的仕途在等着他。

温斯顿·丘吉尔写信给菲利普道贺：“你将稳坐利姆，监督好几个（空军）基地的建立。事实上我想你把家建在那儿一定是有些先见之明的吧。很高兴我们都在一起共事了。”菲利普回复说，他还沉浸在为这个新职位的兴奋当中：

> 万分感谢你这封令人陶醉的信，它给我带来了无限的喜悦。也谢谢你替我所做的一切。你对我真的很好，我知道，我能得到这个工作有很大一部分是你的功劳，你一定知道我是很感激的。没有什么比这更适合我的了。我热爱工作，也觉得我能在塞缪尔这样的人手下工作实在是很走运。你能去财政部真的很棒，这样一来，我们就都在一起了。我相信会是一个很让人开心的团队，同时我还希望能证明，它也是一个成功的团队。盼着这星期克莱蜜[①]来我这里。温斯顿，先再见了，再次为你所做的这一切表示感谢。你是我这一生中多好的朋友啊。我真开心。

① 克莱蜜，克莱门汀的昵称。——译注

菲利普当然也是温斯顿眼里的好朋友。丘吉尔临时在伦敦没有住房时，就与菲利普一起住在公园径，直到1925年1月搬去唐宁街11号。菲利普记得一个晚上，他“开车带着温斯顿回家，在他的房间里一直坐到1点钟。温斯顿在练习他下星期三将要在帝国会议上的演讲……他有点紧张”。他还写道，温斯顿很喜欢骑那个菲利普为他装在浴室里的机器马模拟器[①]。他替丘吉尔安排约翰·辛格·萨金特给他画一幅穿上财政大臣袍子的肖像，这像后来一直挂在查特维尔庄园的大厅里。他还给温斯顿送了一幅约翰·路易斯·布朗的画作为圣诞礼物，那幅画，丘吉尔在特伦特庄园见到时，就很欣赏，画面上是两名骑在马背上的骑兵军官。“随同这幅画一起，送上我最好（最好一词下面加了四条线强调）的祝愿，”菲利普告诉他，“我希望你能在查特维尔为它找到一个角落。”这幅画如今还挂在丘吉尔最爱的剑桥家中的书房里，而查特维尔则保存了好一些丘吉尔访问利姆港期间所作的画。菲利普的派对，同时也为丘吉尔提供了在纯粹的政治世界之外，能够持续与令人兴奋的艺术家和作家接触的机会——像奥尔彭、拉维利、萧伯纳以及H. G. 威尔斯这样的人。

从1920年代中期开始，菲利普最宏大的一些社交聚会就开始转移到特伦特举办了。这是他在伦敦北面靠近巴尼特的一处房产。他父亲去世前几年从兰卡斯特公爵领地上租下来的地方，菲利普设法于1922年获得了终身保有权。它坐落在伦敦市中心12英里外，这是个款待朋友的绝佳场所，一派田园风光，直至1933年它距离皮卡迪利线的末端还有一小段步行距离。[②]

---

① 这是用来练习马球挥杆的。

② 卡克福斯特斯路上的卡克福斯特斯车站于1933年7月31日开放，完成了伦敦地铁皮卡迪利线的延伸。“特伦特庄园”曾被建议作为站名。

《乡村生活》杂志称：

> 很难找到比恩菲尔德沙斯南侧更完美的环境来营造乡村庄园了。一条宽阔而舒缓的峡谷中，一带清溪流过，随即峡谷中扩展，变成一个湖泊，将庄园分成两部分。这是一个经典的亨弗利·雷普顿范例。他在18世纪末，将“景观设计”引入了这一处皇家森林，被乔治三世赠予理查德·杰布博士爵士，并令他将其命名为特伦特庄园。

整个田产依然坐落在古老的皇家猎场上，而其上所建的华厦，却已在19世纪中被重建过。菲利普再次将其改造得面目一新。在特伦特，他要尽情表达他对18世纪艺术和设计的热爱。他的风格，如1920年代和1930年代所流行的一样，正是要拥抱前工业化的世界。在经历了一战的恐怖之后，这标志着向一个更温和，也更精致年代的回归。

对房子的外观进行了显著的修缮和改建，以产生与乔治风格的建筑和设计相协调的比例及线条。菲利普从位于格林公园边缘那座帕拉丁风格的大厦德文郡庄园买来大量的砖石，那座房子是由威廉·肯特为德文郡的公爵们设计的，1924年被拆毁。这件事的确是一个象征，古老的英国家族们挣扎在牺牲、使命以及岁月积累下来的债务当中；而扩张和兴旺中的，是沙逊们，他们利用贸易和投资，积累起了巨大的财富。饱经风霜的砖石，使得特伦特显得比真实的它要古老而有来头多了。《乡村生活》欢呼说：“一座丑陋的维多利亚建筑被改造成了一座庄严而简洁，带着纯粹英式传统的乡村庄园。”

菲利普的朋友，作家奥斯伯特·斯提维尔曾经在特伦特附近的一所预备学校上学。三十年后他回来这里停留时，回忆起他少年时代即认识的建筑物的改造：

> 我过去常常在星期天走路从它旁边经过，那还是在菲利普着手将它变成类似于一种天堂的地方之前。他就像用了魔法，就这么一指，于是，从前那座闪耀着维多利亚中期色彩的大厦，淡紫色的砖，黑色的外墙，以及淡紫石瓦的屋顶，还有塔楼和些微的法式风味，一下子变成了矗立在眼前的这座玫瑰红、四角带石材装饰的古老大宅。好像一直以来就在那儿，经历风霜。雕像和铅制的斯芬克斯，站在立柱上微笑，牧羊人在冬青树丛下吹着短笛，还有橘园、柱基、金字塔，仿佛都在蕨草上扎根了好几个世纪才出现。还有那些又高又老的树，那些玉兰花，那些从地下蹿出来，带着天鹅才有的骄傲的罕见灌木，彩色的水鸟在下面的湖里炫耀羽毛。

就像对公园径公馆一样，菲利普把特伦特庄园里从他父亲那儿继承来的大部分内容都拍卖了出去，那些爱德华时期泛滥的金器、抛光的桃花心木家具，通通用古老的英国银器和更有特色的胡桃木取而代之。同任何一位伟大的收藏家一样，他很少受到情绪的控制，而是知道所喜欢的风格和设计，从而专心致志地只去追求这类风格和设计的最好代表。《乡村生活》记录了菲利普在特伦特的最新室内展示：“家具，基本上是那种在乡村庄园里被使用了几个世纪留传下来的，当然品相上好过我们日常所见，最重要的是，摆放得更有品位。”18 世纪家具占了主导，绘画也基本来自同一时期的伟大艺术家，譬如庚斯博罗和佐法尼，这二位的作品非常关注那个年代里家庭生活中的细节。也像公园径一样，这里有中国橱柜、弗兰芒挂毯和波斯地毯。菲利普对这类装饰品的特性十分入迷，他喜欢那些自然的痕迹，喜欢岁月在银器和铜器上留下的颜色，以及那些精美的工艺，和中式大漆里的细节，胡桃木桌子或柜子上所呈现出的华美纹理，他还喜欢挂毯的质地以及地毯的精致。所有这些，强调的都是融入每一件藏品中独一无二的匠心，和高质量的材料。

利姆港是一个大胆的现代设计表达，那儿的一切都出自被他聘请来的当代艺术家之手。而特伦特不一样，如果沙逊家族早一百年，带着同等的财富和地位来到英国的话，这里很可能就是他们会拿来居住和生活的家。特伦特庄园里，当然免不了有很多的现代化方便设施，还包括一个可加热的游泳池，以及几个可以盖起来供冬季使用的网球场。菲利普还设了一个私人高尔夫球场，和一个用于飞机起降的小机场。时髦的庭院设计师诺拉·林赛又被他请来进行整个户外的设计。诺拉是菲利普母亲圈子里的家族老朋友了，1895 年，当她嫁给拉特兰公爵夫人的弟弟哈里·林赛爵士时，德斯伯勒夫人的儿子朱利安·格伦费尔是小傧相之一。但这段婚姻失败了。1924 年，她面临破产，诺拉决定利用她那些阔朋友的照顾，依靠她对庭院设计的热爱来谋生。这些朋友主顾中包括南希·阿斯托、菲利普母亲的另一位朋友弗朗西丝·霍纳，还有前任马尔博罗公爵夫人康斯薇洛·巴尚。菲利普是她最大的主顾，他们后来成为很亲密的朋友和知己，她毫无疑问地也频繁出入菲利普所有的社交场合。

诺拉将绕湖的部分做了一个水园，另外在游泳池四周建了一个浅蓝色、白色和黄色的香氛花园。1929 年她为《乡村生活》撰稿，这么描述她在特伦特那些美妙的环绕带的秘密："宽阔的植物带镶嵌在舒缓的坡地两侧，成对出现，每一侧都有宽阔的草径环绕。这样眼睛可以自由而不受限制地去饱览林中空地的壮丽景色，欣赏花床上远处热烈的橙色和猩红色，中距离富丽的紫色和蓝色，以及眼前这一段柔软舒缓的奶油色和水粉色。"

温斯顿·丘吉尔喜欢在特伦特的花园里作画，威尔士王子则总是来打高尔夫。每年7月，菲利普会做东举办一系列的周末花园派对，一时间，政客、运动员、艺术家和作家与年轻的皇室成员以及沙逊的其他名流朋友济济一堂。菲利普的朋友，小说家爱丽丝·达德利记得，当出席大型派对时，“在特伦特附近，有整排整排的汽车，路上站满了人，每一棵树上、每一个拐角处都有标识：‘去往特伦特’”。

一旦穿过界线，你可能会看见约克公爵正在跟温布尔顿冠军让·博罗特拉打网球，温斯顿·丘吉尔正与萧伯纳在争论社会主义，维克多·卡札勒[①]回忆起一个场景，当“争执中萧渐渐变得极端暴怒时，他却好像什么也没发生”。有一次派对中，菲利普设法把弗雷德·阿斯泰尔和他妹妹阿黛尔请到了特伦特，那时他们已经在莱斯特广场的帝国剧院表演过了那出轰动一时的音乐剧《端庄淑女》。

如同在劳合·乔治的战后首相年代一样，菲利普·沙逊的财富和社会地位为他在政治领域中所提供的位置，远远超出了他作为一名政府的初级大臣。菲利普长期主办的，或者他频繁去出席的，无论晚宴或午宴的参与者，都是政府要员。被任命为大臣后几个月，他即与温斯顿·丘吉尔、塞缪尔·霍尔、亚瑟·贝尔福以及德比勋爵一起，参加了一个沃尔特·吉尼斯[②]为玛丽王后举办的晚宴。1926年2月，菲利普是丘吉尔在查特维尔举办晚宴中受邀客人中的一员，这里吉尼斯和霍尔也都再一次在客人当中，还有麦克斯·比弗布鲁克、林德曼教授[③]和休·西塞尔[④]。

---

① 维克多·卡札勒(Victor Cazalet)，奇彭纳姆议员(1924—1943)。卡札勒十分富有，第一次当选进入议会时年仅二十八岁。他在一战中表现出色，于1917年获授军事十字奖章。

② 沃尔特·吉尼斯（Walter Guinness），第一世莫恩男爵（1880—1944），盎格鲁-爱尔兰商人、政治家，1907—1931年间保守党议员，曾在丘吉尔政府任职。

③ 林德曼教授，弗雷德里克·林德曼（Frederick Lindemann），牛津大学实验物理教授，人称“教授”，1930年代进入丘吉尔核心圈。

④ 即休·西塞尔勋爵（Lord Hugh Cecil），牛津大学1910—1937年间议员。第三任索尔兹伯里侯爵之子，温斯顿·丘吉尔婚礼上的男傧相。

这时，菲利普在公园径公馆的餐厅里令人瞩目地开始为元老政客一周举办一次午餐会，人称“内阁午餐”。规格隆重，常常在内阁的某次晨会结束后举行，邀请大臣和高级政客一应人等出席。对菲利普而言，这是仅次于出席内阁会议本身的第二等好事，这一系列聚会奠定了公园径作为高级保守党成员，而不再仅仅是从前的联合政府聚会点的地位。永远也不会成为沙逊饭桌上常客的内维尔·张伯伦爆料说，在公园径的一次午餐会前，菲利普“去了（皇家园艺协会）展，很显然，他对兰花的一无所知震惊了众人。他买下了差不多一半亚历山大①的展品，拿回去摆放在公馆内，其实这些花都刚刚从利姆运上来。这简直就是基督山伯爵”。

张伯伦将菲利普比作神秘而富有的基督山伯爵，这道出了很多含义。在大仲马的名著中，伯爵在欧特伊公馆的“前厅、楼梯间和壁炉上摆满了鲜花”，使得整座公馆都“充盈着主人最喜爱的芬芳”。晚餐时分，基督山伯爵“倾尽全力地颠覆巴黎人的概念，就像要尽情激发客人们的胃口一样来激发他们的好奇心和想象力。他为他们呈上东方式的盛宴，一个大概只能出现在阿拉伯神话故事中的那种盛宴。全世界每个角落出产的每一种甜美的水果，都被放在中国或日本瓷器盘中”。

就像基督山伯爵，菲利普追求的不仅仅是款待客人，而是不时将他们传送到好像被一丝梦想触及过的地方。他妹妹西比尔对公园径内阁午餐的回忆，比内维尔·张伯伦的要平淡些：“在一所很好的房子里，食物也很好。我想，比起去其他人家里吃煮羊肉，他们更愿意来这儿吧……他们会在餐厅一直待到3点或者3点半，然后才开始争论。”

殖民地大臣里奥·艾默里记得，有一次内阁会议结束后，“温斯顿、

① 即H. G. 亚历山大(H. G. Alexander)，拥有著名的韦斯顿伯特兰花园。他被认为是20世纪上半叶最优秀的兰花嫁接专家，也是切尔西年度皇家园艺展兰花金奖获得者。1960年退休时，他捐出了韦斯顿伯特兰花奖章。

塞缪尔（·霍尔）、菲利普·（坎利夫－）李斯德[1]还有我，又聚在菲利普·沙逊的家里，再加上佯称自己并不知道那天上午有会而没有出席的FE（史密斯）。温斯顿情绪很高，在奥斯丁取胜[2]这个话题上很搞笑”。艾默里还回忆了另一次午餐，当时“温斯顿、菲利普（·坎利夫－李斯德）和我就行业保护[3]起了三角辩论，温斯顿又很兴奋，把他二十年前竞选时弄砸了的那一套自由贸易又遛了出来”。

菲利普很快就在塞缪尔·霍尔手下空军大臣的生涯中进入角色，他这一空军副大臣的任命事实上是应霍尔的要求下达的。尽管他们在如何看待劳合·乔治联合政府的观点上有截然不同的分歧，但霍尔很欣赏菲利普这种有用的盟友。霍尔是个很有抱负的人，进入菲利普的社交圈，对他在政治上的立足有百益而无一害，此外他本人作为一名热忱的体育爱好者，周末能够在特伦特打打网球也是个不小的吸引。霍尔娶了博尚伯爵的妹妹莫德，（前文已经提到过）博尚伯爵将于1931年被迫流亡，以躲避对其同性恋的指控。霍尔夫妇没有子女，他整个一生都被人私下猜测。就算他自己不是，但起码对同性恋是同情的。发展空军，以及横跨整个帝国的航空通邮，是菲利普和塞缪尔两人共同拥有的真诚热情和兴趣。早在1924年，菲利普在下议院所做的一次关于空军管理的演说中，就为他日后的空军大臣生涯奠定了基础。那个演说，迈出了他个人在空军事务管理上的第一步，对空军防务日益增长的重要性展示了了不起的先见：

> 普通公民已开始清醒地意识到，下一次战争中，如果将有他

---

① 坎利夫－李斯德是亨顿议员（1918—1935），在以斯文顿勋爵进入上议院之前是贸易协会的主席。

② 奥斯丁·张伯伦于1925年与法国、德国、比利时、意大利签署了《罗加诺公约》这一原本为了确保西欧和平的协议。

③ 1925年行业保护议案在1921年的议会法案基础上增加了规定，以保护英国工业免遭不公平海外竞争的伤害。保守党多年来支持关税改革，而丘吉尔向来是自由贸易提倡者，这于他而言是一个妥协。

的位置的话，那必将是与过往所有，包括最后一次战争中，他所处的都不一样的位置。在飞行发展之前，当人们讨论国防时，无疑他会不由自主地认为，那主要是军人的职责，是那些陆军和海军首当其冲，承受敌人的第一次攻击，如果情况恶化，也还有时间做出必要的安排和措施。但是今天，整个情况完全颠倒过来了，当敌人的攻击降临到我们三岛上时，首当其冲的，将是大街上为日常生计而奔波的男女。是这些和平中的普通公民的肺，将第一个被毒气所感染，是他们的躯体在侵略者的炸弹之下第一个被炸裂，他们的家园首先被毁坏。我想，普通的选民带着深深的焦虑，已经开始意识到战争的这一新本质。也许可以这么说，下一次战争中，男人最安全的地方是去参军作战。至少在那儿，他会得到防毒面具，会有人训练他如何使用。现今，防守仍然是可能的……我们的国家应当有一个对于想要攻击我们的敌国能够形成足够威胁的空中防御力量，我们不应去抱怨达到这一标准所需要付出的代价，也不应满足于低于此标准……

“一个强大而充满活力的民用航空工业至关重要”，菲利普接着说：

还不仅仅是作为必要的对军事力量的增援，而是要在我们这样一个帝国投入通用。我们被告知，在伊拉克，用飞机替代了24个营的步兵。这显示了当飞机用来分担一部分帝国的军事负荷时，多么巨大的经济效益可以被产生。另外，如能合理建立民用航空，用于我们帝国巨大资源的商用开发，还将有更大的经济效益被创造，除了这些，它还可用于人力甚至机器的后援储备。我希望政府能够推进次大臣在讨论《本土空军辅助议案》时所提及的计划，训练飞行员和地勤人员，我肯定，这将形成一个极有价值的，可用来挑选最优秀人员的资源。最优秀的飞行员需要年轻，如果能够在公学的男生当中、大学的青年人中建立某种军官培训队，很可能使他们成为合格的飞行员，我相信他们中的很多人会因此成长起来，征兵的难题也迎刃而解。

菲利普作为大臣所出席的最初几个会议之一，是同塞缪尔·霍尔以及殖民地大臣里奥·艾默里一起去巴格达，探讨空军作为辅助角色维护伊拉克和平的问题。他们还将敦促温斯顿·丘吉尔在空军建设上加大财政投入，尽管最后收效甚微。霍尔记得，作为财政大臣的丘吉尔“维持了最为僵化的经济教条，并用最无情的手段将这一教条应用在所有军事开支上……建立 52 支飞行中队用以国防的计划，在 1923 年看来已经是最低限度了，但仍然被拖延到很久以后的未来，所造成的不可避免的后果是，接下来那些年里，在空军力量的竞争中处于绝对的劣势”。

菲利普·沙逊对于组建辅助空军，训练兼职飞行员来驾驶战斗机和轰炸机，有着特别的热情。这些辅助飞行中队，尤其吸引那些有闲暇时间，又有途径学习飞行，甚至能拥有自己飞机的富家子弟。其中最著名的是 601（伦敦郡）辅助飞行中队，它 1925 年由爱德华·“奈德”·格罗夫纳勋爵于怀特俱乐部组建，其飞行基地位于伦敦西部的诺索尔特。但从 1926 年起，该中队便把每年 8 月的夏季营地设在了利姆。年轻的飞行军官们频繁出入菲利普的花园派对，在那里游泳、晒阳光浴度过他们的下午。目睹这些充满运动气息的青年男子，在他的庄园里湿淋淋地走来走去，一些菲利普的朋友便会交换一个暧昧的微笑，但事实上他对他们的款待是有公务原因的。他希望将空军打造得“时髦”，以吸引更多的青年人加入 RAF，而邀请他们前来特伦特或利姆的派对，显然有助于提升辅助飞行中队的社交声望，他们中有很多成员后来在不列颠之战中表现得十分英勇。

601中队的成员，例如詹姆士·郝特雷、鲁珀特·贝尔维、德罗戈·蒙塔古以及娄尔·吉尼斯都成为菲利普长期的固定朋友和他派对上的常客。贝尔维名声不太好，被人觉得流里流气，他日后在西班牙内战期间与欧内斯特·海明威结为好友，并与韦内齐亚·蒙塔古[①]建立了很亲密的私人关系。娄尔·吉尼斯1931年进入议会同菲利普在一起，并成为他在空军部的私人秘书。同一年，菲利普成为娄尔的儿子帕特里克的教父。

飞行员们在利姆夏令营期间尽情地享受着各种嬉戏玩闹。一次，飞行教官罗杰·布舍尔向同在这个中队的比弗布鲁克勋爵的儿子麦克斯·艾迪肯"借"来一架飞机，飞去罗姆尼沼泽的博托尔夫桥酒馆，不幸撞上了树篱，人没有受伤，但飞机却被撞毁，并撞倒了写着"去往迪姆彻奇"的路标，布舍尔把这路标留下来，作为纪念品送给了中队。

作为飞行大臣，菲利普同时还是飞行比赛的有力支持者。他鼓励在国际施耐德杯飞行赛中增加水上飞机比赛，这刺激了各主要飞机制造商之间在空气动力学方面的竞争。竞赛中领先的，通常来自法国、意大利、英国和美国，奖杯争夺类似于美洲杯帆船赛，得主国家获得下一年比赛的举办权。20世纪20年代，时髦的飞行比赛参观者们齐聚在诸如考斯和摩纳哥这样的地方。1927年菲利普就前往威尼斯以支持由英国政府组建的飞行队。这一年，英国的成功由超级马林带来，这家位于南安普顿的公司后来开发出了"喷火"战斗机。在施耐德杯上取胜的秘诀在于速度和灵活性，这两个特性在"喷火"的制造中，均由超级马林进行了精心调试。

正是在这一次威尼斯举办的施耐德杯比赛中，菲利普与墨索里尼的航空部长伊塔洛·巴尔博交上了朋友。这位法西斯领袖，在1922年，年仅

---

① 韦内齐亚·蒙塔古（Venetia Montagu），前印度事务大臣埃德温·蒙塔古遗孀。在这次婚姻前，当时还叫作韦内齐亚·斯坦利的她与时任首相的赫伯特·阿斯奎斯有过一段浪漫关系。

二十六岁之际，已经是帮助了墨索里尼掌权的“向罗马进军”这一行动的重要策划者之一。菲利普的妹妹西比尔那次陪他一起去了威尼斯，在她眼里，巴尔博是“一位非常讨人喜欢的人，一个来自16世纪的人物”。次年春天，通过巴尔博，菲利普再次回到意大利做观众，与墨索里尼和教皇庇护十一世坐在一起。他总结说：“教皇才是这场表演中最精彩的一部分，他就是罗马城的兴奋点。跟我在一起，他显得前所未有的愉快，我想这大概因为我不是教徒，他不用像平常那样谈话。教皇着装优雅，身穿白色带暗纹的绸缎，戴着蓝宝石，他留我待了一个多小时——当时有5万复活节朝圣者正等着见他从他们面前经过呢。”

菲利普在空军部的主要目标是开发RAF的潜力，着重于吸引更多有才华的年轻人加入进来，同时支持和保护飞机设计的推进，并在可能的情况下获取更多的财政投入。所有这些想法，后来都使得空军极大地受益。空军部那时对于在整个帝国发展民用航空也有极大的战略兴趣，尤其是通往印度的航线。那时，相较于从前的十五天轮船旅行，通过飞行，五天时间完成从伦敦到孟买的旅途已经成为可能。菲利普相信，通往东方的航线将很快“成为一件平常的事，就像我们这时代所发生过的很多奇迹一样”。帝国航空公司的主席，也是菲利普的朋友埃里克·葛迪思，想要在1929年开启飞往印度的常规航线。空军部认为，在民用飞机完成这项旅行之前，RAF应该先飞一趟。于是派遣菲利普于1928年9月领导了这一次远征。他对此次旅行做出了详细的记录和描述，并收录在他的书《第三条路线》中予以发表，目的是，让“空中旅行的可能性更广为人知，广为人理解”。菲利普这本书的名字，也反映了他对于新的空中通航的信心——它将成为通往印度的一个突破，具有瓦斯科·达·伽马1497年发现好望角，以及1869年开通苏伊士运河一样的重要意义。菲利普对行程加以扩展，增加了对整个驻埃及、苏丹、中东和印度RAF基地的视察，前后一共持续了六个星期。考察这些基地是否支持将空军力量应用到帝国的警力上，才是他这一趟旅行的真正原因。

9月29日早上6点45分，菲利普在空军少将阿瑟·朗莫尔以及两名来自费利克斯托飞行艇开发航线的飞行员的陪同下，在普利茅斯海湾的卡泰水道RAF水上飞行基地登上布莱克本·伊丽丝二号飞行艇。中途在比亚里茨附近的乌尔坦湖法国水上飞行基地加油，最后在马赛结束了他们第一天的旅途。菲利普的老朋友路易斯·马列特前来与他共进晚餐。第二天下午，他们抵达那不勒斯，又有巴尔博在此接待并设置晚宴，他赠予菲利普一座“银质飞行奖杯，以意大利闻名的工艺完成，其之精美，以至于使我不敢将它放进行李，只好让它独自旅行回家”。菲利普是这样描写巴尔博的：“墨索里尼手下的意大利，对于发展意大利飞行领域的认识，或者将意大利空军领入一个前所未有的高度方面，他所做出的贡献无人能及。”

意大利空军护送菲利普从那不勒斯穿过意大利，前往爱奥尼亚海以及希腊诸岛。“我们所处的位置”，他回忆道——

> 当我们将意大利最后一道依稀的轮廓抛在身后时，四周围海天一色，妙不可言。忽然间，我们发现自己孤零零地悬挂在无瑕的天和无瑕的海之间，蓝色反射着蓝色，也加重了蓝色。我们就像被夹在两片蔚蓝色的钹之间，打着旋儿，耳畔传来的回声，仿佛比人造的引擎轰鸣有着更深一层的含义。我将永远忘不掉第一眼所见的凯法利尼亚和扎金索斯，就像蚀刻在地平线的一块象牙上一般。

菲利普在希腊将水上飞机换成了费尔雷IIIF侦察机，向埃及方向飞去，以视察尼罗河沿岸的RAF基地，向南直至喀土穆。然后还有些时间可以观光，于是按菲利普的要求，飞机飞过吉萨的金字塔。到了开罗，他又去博物馆考察图坦卡蒙陵墓出土的艺术品，其中有一些他 1923 年在挖掘现场已经见到过。他回忆说：“即便有了那样的经验，也没能让我对整个收藏所达到的这种丰富和灿烂程度有足够的心理准备……毫不吝惜地对于金的使用，给人留下了难忘的印象，当你一想到，这只是一个普通的法老早夭时陪葬的点缀时，你才开始明白为什么老话里说，埃及连沙粒都是金子做的。”

他接下来这一段从开罗到印度的旅程，几乎就是顺着沙逊家族的历史在一路寻觅。耶稣诞生之前几世纪离开圣地，一路来到伊拉克、波斯，最后抵达孟买。尽管身为 19 世纪最重要的两大犹太家族的共同传人，但他在那本公开的旅行记录中，没有向读者提及只言片语自己与所经这些城市间的个人联系。只是轻描淡写地说，从天空看下去，耶路撒冷是“一个苍白的城市，散落在一堆一堆苍白的山坡上，只有脱颖而出的奥马尔清真寺令人瞩目”。而菲利普对巴格达，这个他的祖先曾经几个世纪里在此从事贸易，并作为犹太社区领袖的城市，有着很复杂的第一印象。“浪漫一定已经随着哈里发远去了，”他写道，“今天的它，是一个令人失望的地方，更像一个野草丛生的大村庄，而不像文明发源的中心。”但是，在他先祖的城市里待了一天，在温暖的底格里斯河水中游了一趟之后，在英国高级专员的公馆里与费萨尔国王进餐之前，他已经彻底改变了自己对巴格达的看法。“它的一部分固然很肮脏，除了清真寺之外，少有房舍值得看第二眼；但它依旧保存着远去岁月的气息。”他认为费萨尔国王“非常迷人，(他)同时是一位很不错的法国学者，当然他并不以此自居。我们在他的接见室里喝咖啡，底格里斯河在外面懒洋洋地流淌着，我们一面说话，一面看黑瓜船（我发现他们管沽筏① 这么叫）缓缓摇过”。

① 沽筏（guffa），一种既可载货亦可载客的船，用最经济的材料制成以运输尽可能多的货物——这一点很重要，因为在底格里斯河上，它经过一次长途跋涉后常被遗弃。——译注

10月13日离开巴格达，开始了他长达300英里的前往巴士拉港的旅程。在空中沿着幼发拉底河行进，那是他的曾祖父大卫·沙逊一百年前逃亡的路线，那是改变了他们家族命运和前途的一件事，但菲利普丝毫没有提及。也许，他不愿意用私人逸闻来干扰公务旅行，但他却并不介意谈及图坦卡蒙陵墓，以及他与巴尔博将军的友谊。更有可能，他只希望自己以优雅的英国旅行者和皇家大臣的形象示人，而不愿外人过多地关注他身上沙逊家族的东方血统。巴士拉本身给他的印象很不错：菲利普觉得它是“阿拉伯的威尼斯，密密麻麻的河道网络上，浅蓝色的贡多拉穿行在随处可见的枣园边，肥沃的土地和充沛的湿润空气使得树木生长繁茂，春天的棕榈树下，有桃花漫天”。

大卫·沙逊逃出伊拉克，从巴士拉来到海岸城镇布什尔，而那里，1928年已经是英国海军中队驻波斯湾的所在地。菲利普的家族史与这座城市的联系，他祖父当年在这里举行成人礼一事，再一次地被他隐去。他说起布什尔时反而有一种蔑视：“从空中看下去，白色的石头建筑使它显得特别整齐，城的四周也有好些漂亮的房子。我听说这外表并不真实，一旦走近再看，常见的气味和脏污，就会以一种罕见的浓缩形式展现在眼前。”

当大卫·沙逊逃到布什尔时，他随身带了藏在长袍边缝里的珍珠；而这一次，恰恰是波斯湾的珍珠潜水员们的凄惨境地触动了菲利普：

> 潜水员们成对地工作，十人或者十二个人组队，共用一艘小船，再集结成六十或七十艘船的小舰队一起出海。他们身上装着铁木制成的尖角以防御鲨鱼的袭击，再辅以一名会念咒语的鲨语者的保护。潜水员们除了腰间系着一条皮带以外，几乎全身赤裸地下海，那条皮带用来挂他们沉放到海底的篮子，篮子里放着一块大石头。仅有的潜水装备是鼻子上的一个夹子，这种情况下，

一个好的潜水员可以在水下待八十秒钟，利用这个时间往篮子里装牡蛎。这是最耗体力的一种职业，大多数潜水员都在年纪轻轻时就死去了。事实上他们就是奴隶，必须一整个夏季不停地潜水来勉力维持无活可干的冬季生活。

今天看来，菲利普的旅行日记中欠缺了个人叙述，显得很古怪，似乎他刻意在淡化自己的东方身世和沙逊家族在孟买发迹前的谦卑处境。同时期的议员鲍勃·布思比记得，有一次他去利姆港拜访菲利普，发现他在书房里读书，戴着一顶土耳其毡帽，菲利普告诉他，他对于自己的东方血统从未敢忘。这有可能说的是实话，但他避免将公众的关注点引到这一点上来却也是事实。无论他地位如何，或者思想多么活泼，菲利普·沙逊的性格中，随时意识到，遵从当时英国社交圈的规则有多重要。

10 月 16 日，菲利普降落在英属印度卡拉奇。在那里他受到空军副元帅，RAF 驻印度司令杰弗里·萨尔蒙德爵士的欢迎，以及一封来自印度总督欧文勋爵的欢迎电报。欧文后来继承了哈利法克斯勋爵的称号，并成为外交大臣。菲利普这一趟，回到他父亲出生的土地，探访浦那的祖宅以及孟买的沙逊码头却并没有出现在他的行程里。从卡拉奇，他飞到焦特普尔，接着来到政府的中心新德里，在西姆拉总督府休整了几天。这趟印度行的主要目的，是视察西北边陲的 RAF 基地，因为那里是帝国与阿富汗反抗部落对峙的前线。

焦特普尔为菲利普这一趟旅行提供了最为盛大的欢迎。从空中看下去，他觉得，这是“一座美丽的城市，因为有了那些宫殿和湖泊，雄伟的红色砖石堡垒，以及建在堡垒上有七十个城门的古老城而显得欢快。堡垒的顶部完美地勾勒出城市的线条，一群华美的宫殿就建造在天然岩石之上”。菲利普的飞机降落时，前来观看飞机的“巨大人群”等候在那里，一列浅蓝色的劳斯莱斯车，载着他们一行穿过全城。焦特普尔的邦主当时不在，他去英国了，因此由他叔叔代替，设置了国宴来欢迎菲利普的访问。“那无疑是组织得最令人钦佩而且场面最壮观的一场活动了，”菲利普记载，“虽然菜肴大多是欧式，这对我而言略有些遗憾。印度客人和仆人们尽都穿着华丽，并且他们都有着同样的完美品味；王子们穿着带有宝石纽扣的白色长袍，以及浅色格纹的头巾；仆人们都穿着金色和绿色的衣服，搭配金色和绿色的头巾。”

次日清晨，又是一群人聚拢来看菲利普和随行护驾的飞机离开，前往新德里用午餐。那里，在建筑师埃德温·勒琴斯和赫伯特·贝克的指挥调度下，一座全新的印度管理中心正在被建起来。赫伯特·贝克正是曾经为菲利普修建了利姆港主建筑的那位。沙逊在日记中说：“这个新的首都尚未完成[①]，但已建好的部分，足以让人得见其清晰的理念，知道它未来有一天将会是什么样。毫无疑问，它配得上帝国的地位，也能够胜任印度政府的功能……印度民众向来崇拜优美的建筑，排场和庆典对他们来说意义重大。德里一定会在这三方面满足他们。”菲利普并没有意识到，这座崭新的城池，将会在英属印度最后残喘的几十年里完成。它也许是大英帝国全球霸权所留下的最伟大建筑遗迹。

他们从德里飞往喜马拉雅脚下的安巴拉，再乘山里的列车去西姆拉。每年 4 月，当新德里平原上热浪席卷时，总督就会搬去西姆拉的清爽空气中，代表大英政府的所在地会一直在此保留至 12 月，届时总督乘火车离开，去加尔各答度过圣诞假期。9 月和 10 月是西姆拉最好的季节，这时夏天的季风已经让位，用欧文勋爵的话说，“空气如此纯净，中间的每一根线条、每一个阴影都能清晰无误地展现；植物的气味在空气里复苏重生；

---

① 欧文勋爵直到 1929 年 12 月才搬进巨大的新总督府。

太阳永远闪耀在无云的天上；远处雪山的脊梁反射着一天内变换的光影，直至夕阳的最后一抹玫瑰色霞光慢慢隐退到夜色中”。

当火车沿山而上，将他送至西姆拉时，菲利普注意到了环境的变化：

上行中的每一刻，空气都变得更凉，也更湿润，植物更加葱郁。我第一次近距离见到了杧果树，惊叹于喜马拉雅雪杉林、针叶林和杜鹃的品种繁多，我们所经过的每一个小站都赏心悦目，开满了波斯菊、百日菊和大丽花，四周环绕着茉莉。穿越这座幽深的峡谷，远处的山峦白雪覆盖，而眼前所见，每一刻都是壮丽的景色。然后忽然间，我们沉入漆黑的隧道，瞬间又再回到耀眼的阳光下，这时会惊喜地发现，眼前又是一道更加美丽的景象和更加雄伟的山峦。

从火车站去位于西姆拉全城最高点的总督官邸的最后一段路只能乘坐人力车。因为路太窄，所以这条路仅限于总督、驻军总司令以及省长的车可以在上面行驶。菲利普称：“如果我不得不在西姆拉的人力车夫，和波斯湾的珍珠潜水员二者之间挑选一个生计的话，我还真不知道哪一个稍微好些。我承认，被人力拖上那陡峭的山路时我心里并不自在，但那是这个国家的风俗，我相信住在那儿的人不久就会习惯。”他“很高兴地发现，尽管总督任期到目前为止，工作并不顺利，但他看上去健康而开朗”，总督的麻烦，源自圣雄甘地以及国民大会党所倡导的自治带来的政治紧张局势。菲利普还记得，“下午时欧文勋爵和我就各方面的谈话尤其愉快，更不用提花园里那许许多多奇妙的花木，和放眼望去随处都是的成群野猴。好像没有什么能让这些猴子害怕，但我猜它们其实是怕的”。

第二天晚上沙逊离开，前往拉合尔视察 RAF 驻西北前哨的基地，他在旅行日记中回忆:“当我们匆忙告别夜色中的西姆拉，前往平原地带时，它的美丽实难言表——像一座灯火闪烁的瓦尔哈拉殿堂，令银河也黯然失色。”

在白沙瓦、米兰沙赫以及奎达的空军基地，那些“前哨的守护天使”（菲利普这样称呼他们）昼夜不停地在与阿富汗反抗部落交战，其情形，对于以后几十年里在那片麻烦不断的土地上参与过战事的人，一定不会感到陌生。

“尽管这种由空军执行的讨伐，并不像过去的地面战一样持久”，菲利普写道——

> 可是要让一个顽固的部落承认失败，还是需要耗费相当一段时间的。这种情况下，需要在极度蛮荒和困难的地区执行大量的飞行任务，相应的迫降风险也很高。崇山峻岭间，有很多洞，从人类有记忆起，它们就不时地被当地人用作栖息之地。当村子被炸毁时，整个部落就带着行李财物退居这些山洞中，以保护人畜安全。飞机所能做的，不外乎等这些部落的人和牲口从洞里出来时，略事骚扰。这项工作烦琐而持久，竞争最后变成了飞行员和部落人之间比耐力。部落人浪费了不少子弹对空射击，而飞机也扔下了相当数量的炸弹，或者起到了足够的震慑作用，才让他们一直都在躲。但双方鲜有伤亡。很显然，这种状态可能会持续很长一段时间。确实，在不少场合有人推测的这一僵局将会延续的时间，后来证明，远远超过它事实上存在的时间。多亏了洞里跳蚤成灾，就连已经被洞穴生活千锤百炼过的村民也无法忍受，终于选了两个恶魔中稍微不太可恶的一个来投降。

菲利普始终替 RAF 在这一类工作中所表现的效率和成效说话。在他视察后的几个月，1928 年 12 月，紧张局面升级，阿富汗面临内战威胁，RAF 还执行了史上第一次大规模的空运，将接近六百名欧洲外交官和家属运出喀布尔，送达安全地区。

很难想象大英帝国的属地中还有比米兰沙赫更孤立的角落了。空军基地就建在山里一个小小的高地平原上，四周被大山围起来。当菲利普 10 月 21 日“特拉法加日”这一天到达这里时，前来迎接他的战斗英雄所带给他的惊讶，丝毫不亚于见到纳尔逊勋爵本尊。

空军士兵萧，更广为人知的名字是阿拉伯的劳伦斯。他在一战中因领导沙漠起义抵制奥斯曼帝国的英雄事迹而闻名，那之后他希望隐姓埋名，藏在 RAF 中以寻求相对安静的生活。米兰沙赫对劳伦斯有着极大的吸引力。他写信给朋友说：

> 我已经搬离卡拉奇，来到了印度最遥远的 RAF 基地——也是最小的。我们一共 26 人，包括 5 名军官，与 700 名印度童军一起驻扎在一个砖土混合的营房里，前面的铁丝网上装着探照灯和机枪。周围几英里外，环绕着光秃秃的瓷土色的山坡，再看出去，就是参差不齐像碎玻璃片一样的天际线。阿富汗就在 10 英里外。这个地方的安静是古怪的——显得不祥，我其实是想说，童子军和我们住在同一座营房的不同部分，但我们从来没有彼此见过：因此这里没有人声，没有鸟兽声——除了每晚 10 点钟，探照灯点亮时，豺狗会出来表演五分钟的合唱。印度人的岗亭里闪出的光柱刺破寂静的平原，希望能闪进动物们的眼睛里……我们白天是不能走出铁丝网的，夜里呢则不能走出营房……米兰沙赫唯一的诱惑，就是这里的乏味和静止。

菲利普觉得劳伦斯“在他的自我流放中，很彻底地快乐着”，但这并没有持续多久。阿富汗叛乱使他不得不回到英国，并不是出于他个人安全的原因，而是因为很多人将他看作英国的间谍大师，若被人知道他在西北前线，会引起不必要的怀疑。菲利普写道：“我感到自己好像鬼使神差地相信了一件事，那就是劳伦斯决定从公众的视线里消失，把自己藏起来的一部分原因，是一种感到自己这一生的使命已经完成了的直觉。在英国历史上过去也有过这样的人，那些先天带着使命而来，继而成就了使命，然后在崇拜者眼前，就像一道流星划过。”

然而劳伦斯却被沙逊的魔力收服，这次见面成为他们长久友谊的起点。他们都热爱古代文明，又都对飞行有着疯狂的喜爱，劳伦斯还加入英国队参加了 1929 年的施耐德杯飞行比赛。菲利普·沙逊的派对邀请所带给朋友们的，往往是一个在完美、奢侈而自由的环境中放松的机会，而这些朋友中的很多人，又都像劳伦斯一样是那个时代响亮的名人。菲利普无疑渴望成功，但他却总是要求朋友们做他们自己就好，例如退役后在好几部电影中担任演员的拳击手乔治·卡彭铁尔，菲利普从不过问他职业生涯中的事。他懂得，就像他们中的大多数人也都懂得一样，在公众面前不得已戴上面具，而私下的自己，则需要一个有朋友陪伴，能够自在表达的机会。

从米兰沙赫到奎达的这一段飞行，开启了菲利普的回程。在卡拉奇他们又载上了印度外交大臣德尼斯·布雷爵士，他正要去伦敦开会，但只想顺路搭乘一段到巴士拉。要不是中途在波斯湾海岸因引擎故障迫降一次，旅途可算十分顺利。这里他们被困了三十六个小时，在等待飞机所需的部件这几天，就住在印欧电报部的汤森先生府上。之前在巴士拉，菲利普放下德尼斯爵士后，绕道去拜访了考古学家伦纳德·伍利，参观他在苏美尔城市乌尔的挖掘工作，大约正好在波斯湾和现代的巴格达城市中间。伍利的这一古代文明发现，引出了一个理论，《创世记》中诺亚和大洪水的故事其实是基于这个地区的一次本地历史事件，作为这次交流的结论，菲利普承认："西方文明，通过犹太文字和希腊学问，向早期苏尔美人所欠下的文化债，持续到近代，始终被忘记，仿佛从来就没有存在过，直到三十年前。"

菲利普在接下来访问伊拉克的旅途中，关注点集中在 20 世纪的问题，其中不少一直延续到了今天。他在盛大的马会那一周回到巴格达，活动包括赛马和马球，为此，"所有的教长都从沙漠的四面八方聚拢来"。然后他去摩苏尔视察 RAF 在这个国家南部的运作。摩苏尔的主权问题一度有争议，土耳其并不同意将其纳入伊拉克以作为战后解散奥斯曼帝国的一部分。一开始在赛克斯－皮科协定[①]的影响下，摩苏尔被归入新叙利亚，但是当这一带的大量石油被发现后，英国对摩苏尔的兴趣陡增。在 1920 年的圣雷莫会议上，当时菲利普也是代表团成员协助首相参会，劳合·乔治成功地说服了会议，它应当被归入英国治下的新伊拉克。菲利普对摩苏尔的第一印象是，这个种族和宗教混合的城市之所以能够统一在一起，完全是出于贸易和商业的共同利益："这里的好，是来自当地人的，不是什么新发明的不列颠治世[②]"。

他还写道：

伊拉克是我们尝试用空中力量维持和平和秩序的第一个国家，这是由于维系地面部队充足军力所带来的巨大耗费，导致英

---

① 赛克斯－皮科协定（Sykes－Picot agreement），第一次世界大战期间，1916 年 5 月 16 日，英国、法国、俄罗斯之间签订的瓜分奥斯曼帝国的秘密协定。这份协议的草案由英国中东专家马克·赛克斯和法国外交官弗朗索瓦·皮科制定，故有此名。

② 不列颠治世，指欧洲在 19—20 世纪初（1815—1914）的整整一个世纪，在大英帝国全球性霸权控制下维持的和平时期，这段时期欧洲比较少出现大规模动员的战事。一般认为 1815 年的滑铁卢战役标志着不列颠治世的开始。——译注

国不得不采取的实验。它的成功远超预期……将各种军队派遣到一个知之甚少而深怀敌意的国家，无论从人力还是财力上讲，永远是一件支出巨大的事。敌人的村庄可能被烧毁，人畜也可能被伤害或驱离，但常常很难分辨，谁，才是真正的罪魁祸首。远征军撤离，沿途在狙击手手中死伤无数，敌人回到被烧毁的村庄，胸中充溢着要讨回公道的欲望。

菲利普对 1928 年的伊拉克乱局加上了一条很说明问题的见解，直到今天，这一困扰都还在这个地区无法消解："几乎整个伊拉克的底层民众都是什叶派教徒，而伊拉克的主要问题之一是，如果伊拉克希望享受其新成立的独立国家的利益，那只能是努力让什叶派与上流逊尼派和解，只有这样，才可能作为一个统一的民族，为共同利益出发而协同工作。"

菲利普返回欧洲的航线，沿北非海岸，向马耳他方向飞去，穿过埃及和意大利殖民领地利比亚。从空中看下去，他写道："班加西远远地走在最前面。它有一种威尼斯和阿拉伯混合的风味，粉红色的宫殿加上棕榈树，看上去是个很浪漫的地方。它很有一些精美的房屋，还有大量的士兵，有个小机场，驻扎了六个飞行中队。它为墨索里尼的开发政策做出了很好的表率。"从马耳他沿着西西里海岸继续向北，他还目睹了埃特纳活火山的爆发，这是自 1669 年以来最大的一次："巨大的烟雾喷射而出，伴随着正中间的大火弥漫，山脚下的村庄在燃烧，可是山顶却大致能看清，那儿还覆盖着白雪。"他回程中停留的最后一站是法国西海岸，与罗斯柴尔德男爵在拉菲城堡相见。当然，再一次地，沙逊没有在书中道明，那是他的亲戚。

行程达 17000 英里，走访了 25 个 RAF 基地后，菲利普 11 月 13 日降落在南安普顿溺湾的卡尔绍特，回到英国。他对等候他归来的记者们说："从各方面来看，这一趟飞行都取得了伟大的成功，飞行机械的表现堪称完美。”乔治六世发来贺电:“我由衷地祝贺你,从长途飞行中平安归来。我很肯定,你这一行对位于我国和印度之间无数个皇家空军基地的视察,将证明对军事发展意义极大。”菲利普选区的报纸《福克斯通先驱报》也用热情洋溢的词语向他表达了祝贺:“他的旅程……绝无可能不在我们的历史上,作为为帝国服务和尽忠职守的模范而留下一笔。”

贯穿整个飞行旅途,国内的报纸一直用公告栏形式跟踪着他的进程。他一返回立即就此事发表了演说,并于1929年5月在他的《第三条路线》中公布了详细旅程。T. E.劳伦斯在书中被他简要提及,在劳伦斯本人眼里,这是菲利普的仁慈,他写信向这部书表示祝贺:

> 我昨天重读了你的《第三条路线》(按我通常的习惯,新书到手先翻阅一个小时,这是第一次;如果仿佛意犹未尽,再在两个星期内慢慢重读一次)。你这一本无疑令我感到需要再读一次……《第三条路线》给我留下最深的印象是,新鲜……用一双新的眼睛去看一切,再将看到的一切忠实地写下来,用你自己的语言。这就好像,用眼睛在说话……你的书感觉很好读,就像你写得不费吹灰之力一样。很奇怪,你原本又是复杂的!天然的轻松自在本没有什么,但这样的轻松自在,恰恰来自你的精心耕作,这份辛苦真是值得的。

菲利普的朋友,罗马尼亚公主,同时也是巴黎社交名媛的玛尔特·比贝斯科将《第三条路线》译成了法语,他因此送了一枚祖母绿和蓝宝石的胸针给她作为礼物,这枚胸针是拿破仑得知玛丽·瓦莱夫斯卡正怀着他的孩子时送给她的。艺术家、插画师雷克斯·惠斯勒为该书设计了扉页,而他所得到的回报,则是来自沙逊源源不断的丰厚订单工作。

威斯敏斯特在 1928 年 11 月底以一场私人宴会欢迎菲利普的归来，一并庆祝温斯顿·丘吉尔的生日。当时议会里甚嚣尘上的，是与即将在夏季来临的大选有关的各种八卦。保守党对自己信心十足，1924 年他们以超大优势获得议会多数席后，托利们有望继续把持政府。更多的猜测，倒是在于哪些政客个人，将在大选后的政府重组中成为赢家。舆论普遍认为丘吉尔将离开财政部，给内维尔·张伯伦让位，调任要么外交部，要么印度事务部。在一次公园径的内阁午餐前，内阁官房长官，也曾是劳合·乔治私人办公室成员的托马斯·琼斯问菲利普，他认为谁应该在新政府中获得提升。他记下了菲利普的答复：

> 他最看好的是安东尼·艾登（时任外交大臣的议会私人秘书）。达夫·库珀善言，但他能与他人协作吗？他的自我中心已达登峰造极之程度，不过这种自信或许能够助他一臂之力，取得某种程度的成就。塞缪尔·霍尔应该去印度事务部，那里很需要一个能胜任这项工作的人。一走进那里，就感觉乌烟瘴气，我们的谈话这时被刚开完内阁晨会到达的大臣们打断。

菲利普对库珀和霍尔的倾向很容易理解。达夫是老朋友了，塞缪尔则是空军部同僚，这二人都对沙逊那些豪华的宴会颇为迷恋。安东尼·艾登是政坛新星，当时年仅三十一岁，已在议会待了将近六年。战时有过出色表现，获得过十字勋章，二十一岁成为英国军队中最年轻的总军士长。艾登身形俊逸，但同时十分虚荣。他的政治对手R. A.“拉布”·巴特勒形容他，“一半是个疯狂的男爵，另一半是个美丽的妇人”。像菲利普一样，艾登早年在伊顿上学，战后进入牛津大学基督堂学院。他是那儿有名的“唯美”派中的一员，并发起了乌菲兹社区，用来讨论当代以及过去的画家和画作。成员还包括后来的议员、社交名人亨利·“奇布思”·香农和维克多·卡札勒，以及艾登曾与其发生过性关系的艾迪·萨克维尔－韦斯特。1923年，也是艾登进入议会的同一年，他与碧翠丝·贝克特结婚。那以后，他的罗曼蒂克生涯便集中到了女性身上。安东尼和碧翠丝·艾登二人均成为菲利普在特伦特和利姆的常客。

托马斯·琼斯也在日记中记下了公园径午餐关于大选的讨论：

> 我们坐在圆桌旁，主人的右边坐着黑尔舍姆[①]、坎利夫－李斯德和温斯顿，左边是内维尔·张伯伦、塞缪尔·霍尔、沃尔特·吉尼斯和托马斯·琼斯。他们从东非报告以及派遣萨米·威尔逊[②]去肯尼亚的八卦开始谈起："为什么里奥（·艾默里）总是要答复内阁的每一个发言人？为什么没人拽拽他的外套去制止他？”紧接着，又是对吉克斯[③]的一番取笑和嘲讽。内务大臣每天都把自己搞进新闻里，眼下他（反对D. H. 劳伦斯刚在英国遭禁售的《查泰莱夫人的情人》）摆出一副清教徒的姿势……其实除了温斯顿之外没人听说过他的书……
>
> 关于大选有诸多猜测，基本上都同意“我们一定得让民众对社会主义政府前景产生适度的恐慌”。温斯顿（随着午餐的进展愈来愈健谈）总的来说倾向于希望工党能够短暂入主，得以令他有机会展示自己作为反对党的力量。除了战争期间他还从来没有过这样的机会。工党政府将是什么样的呢？他问同僚们。“糟透了，”坎利夫－李斯德回答说，“就像用榔头敲打枕头。”他们还

---

① 黑尔舍姆（Hailsham），原名道格拉斯·荷格（Douglas Hogg），第一任黑尔舍姆子爵，时任财政大臣。

② 萨米·威尔逊（Sammy Wilson），长期殖民事务次大臣。

③ 吉克斯（Jix），威廉·乔恩森－黑克斯爵士（Sir William Joynson-Hicks），内务大臣。

祝贺了黑尔舍姆的儿子成为牛津大学联合会主席。[①]

塞缪尔·霍尔记得，选举助跑期间，每个人都“对保守党的胜利充满信心。在菲利普·沙逊的每周午餐例会上我们发现，也许除了温斯顿之外，每一个人都很开心。戴维森（保守党主席）对于获得多数席的态度毋庸置疑，按照汤姆·琼斯这种中立顾问的说法……社会党员们要成为议会里的一个大党根本没有什么真正的希望”。

1929年4月24日，另一次公园径午餐会上，丘吉尔打赌说保守党只会以278席的优势胜出，这一预测的准确性，事后证明远远高于琼斯和戴维森的。在5月30日的选举中，保守党只获得了260个席位，丢掉152个选区，包括达夫·库珀和哈罗德·麦克米伦等年轻的领袖议员。工党以278席成为最大党，但在1923年，不存在多数党这个概念。劳合·乔治麾下统一而活力焕发的自由党，尽管他们在全国范围内仅仅赢得了低于四分之一的选票，只占据了59个选区，但是在这场选举中他们卧薪尝胆，发誓在国家政局中夺回领导权，虽然目标未能实现，但这一结果依然表明他们掌控了权力的制衡。

保守党们大吃一惊。他们的选举策略十分枯燥乏味，专注于传递诸如“安全第一”之类的信号。在1926年大罢工的形势下，在这个国家所经历过的最大规模工业行动影响下，高居不下的失业率，想用这样的信号来说服选民，让他们继续支持鲍德温，完全无效。然而菲利普·沙逊个人还是以高通过率在福克斯通和海斯获胜返回议会。《先驱报》报道说，他警告了全体选民一个社会主义政府将带来什么危险，并在对选民的公共演讲中采用“正直、联合”作为选举口号。

① 黑尔舍姆的儿子昆汀·荷格（Quentin Hogg），后来担任财政大臣（1970—1974以及1979—1987）。

鲍德温对于失败所做出的反应，显示了政客们往往都是习惯墨守成规的家伙。他自己，是在他所领导的政党扳倒劳合·乔治的自由－保守党联合政府后成为首相的，1929年的大选，又给予了劳合·乔治以制衡的力量来对新政府的组建施加影响。甚至还有一种可能，已经在同劳合·乔治进行沟通的丘吉尔，会同自由党一起来施加影响。鲍德温决意不能让这种事发生，于是他立刻辞职，导致国王不得不邀请工党领袖拉姆齐·麦克唐纳来担任下一任首相。由于工党不具备多数席位，这就产生了提前选举的可能。

保守党在选举中的挫败意味着菲利普·沙逊从空军部的离任。他写信给塞缪尔·霍尔："您知道曾与您共事我有多荣幸，另外，对于您一向给予我的善意我有多感激。过去这四年半的时光，是我一生中所有过得最快乐的时光之一，这都归因于您。我希望在不久的将来我们能够再次共事。请将特伦特当成您自己的一样，随时使用。"这种慷慨同样也给了其他一些退下来的高级政府官员。丘吉尔再一次在公园径短住，而特伦特庄园则提供给斯坦利·鲍德温及其妻子露西随便使用，露西说："我们仿佛待在至福乐土，这是一个多么美丽的地方啊。"

菲利普的朋友，艺术史家、国家美术馆馆长肯尼斯·克拉克在回忆录中写道："接受过菲利普热情款待的政客们，也许可以被形容为非正统的托利党边缘……但我很怀疑鲍德温先生是否曾经跨过菲利普的一些边界。"事实上鲍德温确实有过，如果不是很经常的话。他常常在复活节假期会回来独自享用特伦特几天，那时春花遍野，都是在菲利普的安排下特地种来供鲍德温夫妇享用的。这是托马斯·琼斯去特伦特拜访他们时，令他所惊喜的景象：那是"最美丽的黄水仙和水仙展，成千上万，毫不夸张"。

菲利普对鲍德温的友好，只反映了他对于自己在政府中得到重用的感激，而没有任何私人政治联盟的意义，同时也是他对鲍德温在党务管理能力方面的承认。与 1923 年不一样，这一次在菲利普的桌上没有密谋另一个领袖来取代鲍德温。如今从哪个方面看，德比勋爵和伯肯希德勋爵都已经被排除在主流政治之外，奥斯丁·张伯伦也已过了那个他可能成为首相的节点很久。如果鲍德温是在选举失败中被迫出局的话，党内领导权极有可能落入内维尔·张伯伦而非温斯顿·丘吉尔之手，那将是一个对从前的联合政府来说，最糟糕的结局。

第六章 乱世春秋

奇妙的幻觉，

混沌和迷惑

所有的人都迷了路。

又有什么好争取的呢，

又有什么好去爱，去为它而活的呢，

就这样吧，

说，“嗨，嗨！”

诺埃尔·科沃德，

《二十世纪布鲁斯》

《乱世春秋》插曲（1931）

1929年夏天，没有公务缠身，菲利普·沙逊全身心投入到两项最大的个人爱好中，飞行与艺术。尽管他私人拥有飞机已经十年了，可他其实从来没有学会驾驶。他请空军元帅约翰·萨尔蒙德爵士吃晚饭，顺便向他请教谁是RAF里最好的教官。飞行上尉德莫特·博伊尔（就像约翰爵士与他弟弟乔弗瑞·萨尔蒙德，菲利普也是在卡拉奇与他相识，后来成为空军参谋长）得到了推荐，萨尔蒙德原本已将他安置在601辅助飞行中队，而菲利普也被任命为该中队荣誉指挥官。菲利普虽然有成千上万作为旅客的飞行记录，但他并不是一个有天赋的飞行学员。当博伊尔被问及教学进展如何时，他回答说："我并没有教他怎么飞，只教他怎么着陆。"即使这样，在RAF克兰威尔基地训练时，菲利普还是在着陆时撞进了一个树篱，而不得不给亨顿基地打电话，让另送一架飞机过来，他告诉当时值班的青年军官乔迪·沃德："我没事，只是飞机恐怕已经变成了五彩纸屑。"

菲利普又收到朋友威尔士王子的鼓励，王子这时已经是一个合格的飞行员了，写信问他："飞行进展得如何，你找到一点把握天空的感觉了吗？我可以肯定地告诉你，我花了不知多久才达到那一步，可即便现在，我有时还会怀疑我是否真的达到了。只是有一点毋庸置疑……这比汽车安全多了，也好玩多了。"菲利普及时收到了他的双翼，在两次常规时长的教学训练后，他601中队的同志们见证了他第一次独立在克兰威尔的着陆，那里的跑道是全国最长的。

8月，菲利普按照现已成为惯例的时间举办了利姆的夏季派对，那就是，在601中队的夏季集训期间。克莱门汀·丘吉尔也在客人当中，他给远在北美做巡回讲演的温斯顿写信："戴安娜（他们的女儿）和我去了利姆，一切照旧，奢侈而美丽——还有那些辅助中队的飞行员……到处都是他们，冲来冲去（我觉得飞得太低了），他们也被菲利普·沙逊招待得十分周到。"

继超级潜水艇队1927年在威尼斯取胜后，施耐德杯飞行比赛（如今已经是一年两次了）回到了英国，将于9月份在考斯举行。菲利普此时尽管已不是空军部的官员，却全程以皇家航空协会理事的身份行东道主之谊，这一职位是在他那一趟印度"第三条路线"考察后获得的。考斯的努比亚庄园是戈弗雷·巴林爵士通常在一年一度的帆船周用于接待皇室的，菲利普利用它接待了威尔士王子、他妹妹西比尔和其他一些飞行比赛爱好者，例如房地产大亨之子小戈登·塞尔福里奇，以及他姐夫，法国飞行员雅克·德·西伯。塞尔福里奇前一年同他姐姐薇奥莱特从非洲返航途中飞机失事，所幸他们二人都死里逃生活了下来。T. E.劳伦斯顶着“空军士兵萧”的名义在空军中校西德尼·史密斯手下做职员。他被休·特伦查德爵士严令禁止与任何“大人物”交谈，否则他将被立即遣散，可有人看见他同意大利空军部长巴尔博交谈。特伦查德尤其列出了菲利普·沙逊以及温斯顿·丘吉尔作为“大人物”代表，这二位虽然都是他的朋友，但劳伦斯决计不被允许与他们交谈。

首相拉姆齐·麦克唐纳与塞缪尔·霍尔一起，从皇家海军百眼巨人号航空母舰的甲板上观看了水上飞机比赛。而菲利普·沙逊则与威尔士王子一起，坐在亨利·塞格雷夫爵士的快艇白云二号上。塞格雷夫是位充满魅力的年轻赛车冠军，他1924年成为第一位驾驶着英国车赢得一级方程式的英国赛车手，后来又成为同时保持水上和陆上速度纪录的第一人。

比赛后当天晚上，在考斯港的皇家海军奥福德号①为四百位来宾举办的晚宴上颁发施耐德杯是菲利普的“光荣任务”。英国在迪克·韦格霍恩中尉的带领下，驾驶超级马林“劳斯莱斯6”蝉联了奖杯。菲利普评价韦格霍恩的表现时说，“当惊人的力量通过机器和驾驭而展现出来时，真令人肃然起敬”。然而韦格霍恩在不久之后的1931年，即在安装了劳斯莱斯秃鹰引擎原型的鹰式轰炸机的一次试飞过程中，丧生于那一“惊人的力量”之下。亨利·塞格雷夫将成为追求更快速度这条道路上的另一位殉道者，1930年6月，他刚刚在温德米尔湖创下水上速度新纪录后就不幸遇难。那一年稍晚，10月，从英国到卡拉奇的首航中，R101飞艇在博韦附近失事，工党政府的空军大臣汤姆森勋爵丧生。这架飞艇是政府定制的，菲利普在

① 奥福德号（Orford），P&O邮轮公司的一艘远洋轮，1928年投入使用，在二战中被德军摧毁。

他的“第三条路线”考察过程中，还去卡拉奇参观过那“很棒的新厂房”。他随后写道：“看了这个有一天必将成为帝国主要机场之一的地方，我清醒地意识到一个事实，飞艇在不远的未来将一定是帝国航空通信中最重要的一环。”

五十四位乘客中共有四十八位在 R101 空难中丧生，包括空军大臣在内的高级官员，和菲利普的另一位朋友，皇家航空协会飞行赛委员会主席塞夫顿·布兰科爵士，出事前几个星期他才刚去了利姆做客。这场事故的死难者数超过了 1937 年的兴登堡号空难，导致了政府飞艇计划的搁浅。生命在最美的年华戛然终止这种悲剧，似乎从来没有远离过菲利普·沙逊的世界。

菲利普对航空领域尖端创新以及与之相伴的刺激和冒险的热情，与他对 18 世纪艺术品的热爱形成强烈对比。乘坐快艇观赏施耐德杯飞行赛，与沉浸在萨福克郡乡村的庚斯博罗家族故事，二者都是在帮他走出日常琐碎，进入勇敢和美丽的世界。

正如我们所知，1921 年菲利普被劳合·乔治任命为国家美术馆董事会成员后，随即成功说服政府成立了基金，用以支持购买重要作品，以扩大美术馆的收藏。他同时还在公园径自己的家里举办了一系列的年度展览，这些展览主要集中在 18 世纪绘画、家具和银器等作品，用以为皇家北区医院筹款。在国家医疗服务体系诞生之前的岁月里，这所医院为伦敦北部的穷人提供免费医疗服务。菲利普担任其财务主管多年，威尔士王子任董事长。1927 年 5 月，菲利普在拉夫伯勒夫人的协助下，于皇家阿尔伯特音乐厅举办了一场募捐舞会，随同王子一起出席的明星嘉宾为美国飞行员查尔斯·林德伯格，他刚刚驾驶着圣路易精神号完成了跨大西洋直飞。在阿尔伯特音乐厅里，林德伯格坐在菲利普的包厢里，随后，当威尔士王子到来时，他在所有来宾的兴奋注视下，站起身攀爬到隔壁的皇家包厢去迎接。

菲利普在公园径的私人画展吸引了大量的社交圈时髦人物。最负盛名的一次是1930年3月，那次一共展出了八十一幅英国18世纪“群像”画作，主要为庚斯博罗、佐法尼以及雷诺兹的作品。只有一幅例外，那是当代画家约翰·拉维利爵士所作的皇室家族群像，由玛丽王后出借。[①]

与强调单独人物的正式肖像不一样，这类群像重在展示家庭或亲密朋友，处在他们生活中某些具有典型意义的场所时，人物之间的微妙心理关系。菲利普喜欢这些作品所传达的“那个时代的私密”，以及被描绘对象的生活中那些美妙的细节。正是因为这一私密的感觉，使得一些参观者将这次展览称为“西洋景”。

这些作品中的绝大部分从未公开展览过[②]，只有几幅经苏富比和佳士得拍卖后现身，多半是为偿还战前经济危机时的遗产税或遗留债务。展览在1929年10月华尔街崩盘后不到六个月内举行，很有可能这个时间点也在一定程度上增添了它的吸引力。菲利普·沙逊的世界没有受到纽约金融危机的打扰，而普通人只需花上几个先令，就可以“从20世纪的忙乱、慌张和烦恼中被带到另一个世界的边缘……比我们当下所拥有的世界，更得体、端庄和体面”。与此类似的，在经济低迷的1980年代早期，被搬上电视荧屏的伊夫林·沃《布园重访》也因为同样的原因，在公众中产生了巨大的吸引力。斯坦霍普门排着长队，等待通过公园径45号栅栏门的人们，就这样被赋予了对远去的旧世界的联想。在他们对面，人们看见一座新酒店正在被拆毁的多切斯特公馆原址上拔地而起，那里曾经是维多利亚时代伦敦最好的私宅之一。

菲利普的“西洋景”展览不仅吸引了艺术评论家，还开启了上流社会

---

① 此画现为国家肖像美术馆永久藏品。也在这次展览中展出的庚斯博罗为自己和家人所绘的肖像，由乔蒙利庄园在西比尔去世时捐给了美术馆，且双方同意以纪念菲利普之名由美术馆保存。

② 这些画作几乎全是私人收藏，包括菲利普·沙逊的两幅庚斯博罗和佐法尼，以及一幅约克公爵出借的詹姆斯·西莫。

拍摄“群像”的新风气。菲利普的朋友诺埃尔·科沃德更进了一步，他干脆制作了一出名为《群像》的罗曼蒂克音乐喜剧，故事发生在摄政时期。奥斯伯特·斯提维尔 1936 年出版了一部关于群像的书，献给菲利普。1930 年 3 月里这些前来公园径的访客，一部分当然是来欣赏艺术的，绝大多数更像前来展示自己，并一窥菲利普的潮流世界。在庚斯博罗和佐法尼的画作间流连，你也许还能看见威尔士王子、查理·卓别林、温斯顿·丘吉尔或者 T. E. 劳伦斯。站在那样一个大厅里，镜面的天花板仿佛制造出一个由厚重的云所生成的旋涡，一直延展到无穷，那一瞬间，每一个人觉得自己也成了菲利普·沙逊那个世界里的一分子。

但菲利普绝不是个只会购买时髦艺术家作品的富人，他是一位货真价实的严肃的 18 世纪艺术鉴赏家。1930 年 3 月底，他向国家美术馆理事会建议，拒绝购买一幅塞夫顿伯爵所出售的庚斯博罗。这幅画上的人，是伯爵的祖辈伊莎贝拉，莫利纽克斯子爵夫人，也就是后来的塞夫顿伯爵夫人。菲利普用他挑剔的眼光仔细查看了这幅画，然后对美术馆理事会说：

> 庚斯博罗向来对自己的全身肖像画不满意，总体上说，它们都不如他的小画幅作品……而这一幅，是画家在巴斯期间所创作，那时他还是一名年轻人，技巧尚很幼稚……肖像上画的是一位十分平淡的妇女，从画面上看得出来，庚斯博罗很显然也这样认为。脸部显示，要么是画家并不十分尽心，要么就是一遍又一遍徒劳地努力想要得到满意的结果。无论是哪一种可能，其结果，这个脸部与整幅画其他部分的颜色已经不融洽。这幅画失败了，非常平庸……
>
> 在身体和构图上，也许是由于缺乏经验，也有很明显的缺

陷。右臂以一种十分不自然的姿态伸出来，手里抓着黑围巾的一小角，这对于整幅画而言毫无意义。手臂的姿势极其糟糕，像僵木……要说这幅画最好的部分，那就是有些“点”不错，它还是一幅艺术家作品。我同意……美术馆的功能之一，是为现世的艺术家提供警示，但与此同时，也需为大众观赏者提供欣赏的愉悦，并对公众品味提供导向。国家美术馆数不清的现有藏品显示，要兼具这两项功能是完全可能的。

而要价 35000 英镑至 40000 英镑——这个数目，菲利普接着说：“会让我们‘倾囊相授’……我还想补充一句，我跟理事会的同事们一样，热切地希望为我们的英国画派增添一幅更好的代表作，但我绝不认为这一幅会为美术馆增添任何光彩，因为，尽管画中的一部分完成得非常高超，但总体上，它与我们已经拥有的那三幅全身以及两幅较小的（艺术家的女儿们）相比，处于较低的水平。”这幅画没有被国家美术馆收藏，后来由政府出面，在利物浦的沃克美术馆展出过。

在沙逊的倡导下，威尔士王子也得到任命，加入了这个理事会。但他和沙逊在开会时的不检点举止，却招致了一些更为保守的成员如理事会主席克劳福德伯爵的不满和谴责。克劳福德很不愉快地描写过一次理事会会议：

大概进展到一半的时候，正好也是极其重要的时候，威尔士王子好像开始觉得乏味了，便开始抽烟……然而香烟似乎让王子变得活跃起来，他于是开始同身边的人交谈，沙逊以及达伯农（子爵）。后者反应迟钝且耳背，但嗓音浑厚；而另一位，沙逊，带着他刺耳的叙利亚人嗓音以及强烈的“对国王的敬意”，就聊开了去——于是讨论基本上就无法进展了……我依稀听见，聊的主要是赛车和社交圈那些事。

克劳福德和沙逊之间一直有个人风格上的冲突。伯爵的日记中记载过一次菲利普在公园径为理事会举办的午餐："沙逊举办的这个午餐啊！我一向有个可以原谅的野心，那就是想要见识见识一名大交际花，而沙逊的午餐，精确地定义了我想象中大交际花午餐的风格和派头。桌上的餐巾是黄色的缎子，供我们四人享用的水果足够二十个人吃，四个人吃的沙拉装在一个洗脸盆大小的碗里。"在另一次类似的特伦特庄园活动之后，克劳福德又说："午餐的品质，家居的奢华，那些花园、汽车、网球场（专业养护）——所有的一切都只表达了极度的慷慨和毫无节制的花费……这年轻人在待客上一定投入了惊人的数目。"

理事会中还有菲利普的朋友埃文·查特里斯，他成功游说了费勒姆的李勋爵将艺术品商人及捐助者约瑟夫·杜维恩爵士也纳入理事会。杜维恩曾经慷慨支持过国家美术馆和泰特美术馆两处的新展厅修建，并捐赠了艺术品。菲利普也是泰特理事会的成员，杜维恩同沙逊一样，还是华莱士珍宝馆的理事。菲利普的朋友，作家利顿·斯特雷奇对 1930 年夏季国家美术馆里的世界，有这么一段独特的见解：

昨天去国家美术馆参观杜维恩展厅，算是一次奇妙的经历——很明显的黄昏效果：作品之间留出大量的空白来布置意大利作品，确实从总体上产生了一种很漂亮的效果。厅里有个黑头发的贱人，穿着印度胶靴，走来走去，好像在盼着被人看上带走。我们俩很奇怪地总是同时在不同的作品前逗留——从这间屋，到下一间屋。随后，我四处一张望，却看见了一个更迷人一点的贱人——这次是个浅色头发的——浓密而有光泽的黄发——红润的脸——充满活力。于是我将自己的注意力调整到他身上，定睛一看，才发现那是威尔士王子——绝对是——身边有位馆员在点头哈腰，菲利普·沙逊也跟在旁边。我这下可吓坏了，生怕沙逊看到我要来介绍，赶紧溜之大吉——可能很傻——因为没准会是一段很好玩的关系的开端呢。这时那黑发贱货已彻底不见了，搞不好他是前葡萄牙国王吧。

1930年夏天是菲利普最无忧无虑的一段时光，不过如今回望，那恰恰也是一个年代的终结。那个秋天是他个人生活上的灾难，好些朋友在事故中丧生；而1931年的英国，则出现了政治上的动荡和经济上的危机。A. J. P.泰勒推断："1931年9月标注了两次战争期间英国历史的分水岭……'20年代'和'30年代'这两个概念，即便在当时，也能感觉到是截然不同的两个时代。1931年9月，便是划分它们的这条线。"而1930年的7、8俩月，就成为"咆哮的20年代"的秋老虎，是最后的辉煌。

菲利普写信给利顿·斯特雷奇，敦促他回利姆来："这几行字的目的，是想试着引诱你这个8月或者9月再到这里来。你能帮我实现这个愿望吗？庭院经过改进，现在看上去已经很成熟的样子（跟我们的情形正好相反）。"斯特雷奇顶住了菲利普的诱惑，但诺拉·林赛回来了一趟，以确保整个环境达到她一贯的完美标准。601中队的RAF军官们再一次在利姆开展夏令营，也再一次常规性地出现在菲利普的派对上。汤姆·米特福德记得，一个周末，菲利普告诉包括温斯顿和克莱门汀·丘吉尔、塞缪尔爵士和霍尔夫人，以及阿拉伯的劳伦斯在内的客人们，他们将一起飞往汉普郡－维尔特郡边境，去汤姆的妹妹戴安娜·吉尼斯在比德斯登的家里做客[①]。七架小飞机形成一个紧凑的小编队，在菲利普和温斯顿的掌控下，由601中队的飞行员将一行人运了过去。

这一时期，利姆和特伦特的另一个常客是年轻议员鲍勃·布思比。布思比1924年进入下议院，年仅二十四岁，在温斯顿·丘吉尔做财相期间担任过他的议会私人秘书。伊丽莎白女王即王太后多年以后表示过，布思比是个“很可爱的人。他是个调皮鬼但绝不是小流氓，好玩极了”。他是一名双性恋，一生中与无数男女有过无数次恋情。他崇拜菲利普·沙逊，认为沙逊是“我所知道的最了不起的社交主人，最了不起的花匠，也是适当气氛下最好的伴侣。他用十年的时间，塑造了我的一生”。菲利普把利姆庄园边上的一幢法式房子给他使用，那是在建筑师赫伯特·贝克协助下整修好的一个老都铎风格农场。

距离利姆仅几英里外，便是诺埃尔·科沃德在奥尔丁顿的农场戈登赫斯特，同样具有穿过罗姆尼沼泽远眺英吉利海峡的优美视线。科沃德最高产的一个阶段正是住在那儿的那一段时间，写下的作品包括他最为人熟知的歌曲《看得见风景的房间》。菲利普和布思比也常常跟其他客人一起，去戈登赫斯特参加科沃德那些充满戏剧色彩的派对；同时，诺埃尔也频繁地与经纪人和一度的伴侣杰克·威尔逊一起在利姆和特伦特出现。

菲利普还邀请诺埃尔担任他自己任总裁的利姆飞行俱乐部的副总裁。他们一同在年度飞行大会上，为朋友和对手联合举办鸡尾酒会。科沃德的秘书兼伴侣科尔·莱斯利记得：

诺埃尔总是在星期六，一天的飞行结束后举行狂欢盛宴。这时，杜本内便成了当天的秩序和规则。我调出过“我尝过的最好

---

① 戴安娜·米特福德嫁给了沃特·吉尼斯，后来又改嫁奥斯沃德·莫斯利。

的，得再来一杯”，秘诀是只用刚够给一点颜色的杜本内，其余全是金酒。接着整个活动几乎变成一场骚乱，从很多照片上都可以看见，布思比和戈弗雷·韦恩[①]在草地上打滚，我记得……菲利普·沙逊几乎是一直不停地在对他的狗说：“布雷泽，布雷泽，布雷泽——哦——你真是——太——甜蜜了！”

1930 年 8 月，菲利普邀请诺埃尔来利姆与 T. E. 劳伦斯共进午餐，这次聚会点燃了这两位男子之间持续了一生的友谊，直至 1935 年劳伦斯去世。劳伦斯给朋友，即萧伯纳的妻子夏洛特·萧写信说：“星期三与菲利普·沙逊一起吃午饭，同他一起的还有诺埃尔·科沃德。他不深刻，但可圈可点，是大大咧咧那一类天才。我很好奇他什么来历，能够出口成章，句子工整而活泼。”这次午餐后，科沃德邀请劳伦斯去西区，观看他的新剧《私人生活》的彩排，劳伦斯不仅去了，还看得十分开心。

布思比回忆：“1925 到 1935 那十年，是我最享受的一段岁月——在利姆山脊上的生活，永远是无休无止的欢快和娱乐……菲利普·沙逊是那种生活的典范，我欠他的款待，比欠任何人的都多得多。他具备一种天赋。”诺埃尔·科沃德也同样认为，菲利普“以及他所代表的那一切，是永不会再现的一种现象级景观”。

运动明星通常也是菲利普派对的主要吸引力之一。那一年稍早，他邀请了美国高尔夫冠军鲍比·琼斯来特伦特庄园的私人球场跟他和威尔士王子比赛。1930 年，琼斯的成绩堪称空前，拿下了所有的大赛奖项，这一成绩奠定了他作为世界运动员领袖之一的地位。前一年，菲利普和王子曾经在斯温利森林球场与另一位美国冠军沃特·哈根举行过私人比赛，哈根

① 戈弗雷·韦恩（Godfrey Winn），演员和作家，同时也是《每日镜报》和《星期日快报》的明星专栏作家。

那时刚刚赢得公开赛冠军。赛后，哈根给他们二人都寄来了一些木球杆作为礼物，并向王子“决定将自己培养为真正的世界一流高尔夫球手”的想法表示祝贺。

1930 年 8 月底，最热门的体育明星是澳大利亚板球手唐·布莱德曼。灰烬杯系列赛结束后一星期，布莱德曼便与英格兰队长鲍勃·怀亚特一起应邀来到利姆港参加派对，那次比赛中澳大利亚以 2:1 获胜。布莱德曼刚满二十二岁，成为整个系列赛的英雄，平均成绩 139，包括一项在海丁利创下的世界纪录 334。媒体欢呼雀跃，称他为“奇迹”，“从没有哪位澳大利亚板球手像唐·布莱德曼一样收获伦敦媒体的这么多赞扬”。他在椭圆球场对抗赛时被介绍给威尔士王子。如今，在菲利普这场包括了温斯顿·丘吉尔和艺术家雷克斯·惠斯勒的利姆派对中，他成为明星嘉宾。

惠斯勒那个夏天是利姆的常客，他在的那一段时间，访客签到本上还有了他画的美丽插图。雷克斯为《第三条路线》设计了扉页，菲利普热切希望约他以后为利姆港和特伦特庄园做更多的设计。他为特伦特做了一系列壁画，在利姆则得到了一份更大的合同，请他制作用来装饰从前的台球室所有墙面和天花板的作品。与沙逊之间达成一致设计意见的过程似乎有些曲折，惠斯勒在一封写给朋友的信中回忆说：“陛下又令我到利姆去。太烦了，不过我会带上更多的画稿一起去，希望这次可以把方案确定了——尽管那意味着要进入谈价的痛苦过程。”

菲利普付了他 800 英镑（相当于今天的将近 5 万英镑），雷克斯一兴奋，在萨伏伊扒房吃晚饭时说漏了嘴，这事让塞西尔·比顿和汤姆·德里伯格[①]给知道了。让惠斯勒难堪，也让菲利普恼火的是，德里伯格在他的《每日邮报·伦敦话题》专栏中刊出了这个故事。雷克斯给菲利普寄去

---

① 汤姆·德里伯格（Tom Driberg），公开的同性恋者，曾是伊夫林·沃在兰馨学院的同学，后来成为工党议员。

一封信，信纸的上方画着一张正在燃烧的纸，下方是一个坛子，坛上用大写字母写着“悔”。他向菲利普请罪，宣称自己“为这条该死的媒体报道十分难过，我肯定，每个人都觉得我是一只最可恶的猪。我压根没想到，他们会将这一事实（尽管它确实是事实）见诸报端……请你一定原谅我，我绝不是有意要惹出这么一场庸俗而讨厌的事端”。

人称“帐幔厅”的壁画，于1932年秋季完工，那大概是惠斯勒留下的最优秀作品之一。这个房间营造出一种令人仿佛置身一副华美的帐幔之下的感觉，而墙上的壁画，就像通过四周开放的帐幔所看见的一个修建成帕拉第奥式的18世纪梦幻小镇。其中有一幅法灵登庄园的场景，那是菲利普的好友杰拉德·伯纳斯的乡村庄园，画上的伯纳斯还是个孩子，正在向那所房子走去，身旁是一位身着黑色素服的妇女。伯纳斯的父母那时应该刚刚去世，而这样的丧亲，在惠斯勒眼里，构成了一种孩童一般的无助感觉——这种情感，对菲利普而言，就是1909年和1912年忽然失去自己父母时的体验。特拉法加广场的圣马田教堂也出现在惠斯勒的帕拉第奥小镇上，此外还有象征菲利普公园径公馆的地方，只是它被画成了一座摄政时期的伦敦镇屋，而不是它原本的维多利亚建筑；公园径房屋的外墙上，挂着画展的海报：“庚斯博罗的绘画，公园径25号的四位国王《四位乔治》，以及家具等物”，这直接指向的是1931年3月菲利普在那里举办的画展。

就像建筑师菲利普·提尔顿一战后完成利姆庄园时一样，惠斯勒在那里也是一住好几个星期来完成壁画，常常是周末派对一边在他身边进行，他一边在画。这个情景让人联想起伊夫林·沃在《布园重访》中描述艺术家查尔斯·莱德的情形一样。惠斯勒花了一整个1932年的夏天在利姆作画，把自己变成了菲利普周末客人的关注点，这使得菲利普很开心，可是却推迟了工作进度。

一次雷克斯给他的朋友，作家伊迪斯·奥利弗写信：“你设想一下我，以及我一踏进（利姆）时的痛苦吧。我该戴上一副勇敢的面具，但愿。不过你想象一下这种折磨，你得穿过花园，走到露台上（尤其是天很热的时候）的大圆桌边，一大群讨厌的人，以及陌生的人坐在那儿，吃那些黏糊糊的食物，太阳直刺眼睛，然后被介绍，被问各种问题。”另外一封从利姆寄给伊迪斯的信，写于 10 月 2 日，当时雷克斯快要完工：

> 画还没有……彻底完成。我跟菲利普在这事上闹了点小矛盾，当他几个星期前收拾东西准备要离开的时候，他叫我也走，没画完的留到明年夏天再来。这一下把我惹急了……当然是只有当这屋子空着、安静的时候我才能真正地工作吧，这时一天可以做的事，能抵得上一屋子都是人的时候一个星期做的事。我坚持要他同意我留下……他当然不乐意，但还是犹豫着同意了……我过去从来没有被迫离开未完成的作品，觉得这简直太离奇了，居然需要费劲争取才能完成工作……当然，这个项目的酬劳是我这一年收入的重要部分……现在基本上已经完成了。我希望，从现在起，再有 9 天或者 10 天我就能自由。

与此同时，菲利普将其他改造工作都给了利姆的装修公司。曾经占据会客厅的加泰罗尼亚艺术家瑟特的黑金色壁画，一直令菲利普拿不定主意，这次被去掉了，变成了完全相反的样子，按奇布思·香农的说法，是“一间由时髦的白色、褪了色的白色、米白色和奶油色混合的房间”。而肯尼斯·克拉克记得，这个房间“以白色为主，家具都是白色和金色的”。而贝弗利·尼科尔斯回忆说：“每当你想要在脑子里组成一幅 20 年代的印象时，总会浮现出白色的显耀位置。它本身虽不是强势主角，却让人愉快。”在利姆，夏天的阳光从朝南开的窗户照进来，一定形成了一种十分耀眼的效果。这个房间，从瑟特那幅描绘战争中击败德国的阴沉壁画，摇身一变，成为一幅救赎和来世的愿景。在这些白色的背景上，菲利普在房间的四壁挂上了他所收藏的约翰·辛格·萨金特水彩画。

1930 年的圣诞节他是在特伦特庄园过的。节日开始前，先搞了一场政治派对，有斯坦利·鲍德温、塞缪尔·霍尔、沃特·吉尼斯和鲍勃·布思比出席。圣诞节当天，西比尔带着全家人前来加入了菲利普。从节礼日起，到新年之间，这里一直充溢着周末派对的气氛，宾客多半来自菲利普快乐的单身朋友圈。一向在特伦特过新年前夜的玛丽·贝洛克·朗蒂丝那天也在，诺拉·林赛赶在与菲利普一起出发去威尼斯之前到来。杰拉德·伯纳斯、诺埃尔·科沃德和杰克·威尔逊、路易斯·马列特、汤姆·米特福德和雷克斯·惠斯勒等都在列。

特伦特庄园的欢快很快便将让位于国家所面临的政治、经济压力所带来的阴森和凝重。而菲利普自己，1931 年 4 月，在经历了持续的咽喉肿胀之后，不得不接受很痛苦但又必须进行的扁桃体切除手术。手术在公园径菲利普的家里进行，对外宣称十分成功，但留下了疲惫乏力的后遗症。当时还是记者的哈罗德·尼克森，在手术后几个星期的一次派对后在特伦特留宿，他捕捉到了看似菲利普人生转折点的一个瞬间：

晚上开车去特伦特。只菲利普一个人在，这时的他，是一个清瘦的巴格达人，牙齿略长，穿着双排扣的蓝色丝绒吸烟装和一双斑马皮拖鞋。完成了充当特伦特装饰物使命的他，看上去是怪异、孤独，也很不英式的一个小角色，镶嵌在这一组庞大的房间里，脱去了日常的热情、难题以及各种各样的任务。在我眼里，他一直是我所知道的人中间最不真实的一个存在。一个过多关注人类行为的人，最终往往会失去对神的作为的感知，甚至他们的朋友，最终也不过是他们用来装点房间的饰物。

菲利普的生活步调并没有因此慢下来，无休止的工作、旅行和待客也似乎丝毫没有减少。他那个夏天的花园派对，一如既往地包括了王子们、政客们以及文化领袖们，他政治生涯中最重要的职位还在前方。但是1931年的夏天，当他置身于“乐观军团”的大臣们中间立志要把被战争毁坏的社会重建振兴时，已经为1920年代那过早的乐观画上了句号。菲利普和朋友们的派对还会继续，持续到1939年的夏季，然而经济衰退和不断上涨的战争威胁，使得整个世界好像在走向穷途。

在《关于赔偿以及战争债务的真相》一书中，大卫·劳合·乔治引述了一位领先的经济学家的话，1931年是“全球经济无可比拟的崩溃的一年。国际贸易遭受致命冲击，国际黄金货币标准几乎被彻底摈弃，十年前人们对其寄予厚望的央行系统不堪重负……这是大萧条的一年，是自1919和1920年那一阵狂乱的希望之后所充斥的一系列让人难过的事件中最伤感黯淡的一刻”。

华尔街的崩盘带动整个美国和欧洲经济走向低迷，尤其是完全仰仗美国银行信贷的德国。英国的出口市场崩塌，进一步加剧了国内失业率以及预算赤字的上涨。工党政府被迫寻求储备来扳平预算，并顶住英国民众信心崩溃的威胁，作为国际金融市场中心的伦敦市，更是迫使政府不得不立即行动。

财政大臣菲利普·斯诺登8月份对同事们说，失业救济金必须要削减10%，以作为必要节支手段的一部分。九名内阁成员拒绝接受这一提案而辞职，这一风波导致本就在众议院没有多数席位的麦克唐纳政府难以为继。可结果并未由新的保守－自由联合政府来接掌，而是组建了一个国民政府，继续由麦克唐纳担任首相。这个倡议最先由赫伯特·塞缪尔代表自由党领袖劳合·乔治提出，前首相此时刚动完一个大手术，正在休养恢复。斯坦利·鲍德温积极地为自由党这一提案背书，他毫无疑问是在琢磨，一个国民政府能够让各党派共同分担一系列不讨好政策所招致的非议和愤怒。菲利普将这视作自己的“责任”，他应该——

> 支持国民政府的有效运作，使它完成组建时被赋予的特殊使命……我们要确保现有的国家机制将不会被不可挽回的金融灾难所压垮。国民政府不是联合执政，我们中的任何一个人都不应将自己视作与他方合并，而是携手合作……国民政府肩负着一项明确的任务，一旦完成，议会将在环境允许的情况下立即被解散，而各政党当自由离开，回归各自的政治主张。

菲利普这时将回到政府他的空军部职位上去，但新政府没有温斯顿·丘吉尔的位置，因为工党不喜欢他，又在印度政府放权的问题上跟斯坦利·鲍德温也闹掰了。劳合·乔治尽管一再得到各种任命的邀请，但他拒绝了加入国民政府的机会，只悉心休养，撰写战争年代回忆录。他其实担心，国民政府会提倡保护主义政策，而这是他绝不能支持的。

菲利普·沙逊所预期的，团结一致重整国家财政，随后及时解散，让各党回归自己政纲的想法十分幼稚。国民政府事实上成为三党联合执政政府，并没有一份共同认可的程序和授权机制来履行政府职责。内阁讨论了发起大选的议题，联合政府的成员将以“国民”候选人的身份，在一个共同的章程下参选。最终，解散议会并且于10月27日举行大选的决定，是在拉姆齐·麦克唐纳和斯坦利·鲍德温二人间产生，而这次会议的地点又是菲利普的特伦特庄园。

解散决定宣布后不久，菲利普在海斯的保守党俱乐部做出一次即兴演讲，明确表达了他支持国民政府的立场。他晚上 9 点 30 分到达俱乐部，跟其他会员一起玩了半个小时的飞镖，然后俱乐部主席雷·蒙兹请他说几句，菲利普很平静地对他们说：

> 我想要说的是，如果你们支持我们重掌政府，在国民政府中占绝对多数的我们，将尽一切力量使国家重归繁荣。我不想承诺太多，但我们将尽最大努力，而问题归根结底很简单，在于你是投票支持一个将尽力使国家重归繁荣稳定，保证国家安全的政府呢；还是另外一个选择，让一个很可能都不是社会主义，而是共产主义的政府来执掌权力，这无疑将葬送这个国家。

他又补充说，人人都知道缩减是艰难的，“但缩减总比没有工资没有福利好啊”，这一评论赢得了会员的一片掌声。在一派友好的听众气氛中，他最后总结：“如果让一个社会主义政府回归，那就意味着让国家衰落和崩溃。海外信贷将完全坏掉，它们所长期依赖的架构和体系也都会消失。”

尽管查理·卓别林在竞选最后一周的关键时刻来访，并且在特伦特庄园住了一个星期，而使得菲利普不得不稍微分心，但他在福克斯通和海斯仍然轻松当选。整个情形非常一边倒，共 470 名保守党当选。工党和自由党被分裂成两派，支持国民政府的，和不支持的。其结果劳合·乔治领导四名独立自由党，亚瑟·亨德森领导四十六名独立工党。令人称奇的是，虽然“国民工党”代表团仅由十三名议员组成，但拉姆齐·麦克唐纳却连任了政府首脑。

菲利普·沙逊被重新任命到空军部，很快，他将站在 1930 年代的政治辩论中心：关于空中防御以及英国对欧洲即将到来的另一场战争准备不足的问题。

第七章　风云紧急

在我向议会陈述不多的几个观点之前，我抑制不住地要向内阁次大臣（菲利普·沙逊）致以谢意，这是他当之无愧的。他可以把任何一件悲惨的故事演绎出华美灿烂的结局，这几乎成为我们社会的一个风险。

约翰·莫尔－布拉巴宗议员，
空军预算讨论，
下议院，1935 年 3 月 19 日

在下议院的公文木箱边，菲利普·沙逊看上去一如既往地倜傥、自信而完美无瑕。他并不是那个时代最伟大的演说家，但他平静地游走在议会里，脱稿演讲，脑子里又能够装下大量的事实和数据，需要时随时拿得出来。漫画家麦克斯·毕尔勃姆曾在 1913 年将他以莲花式打坐的姿势，坐在下议院的绿色长椅上描画出来，他至今身上仍然保留着一种东方君主的气质。1930 年，议员爱伦·威尔金森在她的《管窥政客》里也为菲利普描绘过一幅肖像，名为“气质纤弱的小伙子”：

菲利普·沙逊爵士好像是被一张飘来的魔毯送进下议院的。他用游离的眼光注视着命运将他置身其中的这一群奇怪动物……

他习惯单脚站立，仿佛在等着一阵风吹来，好将他带上云端。他的身上笼罩着一层华丽而神秘的气息……象牙面具下的他究竟在想什么呢？……当他用迷人的咬舌音说话时，他有过哪怕一丁点肯定的表述吗，哪怕是在二加二等于四这么安全的问题上？当他在下议院做东待客时，无论是夏天的露台，还是冬天的哈考特厅[①]，他的女宾总是房间里最美的。他对于生活的讲究几近太精致，太一丝不苟，太完美，除了品味，他还有财富来对这一切提供保障。

回到新政府的空军部，菲利普如今在伦敦德里勋爵手下工作，塞缪尔·霍尔已升任印度事务大臣。菲利普的头衔仍然是空军次大臣，但他在下议院里的地位却提高了，因为伦敦德里在上议院，所以在这里他便是代表了一个政府部门的首领。这意味着，在温斯顿·丘吉尔针对日益上涨的来自纳粹德国的威胁，而倡议重整英国军队的游说动员期间的一大部分时间段，菲利普将负责向政府提交空军预算。当然现在回顾那一段历史，我们知道丘吉尔的预感是正确的。当时保守党在野已经两年，这期间作为全球经济危机的结果，政治世界也已经发生了彻底的变化。在德国，1929年阿道夫·希特勒的纳粹党在国会大厦中仅占12席，而1932年夏天的大选后，一跃变成拥有230个代表的最大党派。1931年，日本入侵中国东北，在当地建立傀儡政权。政治动荡导致战争的威胁，在1929年看来还只是个遥远的可能，但眼下的情形更加扑朔迷离。

当菲利普1924年刚刚进入空军部任职时，他对空军的设想，是建立起有42个中队的国防力量，这一数字，即便在当时看来也是“仅达最低

① 哈考特厅，下议院露台附近的一间大餐厅，如今被称作丘吉尔厅。

限度”。然而到了1932年2月，仍然只有42个中队在服役，并且政府对空军的支出比起1925年还有所降低。经济形势使得整个白厅都在削减开支，也包括政府的重要部门——国防，因此提高空军预算的机会根本不存在。菲利普在1932年3月10日的空军预算提案报告中，告诉下议院，这些预算数字——

每个部分都带着真诚而有效的努力的印记，允许我在此冒昧提交，它们旨在不至长期削弱空军的高效运转的情况下，与眼下紧迫的财政形势相协调。净预算17400000英镑，降低了不到700000英镑，而对于一个还在扩大和发展的军队原本已经很小的开支总额来说，这算得上是一个很沉重的削减。议会将会意识到，要对如此大的一个经济体产生效果，与此同时尽量降低对军队的伤害，是一项艰巨的任务。这是空军委员会给予了长期并周全的思考，考虑了采取多种应急手段才达成的结果，其中一部分，不得不承认只是一时的解决办法，下一年绝无重复的可能。

这一年初，菲利普再次飞行了8000多英里，重访了许多他在1928年的《第三条路线》中所访问过的空军基地，包括马耳他、埃及、巴勒斯坦、约旦、伊拉克、波斯湾和印度。在空军预算汇报后，他对下议院说：

这次旅行带给我的影响，比起上一次的官方旅行更加深远有力。空中运输对全球交流所产生的深刻影响是革命性的。如果上一次是经过了严格安排计划后的正式旅行的话，而这一次，则完全是对此有足够兴趣的个人行为，它可以发生在任何人身上。

菲利普的陈述反映出他个人对空军在英国的重要战略地位的信念。

沙逊代表政府在下议院的第一次表现收到了很好的评价。一位议会采访记者对他进行了这样的评述，菲利普“展示了自己在下议院，而不是上议院履行一位部长职责的能力。他演讲时只依照了事先准备的很少几个要点，这之前一定经过了长时间的严肃思考，并记住了讲话内容，因而语句流利，思维顺畅，毫无阻塞”。

菲利普从1920年代温斯顿·丘吉尔任财政大臣时起，就一直在政府内部游说，要为空军争取更多的财政支持。然而他现今面临两大障碍：节省预算的巨大压力，以及从总体上牢牢抓住了大部分下议院议员和主流公众的主和言论。回顾那个时代，塞缪尔·霍尔回忆说：“一种非常英国式的特征加强了这个半和平论的传统。我们不是很好的仇恨者，总是被极不情愿地拖进战争，一旦平息，我们立即希望原谅敌人，并忘记他们的邪恶行径……这一原谅和遗忘的倾向，又被渴望从军备财政负担中解脱出来的愿望进一步强化。”

菲利普陈述空军预算后几个星期，政府在日内瓦世界裁军会议上提出了他们赞同在世界范围内裁军的主张。在这里，国联①成员国花了两年时间，尝试调解法国对安防的要求，以及德国希望在裁军问题上被同等对待的要求，和英国所提出的降低所有军队规模的希望，所有的诉求均无功而返。按照丘吉尔的说法，这是被浪费掉的“蝗虫年代”的开端。1932年5月，他给予了“第一次战争正在逼近的正式警告”，告诉下议院：“我想对那些希望看见德国和法国在军备上拥有平等条件的人说：‘你希望发生战争吗？’”

7月，丘吉尔在特伦特庄园参加菲利普本季最重要的一次花园派对，以约克公爵及公爵夫人为主宾。然后，在接下来的整个夏季，温斯顿都在

---

① 国联于1920年，一战结束的凡尔赛和会后组建，为当代联合国的前身，目的是为大国建立一个用以协商和处置政治分歧的论坛。

思考不同年代的战争中度过。此外，他还访问了德国南部，为他的传记作品《约翰·丘吉尔：第一世马尔博罗公爵》做调研。那期间德国正是大选竞选期间，他被亲眼所见的年轻纳粹的游行所震惊。也正是这一趟旅行最后说服了他，新政权真的在崛起。

当秋季议会重开之时，丘吉尔在议会上就此经历发表了演讲，在演讲中他警告议员们：

> 不要再自欺欺人了。请不要让陛下的政府相信，我也非常肯定他们并不相信，所谓的整个德国正在以他们所希望的渐进方式追求平等地位……这不是德国正在追求的。那些在德国的大街小巷游行的日耳曼青年，他们眼里闪耀着为祖国奉献一切的火花，他们并不要追求什么平等地位，他们在寻找武器，以及，当他们有了武器后，相信我，他们会要求回报，要求恢复失去的领土和殖民地。

丘吉尔不是菲利普·沙逊圈子里唯一一个对德国的真正企图担心的人。在利姆港9月份的一次派对上，客人中有老朋友罗马尼亚公主玛尔特·比贝斯科和她的丈夫乔治。乔治是国际航空联合会总裁，会常规性地造访德国。站在露台上，越过罗姆尼沼泽远眺大海，乔治警告菲利普："你最好着手沿着海峡建设航空防御了。不会太久的，德国的空军将赶上英国。"

丘吉尔那年夏天的德国之旅，是同弗雷德里克·林德曼教授一起去的，教授这时已经成为他的"首席现代战争及特殊航空防御的科学顾问"。林德曼也被他与丘吉尔一同所见所震撼，1932年秋，他开始接触犹太科学家，包括阿尔伯特·爱因斯坦，并鼓励他们前来牛津或者其他英国大学就职。

向丘吉尔提供德国重整军备方面情报的另外两位顾问菲利普也认识。

德斯蒙德・莫顿1932年时是帝国国防委员会工业情报中心的头，在一战的最后一年中，他曾与菲利普一同在道格拉斯・黑格私人办公室工作。另一位，是在外事办公室直线飞升的官员拉夫・维格拉姆，这是位德国及中欧问题专家。他1934年起开始向丘吉尔传递关于德国的文档，次年开始与之频繁会面。菲利普在1920年代早期，在利姆召开的那几次与法国人举行的和会上见过维格拉姆。如今，1934年、1935年及1936年，他和妻子艾娃又一同被邀请至菲利普的剑桥郡庄园参加夏季派对。维格拉姆1933年结束了九年的英国驻巴黎大使馆一秘之职后回到伦敦，进入外交部。同时值得一提的是，他进入菲利普的社交圈，始于他对丘吉尔的支持。

在丘吉尔关于战前年代的回忆《风云紧急》中，他解释说："我能够从另一个方向来检阅并武装我自己整个航空防御的信息。通过这种方式，使我得到了与其他大臣一样的信息……我与一众大臣及许多高级官员的私人关系非常紧密而融洽，尽管我通常是他们批评的对象，但我们在精神上志同道合。"

菲利普当然也被归入这一类。他与温斯顿自战争结束后就一直是朋友，整个30年代都十分享受彼此间的亲密关系以及频繁的社交接触。考虑到丘吉尔向来不喜闲聊，以及菲利普头脑中足以装下政府航空防御战略所有细节的能力，要让人相信这不是他们讨论中频繁涉及的话题是不可能的。在回忆录中，丘吉尔对大臣们将他的警告置若罔闻的行为颇有微词。弗朗西丝・史蒂文森在其日记中回忆了劳合・乔治与丘吉尔之间的一场偶然见面，他们怒斥空军大臣，"那个蠢货查理・伦敦德里"，然而丘吉尔书中没有任何针对菲利普的批评。

丘吉尔组建了一个议员团体来支持他的倡议，指名奥斯丁・张伯伦、罗伯特・霍恩、爱德华・格里格[1]、温特顿勋爵、布伦丹・布莱肯和亨利・克

---

① 爱德华・格里格（Edward Grigg，1879—1955），第一世奥特林厄姆男爵，英国殖民地统治者及政客。

罗夫特为团队核心成员，并进一步指出，“连同其他几位组成了我们这个圈子，我们定期见面，汇集大量的信息”。菲利普·沙逊受其时任政府大臣的身份所限，无法介入反对现行政策的动议讨论，或者组织辩论的活动。但丘吉尔团队中的高级成员都是菲利普的至交，除了丘吉尔自己外，布伦丹·布莱肯和罗伯特·霍恩也都一直是菲利普家的常客。此外，公园径内阁午餐的邀请也发给了尽管已经离开政府的奥斯丁·张伯伦。很显然，来自奥斯丁·张伯伦和罗伯特·霍恩对丘吉尔的支持，再一次将劳合·乔治联合政府年代的三个重量级人物，也就是1923年坐在菲利普·沙逊的餐桌前密谋阻挠斯坦利·鲍德温上台失败的几位，又聚在了一起。

1932年11月20日，菲利普去出席社交圈女主人格雷维尔太太举办的晚宴，客人中有霍恩和林德曼教授。奥斯丁·张伯伦在12月写给妹妹希尔达的信中，回忆起菲利普公园径的一次午餐，当天谈话的一个重要议题是“那难以置信的无能、自大而闲散的斯坦利·鲍德温。这个话题持续了整个午餐时间，直至我们离开。除我之外，没有任何人说过一句好话，而我的赞扬也仅限于他的演讲《我们这个时代的和平》①以及在我担任外交大臣期间他给予我的支持（尽管于事无补）。他在这个国家的声誉，对于任何在内阁和议会中曾与他共事过，或者在他手下工作过的人而言，都很费解”。

菲利普·沙逊当然十分努力地在反对进一步削减空军预算。当时任外交部驻国联部长的安东尼·艾登曾经建议，若政府减少对空军的投入，甚至整体撤销，可能会成为英法裁军会议上有可能达成一致的少数几个方面之一。艾登在回忆录中这么说：“我写信给鲍德温……指出，由于我们的空中力量如此薄弱，任何国际间的限制都将对我们有利。鲍德温1932年夏

---

① 1925年3月6日斯坦利·鲍德温在下议院的演说，获得了媒体广泛好评。他呼吁采取一种能带来工业化和平的劳动关系，而不是倡导工会、雇主以及政府之间的对抗。

天很艰难地试图说服政府，从整体上放弃在军事上使用空中力量，但是来自空军部，以及更加令人吃惊的，来自海军部的反对都非常激烈。”但到了1933年初，这份提议又被拿出来重新加以考虑，这促使菲利普·沙逊迈出了大胆的一步。

1933年1月30日，阿道夫·希特勒被任命为德国总理。几天之后，菲利普决定在鲍勃·布思比陪同下飞往柏林，想看个究竟。布思比回忆，他们抵达后，“我的一位德国朋友告诉他（沙逊），戈林（希特勒的空军大臣）总的来说是个好人。这使得他十分兴奋，于是擅自约定次日与戈林见面，导致大使十分愤慨。”《泰晤士报》高级驻外记者A. L. 肯尼迪在其日志中记载：“（艾登）告诉我，沙逊只字未向他提及前些天拜访德国空军大臣戈林大校一事，西蒙[①]亦未被告知，很显然沙逊避开了英国大使馆。这真可耻。”

由于纳粹党对犹太人的政策，使得菲利普抱持了强烈的反纳粹情绪，但他得出席2月15日在日内瓦举行的裁军大会，获得一些对新任德国空军大臣的个人见解无疑将是有益的。这次会面没有任何记录，菲利普从德国回来后，达夫·库珀同他吃了午餐，注意到他“比战前更加军事化”。菲利普也许有能力觉察出戈林是否有意削减具有军事能力的航空装备。艾登后来在回忆录中记述“几个月过去了，机会越来越渺茫”。

3月14日，也是德国竞选中焚烧德国国会大厦后仅仅两个星期，以及纳粹的压倒性胜利九天之后，菲利普·沙逊将在下议院再次提交空军开支预算。然而菲利普的陈述中，没有从任何一个方面反映出这一系列发生在欧洲的变化。丘吉尔的回忆录对这一段辩论的记载是这样的：“1933年3月的英国空军预算，透露出政府和反对党，即工党和自由党，都对局势同

---

① 西蒙，约翰·西蒙爵士（Sir John Simon），外交大臣。

等地缺乏认识。”菲利普当然了解当下正在发生的一切，而他的发言反映出他所在的政府正在甘冒某种“风险”，极少有政府官员会在政策报告中将弱点暴露在想要攻击它的对手面前。菲利普所言，更像是在呼救而非呼吁军备。

发言一开始，他就提醒议会，空军从未停止过受到来自财政部要求节省的压力。话题转入预算的具体项目后，他为确保议会对他们做出的削减幅度都有清楚的认识，指出——

> 那笔很明显的 26000 英镑的上涨，相对于 17426000 英镑的总额来说，它事实上隐藏了大约 340000 英镑的进一步缩减。我想提醒尊敬的议员们，这是紧跟在去年已经削减了 700000 英镑之后，今年在这个基础上的进一步缩减因此变得异常艰难。这确实是通过不得已暂时关闭了四个飞行学校之一才得以达成……
>
> 不得不冒的风险已经采用。正如议会将会在报告中看到的，过去的一年，无论是国内还是海外均无新编制增加，在本预算中也无新编制计划。国防部队保持了 42 个中队，其中 13 个为非常规编制，10 个常规中队仍然需要完成最基本的训练，这一要求是早在 1923 年就通过了的，而当时就已经延期了好几年。

菲利普将英国的情形与他国情形做了对照，完全没有优势：

> 皇家空军如今位列空军军力排名第五位[①]。上一次战争结束之际，我们动用了所有可以用来加强空中力量的措施，1918 年

① 以前线战机数量计，当时领先的空军力量为法国、意大利、美国、俄国及英国。

我们拥有了比任何其他国家数量都大的训练有素的飞行人员，那时，我们可以面无愧色地宣称第一而非第五。议会诸位应当还记得，自从 1925 年开始，这个国家的航空支出一直下滑，而同期的其他国家，航空开支却在大幅上升。

作为回应，丘吉尔对沙逊个人给予了很高的赞誉，称赞他“代表政府所做的陈述极其清晰而有意思，并且表达也非常友善，我们都饶有兴味地倾听了，每个人也都获悉阁下对于航空事业有多么投入”。

紧跟着，他将注意力转向政府在这件事上的主旨：空军开支的削减应该建立在与更广泛的、与他国军事力量裁军目标相适应这一基础上。丘吉尔接着说道：

诚然，如果世界上所有空军都裁减到我们的水平……那我们的相对军事力量绝对有巨大的提升，而他们也一定会注意到这一点……但是我想，如果他们在日内瓦提出这种看似合理的建议，而国际上所有的军事力量都忽然起身欢呼，说“我们接受”，将没人会比次大臣本人更吃惊吧……但我绝不认为在整个议会中有任何一个人会这样想，或者曾经这样以为过，这样的提议将会有一丝一毫被接受的可能。

在菲利普关于空军预算所提出的事实基础上，丘吉尔对“风险”做出补充回应：“听次大臣说到我们仅位列空军力量第五位，我感到非常难过。十年计划又被再次搁置一年。听他夸耀空军部这一年没有削减任何编制时我也很难过。所有的设想都被一拥而上的各种事件所阻挠，我们应该听到的建议是，在空中防御上倾注更强大的投入。”

菲利普只能在当天晚上通过欢迎威尔士王子及其弟弟乔治王子前来出席他的公园径艺术展“三代法国君主”的开幕式来获得慰藉。这次展览主要的展品是从路易十四、路易十五到在断头台上结束了王朝的路易十六时期的艺术品和家具。国王乔治五世及玛丽王后也于3月26日星期天前来观看了展览，并留下与菲利普共进了茶点。王后在其日记中记载：“G[①]对那些法国东西喜欢极了。”

空军辩论后，菲利普和温斯顿之间当然没有留下任何芥蒂，丘吉尔5月份就陪同捷克大使扬·马萨里克一起回到特伦特参加派对。马萨里克是捷克总统之子，也是罗伯特·霍恩爵士的朋友，霍恩在他们国家有生意往来。如果当时的关键问题是，英国究竟应该重整军备还是裁军来作为确保和平的最好方式，那么菲利普则被看作是重整军备这一阵营的。夏天，他在利姆举办了一个周末派对，参与者有T. E. 劳伦斯、安东尼·艾登以及外交部常任次大臣罗伯特·范斯塔特爵士，后者也相信来自德国的威胁，以及英国重整军备的紧迫。范斯塔特对大臣们说：“我们真的弱透了，我们得争取时间来变得强大起来，只有军事实力才能够阻止希特勒，而我们眼下没有。”

西格夫里·萨松是这一次周末派对的另一位客人。尽管他同菲利普是同祖堂兄弟，并且有无数共同的朋友，包括此刻又以艺术家身份住在利姆工作的雷克斯·惠斯勒，但他们过去只见过一次。西格夫里如今与海丝特·盖蒂订了婚，但惠斯勒的好友斯蒂芬·坦南特曾经一度是这位诗人的情人。关于战争的讨论可能让和平主义者西格夫里感到惊慌，他后来给海丝特写信说：“整个这件事太让人压抑，难以言表。对我而言就像黑暗的力量正在战胜一切……法国人真的相信德国人一旦足够强大就会轰炸巴黎。

① 指国王乔治五世。——译注

菲利普·沙逊在空军部里也正顺着温斯顿的游戏在玩（你看见他去日内瓦的途中还去拜访戈林了吗！），唯一的希望是空军中浓厚的战争味道会让人惊醒，意识到这意味着什么。”温斯顿和克莱门汀·丘吉尔9月份也同鲍勃·布思比一起，回到利姆来参加庄园派对，布伦丹·布莱肯和安东尼·艾登日渐成为常客。

1933年冬，证实了丘吉尔关于国际裁军会议将失败的警告是正确的。希特勒宣布德国退出对话，并发出新的提升军备的命令。这些命令中包括，将德国陆军人数从200000升至300000，并且正式组建有700架左右战机的空军，这从数量上已超过英国国防力量。艾登在回忆录中说：“到1933年11月时，希特勒已开始批量生产军用飞机。”

英国对此做出的响应却是进一步的折中和妥协，允许德国建立带限制条件的军队，一面继续试图促进裁军谈判，尤其是放弃军用飞机方面。1934年2月6日下议院就此展开辩论，并没有掀起“多少高潮”。两天后菲利普在公园径招待外交大臣约翰·西蒙爵士、空军大臣伦敦德里勋爵、奥斯丁·张伯伦以及国王的私人秘书克莱夫·维格拉姆爵士（丘吉尔的情报员拉夫的堂兄）午餐。面对杂乱一摊的对德政策，张伯伦这样回忆他们的讨论，外交大臣没有“政策，一天一天地这么过去他就很满意……外交部的官员或海外代表亦无人知道他在想什么，或者他们应该尝试做些什么……他使得德国人认为已经把我们玩转了——事实上恐怕人家确实是把我们玩转了——而再没有比这更危险的了”。

当月晚一些的内阁会议上，伦敦德里代表空军部敦促同僚考虑：“其他国家，几乎毫无例外地正在展开比我们积极得多的空军建设……我担心，除了和平主义那一群人之外，下一年的计划会招致大量的批评。”

菲利普·沙逊在这样一种疯狂的气氛中，于1934年3月8日发布了来年的空军预算。他置身于两难处境中，知道重整空军的必要性，议员也都清楚那才是他的真正意见，却又只拿出了额外的135000英镑来协助其达成这一目标，这仅够支撑建设4个中队，而低于1%的提升则意味着空军部的经费仍然低于两年前的开支。

菲利普将这危险清清楚楚地摆在了议会的面前：

去年我表达过这样的希望，当下一次预算来临时，裁军谈判将在限制并减少空军装备方面达成某种令人满意的协议。这至今尚未发生……不仅对手远没有接受我们的提议，更不用提会遵从我们设立的榜样，其他国家在空军装备上的投入稳健增加，直至数量上远超我们……

在这种形势下，陛下的政府认为，不能继续拖延1923年就已提出的，早该完成的十年计划了。政府认为，我们已不能再坐视空中所处的劣势不顾……如果他国不降低到我们的水平，那么出于我们国家和皇室的安全考虑，我们就必须加强，向他们看齐。

丘吉尔的回应，再一次对菲利普个人表示了大度，而对政府的策略却不留情面。他对议会说，菲利普·沙逊——

在他为之贡献了大量精力的军队里，为自己赢得了来自众多军官和士兵的尊重与好感。次大臣在这个重要位置上所表现出的高效、卓越和成功在我眼里无可挑剔，我相信这也是整个议会的同感。然而我认为，他也毫无疑问地，在向我们解释其目标及管理细节等方面，受到来自他所效力的政府的局限。如果这一辩论就此结束，而没有内阁大臣在这样一个重要政策话题上的发言，

> 是不充分的。次大臣职责范围内能说，且被授权表达的，他已经都说了……
>
> 我们如今处于危险当中，这是不容争辩的事实，而这是一份很好的白皮书。起始段落发出了可敬的宣言，但它后面是什么呢？130000 英镑。多精美的语句啊，内阁不知花了多长时间才讨论通过——再由空军大臣起草发布。从纸面上给了我们极大的满足。可背后究竟有什么？130000 英镑。

政府未能推出一名内阁成员就菲利普·沙逊提出的计划给予应对策略，议会为之一片哗然。匆忙中党鞭找到与菲利普一起在前排就座的斯坦利·鲍德温，丘吉尔坐下后，鲍德温很罕见地介入辩论，发表了即兴演讲。他对议会说：

> 轰炸机能够击破你今天能够想象的任何防御，这是事实；但同样也是事实的还有，防御力量越强大，轰炸机的伤亡代价也将更大，因此在任何入侵行动被采取之前，人们都会给予更多的考虑……如果我们（所有的裁军倡议）都失败了……那么政府一定会确保这个国家的空军力量不输给任何可能对我们造成伤害的国家。

这是一个很说明问题的斡旋，它用来给政府赢得时间，同时也说明这个政策的制定并未经过深思熟虑。空军大臣当然可以因为鲍德温的陈述而欣喜，但也很有可能，鲍德温并不清楚自己正在被卷入什么。

紧随着下年度的空军预算报告压力，菲利普开启了他的大规模夏季派对，高潮在 5 月 27 日到来，这天迎来了国王和王后以及他们的孙女伊丽莎白公主。玛丽王后在日记中记载:“我们在那里度过了愉快的两个小时,参观他美丽的花园,并在户外用茶。”

菲利普那个夏天的其他客人,反映出他对保守党内反裁军阵营的认同。丘吉尔、艾登、达夫·库珀以及布思比都在特伦特停留。6月30日,德国“长剑之夜”的消息传来,希特勒政权实施了一系列对政治对手的逮捕和暗杀,以及在纳粹组织内部进行大量清洗时,布思比同菲利普正一同出席在亨顿皇家空军基地举行的一个庆典。布思比后来回忆,当天晚上在特伦特,菲利普的客人中进行的对话基本上都集中在这个话题:“从今天所发生的令人震惊而丑陋的事件中我们都看到了,纳粹暴露出他们的本来面目——缺少道德而嗜血成性的匪徒,未来他们也理当被如此对待。这就是事实,我们做出的结论是多么正确。终于!在更有影响力的那个群体中,不同的观点被接受了。”

8月,菲利普举办了一次周末派对款待丘吉尔和维克多·卡扎赉特,卡扎赉特是另一位反对绥靖的议员,刚从德国回来,他的结论是,那儿的人“疯了,除了时间,没有什么可以控制或影响他们。那儿也有不少反对纳粹的人士,认为他们一定会‘存在’下去,直到局势转变”。反纳粹情绪把丘吉尔和卡扎赉特联系在了一起,他们过去在丘吉尔反对政府给予印度更多自治权的问题上分歧严重,这使得他们最初在利姆的共处十分尴尬。卡扎赉特在日记中写道:“温斯顿也在这儿——真烦人。一开始他拒绝握手,不久就随和下来。有过一次长长的讨论,关于当世活着的人中究竟有没有伟人。温斯顿坚持认为人人都有不足,没有什么大人物。印度被回避了。后来星期天午餐时,他又再次温和了些。最后我们一起玩伯齐克牌,我赢了他5英镑,我承认他并不着恼。不时说几句话,一如既往地善于言辞。”

这一时期的丘吉尔正与德斯蒙德·莫顿通信联络,试图获悉德国空军前线的准确军力。莫顿的最佳估测是，他们到1935年时将会有大约500架飞机，并将秘密而迅速地持续加强。丘吉尔9月初再次回到利姆，在他两次造访之间的那段时间，拉夫和艾娃·维格拉姆一直待在那儿同菲利普一起。拉夫此时尚未与丘吉尔合作，但是从当年晚一些开始，他就给丘吉尔传递些带有德国真实军力的外交部报告的秘密文件。

9月末，菲利普·沙逊出发去远东视察空军基地，包括新加坡、吉隆坡以及仰光，带着丘吉尔送他的“最好的祝福：亲爱的菲利普，祝你旅途平安如意。你将会看到多么精彩的东西啊”。菲利普从印度给《福克斯通先驱报》编辑发了一封航空信，报告说：“到目前为止，我的行程是极好的。旅途非常繁忙辛苦，但我很适应，所到之处受到空军官兵的热情欢迎。”编辑称赞了菲利普的精力：“在我看来，跟那么多人会面，讨论热点，菲利普爵士真是太适合这项工作了。要是我在一个月里最美好的时节，每天飞行600到800英里，早就不行了。”

菲利普及时赶了回来，投身到丘吉尔为增加空中防御支出所发起的下一轮运动。11月28日，他将下议院的一项修正案挪到国王演讲的辩论中，声称“我们的国防，尤其是空中防御，已不再足以保障和平、安全，以及陛下的忠实臣民的自由”。

在演讲中，他直接质疑了鲍德温3月所做的保证，即英国在没有大规模国防开支上涨的情况下，将与迅速扩张的德国空军维持同等水平。他对下议院说，德国空军已经“接近与我们相当的水平”，又补充道：“如果德国按现有计划进展，不加快速度，如果我们也按现有计划发展……不放慢步伐……德国空军将会……在1936年底……达到强于我们50%的水平，到1937年就接近两倍于我们的水平。”

鲍德温在替政府答复中，就丘吉尔的数字进行了争论：“德国确实正在积极制造军用飞机，但其真实实力并非我们今天部署在欧洲力量的50%。”

他还说："皇家空军常规单位中……有560个目前驻扎在英国。还有辅助飞行及特殊保留中队，拥有127架飞机：这使得目前在英国的飞机共计690架，需要时均可调配至前线。"

鲍德温的陈述使得议会安下心来，原来德国并没有超前。1935年3月，菲利普首次能够向议会提交一份可观的空军预算上涨，3000000英镑，强调了政府不能接受空中力量弱于德国的态度。菲利普3月19日以一段惊人的对比开启了辩论，他将自己比作圣·塞巴斯蒂安，那位几个世纪来以几近全裸，只有一块布遮羞，浑身插满了箭的形象出现在艺术品中的基督教殉道者：

> 过去几年来，我常常发现自己陷入关于空军预算的辩论当中，就好像处在一个当代圣·塞巴斯蒂安的悲惨境地。确实，被来自各方的弓箭所攻击，而缺少个人安全的保障，终有一天会收获殉道者的荣誉。一边是来自尊敬的议员们的长箭，他们认为，我们为国家的空防准备不足；另一边，则是来自想要看到所有的军力立刻被解散的人们所发来的倒钩箭。

他对自己处境的这一描述并不过分：一边他可能要经受来自丘吉尔的压力，敦促政府尽快行动重整军备；另一边是克莱门特·艾德礼，带领工党强烈谴责军费上涨，哀叹"我们又回到了战前的气氛中，我们又重新陷入……一场军备竞赛"。

菲利普展开论述："到目前为止，在裁军谈判上达成一致的失败，使得（斯坦利·鲍德温）去年所做的承诺变得势在必行。他说政府除了应该将已经长期拖延的计划执行下去之外，没有其他选择。我们已经将国防力量拆卸一空，其结果便是，我们的弱势不仅成为对我们本身的威胁，还已经危及整体的和平。”

他接着转向当前空军军力的具体情况：“目前第一线皇家空军的装备为常规中队的890架机器，[①]非常规中队的大约130架机器，总数量为1020架机器。到今年年底，这一数字将增长至1170，1936年的计划将使之达到1310。”

丘吉尔一如既往，十分礼貌地回复了菲利普：

> 次大臣总是能够对皇家空军的工作进展做出很好的报道，这得归功于他长期的经验，以及与众多空军行动组之间的密切联系。他是最适合担任这项工作的人选，我们非常荣幸，议会中能有这样一位代表，对其职责充满热忱，并且能够与我们就这些事宜进行愉快的沟通。但是这件事上，有几个方面次大臣只能遵照指令发言。在他所表达的精明洞察中，没有什么比他所遗漏的项目更引人注意了。毕竟我们都在各自的脑子里就英国和德国空军力量进行过深度审视和对比，而在最重要、最关键的讨论中，与空军有关的问题中，最紧迫也是最重要的部分，我非常尊敬的朋友却为其蒙上了，或者说倾向于为其蒙上，一层很难穿透的面纱。

丘吉尔这时就两支空军力量做出了他的对比，显示二者已经趋于对等水平，基于他的情报以及政府的官方数据，双方各拥有1000架左右军用飞机，这驳斥了鲍德温去年11月所宣称的，英国超过德国50%。丘吉尔对议会说：

---

① 这一数据与鲍德温1934年给出的数据吻合，但包含了驻扎在海外的飞机。在英国本土的一线机器数量为690。

> 11月底对英国和德国空军力量的对比展示如下：一线实力，英国560，德国600；军用飞机，英国1020，不含训练机，德国1100。毫无疑问，这些已经是从我们的角度能够引用的最让人开心的数字了，我敢肯定，这离实情还有不小的距离。然而就按这组数据来谈，枢密院议长11月28日的主张也是站不住脚的，因为它们表示这两个国家，事实上完全对等，齐头并进。

菲利普起身打断：

> 我不会假装认为，也没有人能够假装认为，这样的情形不令人担忧……就我们所知，德国正在加速进行飞机制造，可即使这样，到今年年底，我们仍然会有一些领先，尽管我不认为这一领先能达到50%。我只能说，就我所知，情况不是（丘吉尔）所说的那样，德国将在今年年底超过我们50%。

在他的二战历史中回首这一段辩论时，丘吉尔认为菲利普做出了“非常自信的答复”。然而由政府给予的这一保证连一周也没能持续。

3月25日及26日，外交大臣约翰·西蒙爵士连同安东尼·艾登以及拉夫·维格拉姆一起，与希特勒及其幕僚就欧洲安全及军备等问题，在柏林总理府进行了两天的会谈。会谈的时间不能说更不幸了。就在那之前的几天，希特勒已经宣布他将重启征兵，以期建立有三十六个分部的军队，从而公开推翻了《凡尔赛条约》中对德国重整军备的几项限制。

艾登记下了3月26日下午会议最后的情况：“终于，西蒙提出了对我们而言最重要的问题：目前德国空军的军力是什么情况？犹豫片刻之后，希特勒回答说，德国已经赶上了英国的水平。”或者如英国大使所记录的：“跟你们大致相当。我不知道戈林究竟有多少飞机，但看起来是够了。”艾登记得，“他口吻中并没有胜利，但我心里生起不祥之感”。

这时警报在外交部确确实实地拉响了。4 月 1 日，星期一，维格拉姆给空军常任大臣克里斯托弗·布洛克爵士写信，向他索要空军委员会①所做的希特勒就空军已赶上英国水平的陈述“观察录”。四天后，布洛克用一批新数据进行了回复，这个回复展示了两支空军力量的最新对比，证实了维格拉姆的最坏猜测。空军部给菲利普·沙逊所提供的用以进行 3 月 19 日辩论的陈述完全是错的。常驻英国的真实一线实力并非 880，或 690，而是 453。空军部 3 月所宣称为“一线”的飞机中，有超过 230 架事实上是辅助飞机，或者属于海军舰队航空兵，并不能保证在紧急情况下可用于英国本土。空军部还算出德国有 850 架一线飞机。维格拉姆于是直接向部内高级官员请求，希望获得英国空军力量的真实情况，但自然而然地生起了一个疑问，这些数据何以同菲利普 3 月在下议院所陈述的，以及 1934 年 11 月斯坦利·鲍德温所陈述的差别如此之大？在整个这些辩论过程中，始终就哪些构成或者哪些不构成“一线”飞机有争论，而政府总是想尽一切办法来给出看上去很乐观的数据。通过把海军舰队航空兵、辅助飞机以及训练军力等随时包含在内，有可能使空军军力看上去超过了德国，可事实上呢，只有一半。当真相终于大白之后，1935 年 5 月由空军官员为大臣们准备的一份备忘录中，可以看到政府内部就此事所经历的辩论。备忘录中这样说：“当然进一步阐述这一极具误导性的计算是没有必要的，而且很显然，我们有必要给‘一线实力’一个精确的定义。”

丘吉尔当然没有因为空军一线实力的“误导”陈述而责怪菲利普，他

① 空军委员会是皇家空军的管理机构，由大臣、空军参谋长以及其他高级军官组成，是现代国防部空军委员会之前身。

在 4 月底写给鲍德温的一份就空中防御危机的冗长备忘录中是这样说的："（菲利普·沙逊）按指令说出了我们相较德国有明显优势的话，甚至认为到 1935 年 11 月我们仍将保持这一优势。"温斯顿 4 月初在特伦特庄园小住了一段时间，有可能菲利普是在那时得以让温斯顿相信，他是应要求使用了某种事先经过政府高级成员同意的一套说辞。

作为回应，内阁决定政府必须兑现鲍德温上年 11 月所做的承诺：英国绝不允许德国在空中领先。这一决定使得空军部需要更多的资金来支持计划的扩展，并于 5 月 22 日下议院议事会上宣布。鲍德温承认了政府的失误：

> 首先，我当时谈及德国飞机时的数据，那之后我没有得到任何证据说明那些数据是错误的，我仍然相信它们在当时是准确的。我的错误在于对未来的预测，在这点上我完全错了。我非常坦白地对议会谈及此事，因为我，或者任何我可以获得准确信息的顾问，都对于他们的制造效率毫无概念，而事实上，从 11 月至今这六个月中，德国在加速进展。在这一点上，我们被彻底误导了。

在那个讲演的后半段，他没有责怪任何个人，只是说："我们所有的人都对此负有责任，我们都应受到责备。"这一讲演是聪明的鲍德温式噱头，用误判德国空军规模来掩盖政府故意夸大英国本身空军实力的事实，进行夺眼球的道歉。事实上，在这种事情上，大臣们要获得"准确信息"并非难事。

而菲利普尽管没有因为他做的那份陈述而招致任何对他个人的指责，但这仍然是一段受伤的时期。伤痛又因为另一桩悲剧而加剧，又一位朋友在惨烈的意外中丧生，年仅四十六岁的 T. E. 劳伦斯在多塞特郡他家附近摩托车撞车后，于 5 月 19 日身亡。他的生命，用朋友诺埃尔·科沃德的话说，“就在眼前一黑，轰然一响的一瞬间，结束在那白痴摩托车身上”。丘吉尔评论说：“我本来希望他能结束退休生活，在国家面临威胁的情况下重新出来工作……劳伦斯的离去使我们失去了这个年代最伟大的生命之一。”菲利普·沙逊在悼文中说：“他的离去是一个巨大的损失，不仅仅是文学领域的，也是空军事业的，他为这个事业做出了很大贡献。”空军部本希望能够说服劳伦斯利用他在飞机引擎设计方面的特长来支持重整军备。

在 1935 年上半年这几个月的阴沉岁月中，有传言说拉姆齐·麦克唐纳将要退休，新的国民政府将在斯坦利·鲍德温麾下成立。3 月，空军预算辩论的前一天，菲利普在特伦特举办了一场高尔夫派对，客人中有戴安娜·库珀和奇布思·香农。香农在日记中回忆：

> 特伦特简直是梦想中的家园，完美、豪华，拥有任何一座沙逊宫殿所特有的异域风情。但用人太随意了，简直可以说粗鲁……我与库珀伉俪一起用午餐，我们讨论了政治，以及希特勒戏剧性推翻《凡尔赛条约》的后果，还有他总体上的军国主义立场所造成的影响。达夫认为，幸好英国及时对希特勒有所了解，他认为麦克唐纳将在这个夏天，庆典（5 月 6 日）之后不久即会辞职。

安东尼·艾登 4 月在特伦特康复疗养期间，菲利普·沙逊同他讨论了新政府的前景。艾登连续几个月在欧洲各国首都及日内瓦裁军会谈中间的穿梭外交，身心都处于巨大的压力之下，导致主动脉血栓，从而在从布拉格回来的一次飞行途中引发了轻度心脏病发作。

沙逊认为鲍德温会任命一位新的外交大臣，取代如今已声名扫地的约翰·西蒙。他相信，艾登尽管很年轻，并且没有内阁经历，但将会是一个热门的人选，他对艾登说：“我肯定你会得到。”

艾登养病期间的有一段时间，丘吉尔也在特伦特，大约是他正在为内阁准备关于英国空军的真实缺陷的大备忘录那一阵。艾登回忆，丘吉尔“很友好地告诉我妻子，他给当时正在海外的丘吉尔夫人发电报时，说起我从布拉格回来时那不愉快的旅程：‘如今政府所剩下的唯一一个优秀成员在飞机上遭遇了心脏病突发。’”

奇布思·香农自战后一起在牛津时就认识艾登，他1935年写到他时这样说：“尽管他外表出色，但我对他的才华从来没有过高的评价。”

艾登是英国政界升起的几颗新星之一，如今也是菲利普周末派对上的常客之一，并且于1935年也加入了国家美术馆理事会，这使得他们又多了一项共同兴趣。在回忆录中，艾登回忆起他1930年代与菲利普的频繁交往：

> 菲利普是一位很好的东道主及经理人。他的天赋在于，能够把彼此欣赏的人聚拢，而自己隐去，这样做所导致的任何成果，便是他的乐趣所在。他有次告诉我，他不用去读媒体言论，就通过他这种方式便能得到所有值得了解的新闻。他是个乐意花钱让身边朋友开心的富翁，他的待客之道中有一丝《一千零一夜》的奇妙。他非常善良，毫不自私，也从不索取回报……对我来说，（特伦特）有网球场、专业的病人护理人员、游泳池，可以在那儿痛饮狂欢，更不用提主人那些精彩的艺术品、家具以及瓷器供人讨论和欣赏了。与伦敦的工作日相比，之间的反差不可能更大。偏偏特伦特庄园还这么近，有时工作期间我都能从白厅逃出去一个小时，到那儿打一场网球。

拉姆齐·麦克唐纳如期于6月7日辞职，鲍德温以首相身份归来，组建了新政府。菲利普的朋友塞缪尔·霍尔成为新任外交大臣，由艾登留在外交部作为其常务代理。重新洗牌也波及了空军部，外交部常任次大臣罗伯特·范斯塔特爵士认为："空军部很弱，尤其是情报部门。查理·伦敦德里和菲利普·沙逊两位都是我的朋友，但这二位的组合绝不是足以打动议会的强强联合体。"这一对组合走到了终点，菲利普留任空军次大臣职位，伦敦德里被请出了政府。斯坦利·鲍德温的政治掮客，保守党前任主席J. C. C. 戴维森对其能力做出过尖刻的评论："伦敦德里一向为人所知是一位相对温和、带摄政风格的美男。尽管他在某些方面略有计谋和潜力，但他并不真正具备思考的能力……他从未真正与内阁大臣这一级别般配过，而他与空军的关系方面，尽管他很积极，但更多的是在交往而非技术方面。"事实上，伦敦德里的下台并不仅仅是他个人所犯的错误，更是政府未能及时跟上需求，而迅速发展空军力量之过。新任空军大臣是菲利普·坎利夫-李斯德，他不久获授斯文顿伯爵的爵位。他那时已经是沙逊的朋友，也是公园径每周内阁午餐的常客。

新政府所面临的最紧迫的外交政策危机不是德国的重整军备，而是意大利入侵东非。墨索里尼希望通过将阿比西尼亚（现今的埃塞俄比亚）变成殖民地，并巩固他所认为的，他的国家在国际大国中应有的地位，从而宣称意大利在其土地上所拥有的特殊主权。1934年底，有几百人的部队在索马里兰和阿比西尼亚边境卷入了一场小冲突，墨索里尼的殖民部队在冲突中伤亡较大，将局势升级。两个国家之间一轮以牙还牙的外交争吵之后，墨索里尼遣送了5万军队到厄立特里亚意大利驻防基地，将他欲发起对阿比西尼亚全面入侵的企图昭示天下。

这一危机将是对新外交大臣塞缪尔·霍尔的第一次重大考验。仅仅被任命一周后，他便与安东尼·艾登以及罗伯特·范斯塔特爵士一起，在特伦特庄园见面，试图拿出解决方案。霍尔想要在特伦特解决的两难境地被他定义为四层：

> 首先，希特勒的强大已日益难以对付，并且他毫不掩饰自己的企图。第二，当我们不足以强大到在欧洲抵御希特勒时，日本的入侵已在远东对我们形成战争威胁，与此同时还在太平洋参战。第三，在地中海拥有一个友好的意大利，对于英国的安全至关重要，这既可以保证我们与远东的通信线路，同时又不必让法国在意大利边境上驻扎军队。第四，对维护英意间合作的一个有利因素是，墨索里尼当时与希特勒之间的关系非常糟糕。

霍尔觉得，如果英国主动出面去联系墨索里尼，可能会达成某种协议。当他们聚在特伦特庄园的华丽与宁静气氛中时，这的确是个非常诱人的设想。菲利普·沙逊也见过墨索里尼，并且由于那几次在施耐德杯飞行赛的交往，而与他的空军部长巴尔博非常熟悉。然而事后回想当时，霍尔才明白："或许我们都太乐观了，或许我们对墨索里尼和我们之间的对比，没有足够的意识……或许，还可能我自己某种程度上对自己过去与元首①的关系高估了，误以为我还能对他施加一定的影响。"

他们在特伦特拿出的方案，是在英属索马里兰为阿比西尼亚人提供一条狭窄的通道，可以让他们抵达海港，作为对意大利领土主张做出巨大让步的回报。内阁"尽管对此突然的举动表示震惊"，但都同意艾登此时应该去罗马，将这一在特伦特庄园所提出的解决方案传递给墨索里尼。这一

① 墨索里尼使用的称呼'Il Duce'，意为元首，领袖。

提议被一家英国星期天报纸所透露，因此，当艾登的旅行目的公之于众时，下议院引起了骚动。墨索里尼不假思索地拒绝了，宣称法国政府已经准备好要在阿比西尼亚无偿向他提供援助。

整个夏季，尾随而来的是一系列失败的尝试，所有试图通过谈判来达成的协议无一得以实现。劳合·乔治和丘吉尔都敦促霍尔私下试着与法国之间寻找共同立场，丘吉尔提醒他："真正的危险是德国，决不能有任何可能削弱反德前线实力的行为。"

10 月 3 日，墨索里尼入侵阿比尼西亚，骇人听闻地向国联挑战。国联依然希望对话能够进行，既想要阻止欧洲强国间发生边境冲突，还试图挽救自己的声誉。但是英国谈判代表团还有更进一步的复杂局面要应付，斯坦利·鲍德温曾要求国王解散议会，以便 11 月 14 日发起大选。可能爆发的新战争便成为大选竞选中的一个因素。这年初，由国联组织，并有 1100 万英国人参与的"和平投票"的结果已经显示，倾向于国联及国际社会裁军的占绝对主流。在菲利普·沙逊的选区，甚至还有当地奥斯瓦尔德·莫斯利的英国法西斯联盟的支持者，以"莫斯利支持和平"为名，在福克斯通鱼市组织了公共集会。

在给《福克斯通先驱报》的一封信中，菲利普·沙逊完全赞同塞缪尔·霍尔的主张，试图通过国联去进行谈判以达成关于阿比尼西亚的协议。他承认，"国联只是一场实验"，但又补充道："如果国联还有任何意义的话，那么它意味着国际关系中一种新的精神，成员国家政治意识的重生。关于意大利的主张和阿比尼西亚的命运，虽然很大程度上我们不赞同前者而同情后者，但这毕竟是终极问题之下的次要隐忧，那个终极问题就是：国际道德水准是进入了一个新的更高的高度呢，还是国际公约已经只是几张废纸，可以随意撕毁？"

竞选期间，菲利普在拥挤的福克斯通市政厅发表演讲，当时每一把椅子，地面上的每一寸地方都被占满了，他受到“热烈的”欢迎。他对自己在空军部的业绩进行了捍卫，他向听众解释，为什么政府重新开始加强英国军力是如此重要：

> 谈及外交政策，如果其中有某一条——与战后所有的其他届政府一样——联合政府应当接受批评的话，那便是，我们允许了国防力量的衰落，衰落到了一个足以损害英国在国联发挥影响力并寻求支持的程度。
>
> 如果这事上我们有错，所有人应当一同承担这一谴责。尤其是那些反对党的成员，他们在整个过去四年中，一直顽强地在反对任何试图加强战斗力量的努力。这一谴责一定要与那些利用任何机会，在所有场合敦促裁军行动走得更远的人分担。

谈及欧洲未来的战争前景时，菲利普用到与温斯顿·丘吉尔在下议院表达观点时常用的类似语言。他说：“我们不是在为战争做准备，而是过去几个月来发生的事证明了，我们中有些人一直以来所担心的事实。我想说的是，英国眼下的弱小，已经成为对和平的威胁。”

菲利普·沙逊再一次顺利在福克斯通和海斯当选，斯坦利·鲍德温在国民政府中确保了安稳的主流席位，但不如 1931 年时由于工党政府的倒台和那一年的经济危机所导致的规模那样巨大。尽管鲍德温政府名义上是国民政府，但事实上完全是保守党政府。拉姆齐·麦克唐纳和约翰·西蒙作为国家工党和国家自由党领袖在内阁保留了席位，但 427 名议员中，除了 41 位之外，其余全是保守党。

选举夜，菲利普·沙逊出席了哈里·塞尔弗里奇举办的派对，客人包括了伦敦的时髦社交圈，以及众多媒体和政治明星。比弗布鲁克勋爵和温斯顿·丘吉尔与小道格拉斯·费尔班克斯、诺埃尔·科沃德、艾弗·诺韦洛以及刚刚因为在阿尔弗雷德·希区柯克改编的《三十九级台阶》中担任主演而在国际上获得声誉的女演员玛德琳·卡洛也一起出现。派对上，菲利普是休斯敦夫人的陪同者，她是飞行表演的有力支持者，曾经在政府撤出财政支持后，捐赠过 100000 英镑用于筹建 1931 年考斯的施耐德杯。她也是墨索里尼的坚实拥趸，支持他在阿比尼西亚一事上的主张。休斯敦夫人的观点将自己在公众意见中置于绝对的少数派，然而尽管人们希望能够阻止墨索里尼，但同时也有局限，那就是说，他们自己在这事上了做好了走多远的准备。

12 月初，外交大臣塞缪尔·霍尔准备与他的法国同行皮埃尔·赖伐尔进行会谈，主要议题是试图将阿比西尼亚从彻底被摧毁中拯救出来，并努力将意大利留在对抗德国的阵营中。霍尔的健康状况不太好，公园径菲利普的一次电影派对中，当时安东尼·艾登也在，霍尔竟忽然倒地并且好一阵不省人事。他的医生命令他立即休息，得到鲍德温的批准后，他准备去瑞士休养两到三个星期。带着鲍德温的祝福，以及“尽可能地推动赖伐尔，能推到什么程度就推到什么程度，就是不要同意他的国家卷入战争”的建议，他同意了去佐兹途中在巴黎与赖伐尔会面。

霍尔后来承认，在健康状况欠佳，且缺乏来自内阁就他们愿意接受的条款细节的指导下，步入这样的谈判是一个错误。这次巴黎会谈产生了一个被称为“霍尔－赖伐尔协定”的东西，该协议有效地附和了墨索里尼在阿比尼西亚所赢得的部分，并给了他通过财政来影响该国其他方面的能力。与赖伐尔谈判结束后，霍尔前往瑞士去度过他的滑雪假期，但他在冰上的第一天上午就再一次出现晕厥。醒来时他发现自己摔倒时将鼻子摔折，成了两片。同时，“霍尔－赖伐尔协定”的条款，在内阁都还没能来得及讨论的情况下，已先后在法国和英国的报纸上走漏了风声。条款中对墨索里尼的慷慨引起了一片喧嚣。在最关键的几天内，霍尔在医生的命令下，不能返回英国去面对风暴。当他终于回去时，迎接他的是，内阁要求他收回谈判结果。他拒绝了这一要求，并提出辞呈。

12 月 19 日，这次危机的高峰，菲利普在公园径举办派对，客人中有威尔士王子和沃利斯·辛普森、罗伯特·范斯塔特爵士、诺拉·林赛以及艺术收藏家、百万富翁阿尔弗雷德·贝特议员爵士。正是这个晚上，塞缪尔·霍尔辞去了外交大臣一职，并且鼻子上还缠着绷带，在下议院就其立场做了个人陈述。奇布思·香农记载说："塞缪尔·霍尔站起来，一瞬间，他以他清晰简洁的叙述，他的真诚和爱国，赢得了整个议会的同情……整整四十分钟，他紧紧抓住了议会里每一个人的呼吸，终于他坐了下来，但坐下去之前，他祝福下任好运，流下了眼泪。"霍尔在他的回忆录中写道，其实"在接近我充满细节的陈述尾声时，我已开始感到精疲力尽。尽管我坚持直至最终坐下，这时摔断的鼻子开始痛起来。我本能地用手去捂住它以期止痛，但这个细节却成为我演讲结束时，终于没有忍住眼泪的故事来由。我从未比那一刻更少地有流泪的冲动"。

诺拉·林赛记得派对当天晚上很晚时的情形："你从来没听过这种争吵。范斯塔特、菲利普和阿尔弗雷德全都在激烈地谈论着，我们围着他们，王子穿一件袖子很短，但有很长白袖口的外套，说'政治是一种肮脏的游戏'。"王子早些时候也去了下议院，在贵族厅里听了他的"朋友，塞缪尔·霍尔爵士发表动人的辞职演讲……得知这些事件的绝大部分都在暗中进行，我很难过塞缪尔·霍尔做了鲍德温先生政策的替罪羊"。

诺拉·林赛还有如下对当晚菲利普派对中对话的记载：

真令人难以置信，这样一个重大的决定（霍尔－赖伐尔协定）

会直接走漏出来见诸报端（甚至在内阁见到它之前）……有人说鲍德温把一切都推给霍尔，而自己从未费心去考虑这些条款……我在晨报中读到艾登被任命为外交大臣。这无疑会平息下议院的众怒，因为他代表了国联，但所有其他国家都因为他态度傲慢而讨厌他。

辞职后，塞缪尔·霍尔回忆起最后一次作为大臣向国王乔治五世告别的见面："我被他的外表震惊了。他看上去很憔悴，说话时仿佛要被焦虑压倒。他的声音听起来比我过去记得的都要虚弱，都没有信心……当他说完失去我作为他的外交大臣他很难过以后，非常得体地将交谈转向我们共同对诺福克的喜欢。'这下你自由了，有更多时间射击了。去诺福克多打些丘鹬来吧。'"霍尔关于国王健康的担心十分有道理，一个月后，1936年1月20日，他在桑德灵厄姆府去世。

第八章 国王的派对

昨天的朋友都去哪儿了
那些向他摇尾示好的，
向她甜言蜜语的；
昨天的朋友都去哪儿了，
接受他一切的奇谈怪论，
夸赞她就像他的
没药？……

那无名，无脸，喧嚣的一群人
装饰过巴尔默勒尔城堡的塔楼，
在迷人的贝尔维德
城垛下的树荫里
随留声机起舞，歌唱

……噢，他们可曾流过一滴眼泪
是否还记得国王，他们的殉道者
以及他们怎样一步步把他领到悬崖边上
像贪婪的老鼠，急切地用
全部的英国历史来换一盏酒喝？

他们怎么说的，那一群快乐的人？
哦……她呀，他们几乎不认识吧，
也一向看不出她好在哪里
（这时鸡已经叫了三遍）：
他呀，他们从不觉得他有多理智的，
只有懦弱，执拗，和虚荣……

奥斯伯特·斯提维尔，《鼠周》
1936年退位危机调查

1936年1月21日，菲利普·沙逊夹在长长的一队议员中，排队等候登上发言人席，宣誓向新王爱德华八世效忠。自从一战期间他们二人在陆军司令部见过之后，菲利普就一直竭力地接近并纵容王子。一起同沃特·哈根打高尔夫，观赏乔治·卡彭铁尔比赛拳击，跟朋友们一起在大使馆俱乐部跳舞。爱德华利用菲利普的派对来安排与前女友弗丽达·达德利·沃德的幽会，以及维持与当时领头政客们的非正式关系。对菲利普来说，能够轻松接触到爱德华，帮他确保了1920年代及1930年代伦敦社交圈的顶级地位。

如今，与菲利普一起玩了二十年体育运动，一起派对狂欢的王子，成为这个地球四分之一领土的统治者。即位丝毫没有对爱德华的行事风格产生任何改变，也没有令他失去老朋友。他的社交生活基本上一如既往，唯独没有了偶尔对国王乔治的不满。乔治国王一向对他儿子威尔士王子热衷的伦敦夜总会生活不感冒。爱德华考虑，由于他父亲自己“总是在11点10分开始准备上床，那么很难让他相信，除了胡闹之外还会有其他任何事可能发生在那个时间以后”。皇室家庭人员还得逐渐习惯，一个君主宁可8

月间去比亚里茨打高尔夫，而不是去苏格兰打松鸡，并且他更愿意“与几个亲密的朋友待在一起，或者去大使馆俱乐部度过闲散的夜晚，而不是坐在伦敦的哪个大宅或沙龙里”。正如首相斯坦利·鲍德温就新王加冕一事在议会讲话时所说，“他在最好的年纪，还有着青春的秘密”。爱德华对鲍德温这句话的评论是：“这是让人听了很兴奋的调料……听着挺好——在这样一个青春的精力和可塑性被赋予了无上价值的年代里，这正是一个被加冕的国王所应该具有的东西。”

在世界眼里，这个充满活力的新王只缺一样东西，一个王后。这时的他已经四十一岁，是活到了成年的三兄弟中唯一一个未婚的。此时正秘密地与美国商人的妻子沃利斯·辛普森交往[①]。辛普森夫人在过去的几年中一直是国王的情人，但据奥斯伯特·斯提维尔观察，正如他在《鼠周》一诗中所写，她仍然是仅限于他朋友圈子知道的一件神秘的事。国王与沃利斯的关系，如同他在1920年代与弗丽达·达德利·沃德交往时一样，狂热而令他痴迷。弗丽达一直与爱德华保持了友好的关系，直到他1934年开始与沃利斯交往。紧接着她被彻底从他身边断开，并且被圣詹姆士宫的接线员告知，王子不会再接听她的电话了。

菲利普认识并且非常熟悉弗丽达及其全家有好多年了。她频繁出入特伦特庄园和利姆港，而沃利斯只是这些场合中的新人。然而，菲利普与爱德华的关系却是这样的，他愿意为国王生活中任何重要的人做任何事。相比之下，他妹妹西比尔就很不愿意与沃利斯哪怕待在同一个屋顶下，如果有沃利斯在，她就宁可不参加派对。她对国王和辛普森夫人这段关系的态度，反映了上流社会很多人的态度，即国王与一个已婚妇女交往根本就是错的。

---

① 欧内斯特·辛普森是沃利斯的第二任丈夫，他是一位出生于美国但生活在伦敦的物流商人，归化英国公民，一战期间担任过冷溪卫队的中队长。欧内斯特与沃利斯于1928年7月21日结婚，1937年5月3日离婚。

国王乔治五世去世那天，达夫·库珀——两个月前作为战争大臣进入内阁——被召来唐宁街见斯坦利·鲍德温，首相说出了他对威尔士王子与辛普森夫人关系的担忧。库珀的日记中关于那次会谈的记录，很好地表达了爱德华的朋友们所面临的两难处境，以及他们如何为了确保与他的关系，而未能有效地给他提供他所需要的建议：

> 首相被王子与辛普森夫人的关系弄得很心烦。他觉得这如果传开来，整个国家将不能容忍。他说“如果她可以被称作一个受人尊敬的婊子”，那也就罢了。他这么说的意思是，如果王子只是偶尔秘密地与之共度一段时光，而不是整天待在一起……首相为什么叫我，我也不知道。他说他知道我是王子的朋友，但他并没有建议我该去采取什么行动。我猜他可能是想，我兴许可以告诫沃利斯·辛普森远离——有点不计任何代价的意思——因为他说了，那将是可能出现的最好结果。我绝不做这种事。她一定会告诉王子，而王子将永不会原谅我。

贝尔维德堡，是爱德华最爱的行宫，位于大温莎公园的南端，它即将成为新皇室宫廷的社交中心。“城堡”由皇室地产所有，自 1929 年起归爱德华使用。当初它刚一空置时，爱德华就去问国王乔治，他是否可以住在那儿。他回忆说，父亲微笑着回答他：“你想要拿那古怪的地方做什么呢？那些该死的周末，我猜……唉，如果想要你就拿去吧。”主建筑是一幢维多利亚时代的哥特复兴式大厦，带有塔楼，从那里可以看到英国的七个郡，北面是舒缓的坡地，缓缓地连到弗吉尼亚沃特。但花园凌乱不堪，房屋也需大规模地翻修及现代化改造。爱德华记得：“修复城堡的那个过程让我喜欢极了，无论里外都是。那儿让我很满足，我绝不愿意跟谁共用。虽然毫无疑问地我咨询了专业建议，但最终的结果主要还是代表了我的想法。”

菲利普是爱德华刚一得到城堡就立即转而求助的朋友之一。1929 年 11 月，王子写信告诉他：“我星期五请了 M. 派珀诺来城堡，这样他可以在头脑里对那些房间和过道有个印象，以便帮我留心寻找合适的地毯，供来年春天欣赏，他量了所有房间和过道的尺寸……但愿他的货品真如你向我保证过的那么便宜。不过麻烦的是，你的便宜和我的便宜并不一定是同样的意思。或许哪天你可以来一趟城堡，给我些建议。”在城堡做客的同时，菲利普还试着指导爱德华重新栽种花园里的植物。有一次他甚至从特伦特带了名园丁同去。沃利斯·辛普森后来在回忆录中对那一次经历有过这样的描述：“一个身形纤细的高个男子，英俊而聪明的脸庞，他在车道上走来走去，一派自命不凡，让人完全忽略了身旁的汽车和园丁。”她同爱德华一起迎出去，一看见王子过来，他说：“啊哈，真高兴你在家，先生。我带了些你在特伦特很喜欢的翠雀花来。”

爱德华这时说：“太好了，菲利普，在哪儿呢？”菲利普回答道：“可能我的园丁已经快把它们都栽好了吧……在顺着这车道下去一点点的地方。我们开车进来时，园丁和我都觉得那个位置很合适。”

王子这时一下就炸了：“仁慈的主啊！你想什么呢？我才是唯一一个有可能知道我想把它们种哪儿的人啊。”沃利斯记得，他“就像从弹弓里被弹出去一样，大卫[①]立即起身沿车道跑下去，菲利普爵士跟在他脚跟后一面喘气一面争辩”。到了翠雀花边，大卫坚持要把它们都挖起来，挪到一码以外，那是他计划的地方。王子这时对沃利斯耳语：“其实他挑了个最好的地方，但我就是忍不住要刁难一下。”

---

① 国王全名为爱德华·阿尔伯特·克里斯蒂安·乔治·安德鲁·帕特里克·大卫（Edward Albert Christian George Andrew Patrick David），但自出生起，在家人中即以大卫为称呼。

1936年2月中，国王乔治的哀悼期结束后，菲利普去贝尔维德堡参加爱德华和沃利斯举办的一个周末派对，其他客人还有达夫和戴安娜·库珀，以及出生在美国的社交名媛翡翠·丘纳德，她也是国王小圈子里的人物。菲利普利用这个机会，请国王对即将在公园径举办的皇家北区医院筹款画展提供支持。1936年的展览将聚焦托马斯·庚斯博罗的肖像画，菲利普问爱德华能否从皇室的藏品中出借部分这位大师的作品。艺术史家埃利斯·沃特豪斯在为这个展览工作的同时，还在罗马的英国学校工作，菲利普是那所学校的董事会成员。沃特豪斯在给朋友的一封信中说："昨天同菲利普·沙逊通过电话长谈，得知他与新加冕的陛下前一天一起用餐时，得陛下允诺，愿意出借任何庚斯博罗的作品，于是他提议，将现今陈列在温莎画廊里的全部画作借来展览。我没有劝阻他，尤其是在鼓励爱德华八世将皇室收藏拿出来供公众欣赏这一点上。"

国王说到做到，借了八幅庚斯博罗给菲利普·沙逊的公园径画展，其中七幅是乔治三世和夏洛特王后的孩子们的肖像。这些画作早先一直挂在夏洛特王后的私人寝宫内，后来被调整至温莎维多利亚女王的接见厅。《泰晤士报》报道说："不可能比这效果更好了，通过一次画展激发了公众的兴趣，事实证明，这是一次巨大的成功。这些从未被公众所见的皇室肖像，把庚斯博罗带至了顶峰。"

这次展览是对英国"场景群像"绘画的一次怀旧展，它也包括了菲利普1930年组织的一批庚斯博罗作品。再一次，观赏者站在菲利普布置得十分美丽的房间里，仿佛被带进了庚斯博罗所绘制的端庄优雅的世界中，无疑是对欧洲当时现实的一次逃遁。其时意大利和德国都在不顾国联劝告，加速军力建设。

1936年最初的那几个月，对于英国军事力量羸弱，以及意大利在东非入侵阿比西尼亚，发起征服战争的担心都在上升。墨索里尼上年12月对“霍尔－赖伐尔协定”的公开拒绝之后，所向披靡，5月拿下首都亚的斯亚贝巴，逼迫皇帝海尔·塞拉西流亡。这是新任国王上一年通过与塞缪尔·霍尔和菲利普·沙逊的朋友关系而紧密跟踪的一件事。

1936年3月7日，在国联无力对意大利入侵非洲的行为进行阻止的情形的鼓励下，希特勒派德国军队进驻莱茵兰，对《凡尔赛条约》做出进一步的挑衅。按条约规定，这个地区应当是非军事区。事后回望，再假设一番，若英法能够在那时站起来阻止希特勒，纳粹统治还是有可能在那时崩溃的，战争或可避免。但只有丘吉尔和其他少数几个人当时建议采取行动，大多数人认为，德国只是将其军队派往驻守自己的“后花园”[①]而已。然而，菲利普认为希特勒的行为很明显地表达出了他的主要动机，在莱茵兰的重新军事化一事上，他写道：“我们已经看见了，德国在原本可以通过谈判重新获得那一片土地的情况下，刻意地选择了使用强制手段。”

在德国人眼里，英国的新国王对他们所遭受的委屈是富有同情心的，他们驻伦敦的大使利奥波德·冯·赫施告诉柏林，爱德华八世“对德国抱有温暖的同情……我坚信，他对德国所持的友好态度可能会及时地对英国的外交政策形成一定影响力。无论如何，我们是可以依赖英国皇室有一位对德国不缺乏理解，并且渴望看见德国和英国之间建立友好关系的现行统治者的”。赫施几个星期后去世了。当新任德国大使约阿希姆·冯·里宾特洛甫那一年晚些时候向国王递交文书时，也记录说爱德华“特别亲切，问候了元首，并清晰无误地反复说明他对英德友好关系的渴望”。里宾特洛甫对沃利斯·辛普森也不乏赞美之词。她1935年曾替他安排过与爱德华的私下会面，在翡翠·丘纳德出面招待的一次午餐上，里宾特洛甫当时是代表德国政府去英国执行一项特殊任务。但外交大臣明确要求过威尔士

① 这一说法很著名地被洛锡安侯爵菲利普·克尔（Philip Kerr）所引用，菲利普·沙逊与克尔自他担任劳合·乔治议会私人秘书期间即熟识。

王子不得与纳粹部长见面，这次午餐在英国政府中引起了不小的愤慨。奥斯伯特·斯提维尔记得，他听见安东尼·艾登事后几天在特伦特庄园的派对上对菲利普提及此事：他说，这给议会和政府出了大难题，如果是他处在自己上司（塞缪尔·霍尔）位置上的话，他一定会向国王表达不满，然后辞职。在爱德华短暂的统治期间，没有证据表明他曾经试图对英国外交政策施加任何影响。而里宾特洛甫这些人对于国王是向着他们的这件事上所持有的信心，同时也被国王自己小圈子里持有强烈反纳粹观念的人，例如温斯顿·丘吉尔、达夫·库珀以及菲利普自己所相信。

1936 年 2 月，丘吉尔收到来自德斯蒙德·莫顿的进一步情报，德国保持了很高的武器生产率。在成功地建议了提高军费开支后，丘吉尔如今又开始倡导组建新的政府部门，用以配合英国军队需求的国防部，以及保障供给和将现有工厂转化为军工厂的军需部。在他的朋友们，例如菲利普·沙逊以及奥斯丁·张伯伦等人看来，温斯顿很显然应该就任这些职位。但奥斯丁说："我不认为（鲍德温）会把这些位子给他，而且我也不认为内维尔（·张伯伦）会愿意让他回来。可他们俩都错了，温斯顿是这一职位的正确人选，在如此险要的时刻，就应该当机立断。"

奥斯丁·张伯伦是对的。常任财政大臣华伦·费歇尔爵士支持新设一个国防职位，但他向内维尔·张伯伦建议说，选择的大臣应该是"一位无欲无求的人，不图私利"。3 月 14 日，他们找到了理想人选，检察总长托马斯·恩斯基普爵士。这一任命被丘吉尔的朋友，也是科学顾问的弗雷德里克·林德曼称为"自卡利古拉任命他的马担任执政官以来最荒谬的一件事"。第二天，菲利普向温斯顿表示了安慰，并安排特伦特庄园的园丁长送了些带羽冠的木鸭到丘吉尔查特维尔家的湖里。在一些公鸭已经被安全送到肯特郡后，菲利普又给温斯顿写信，保证"一旦我能够引诱成功，还会再送两位女士木鸭过来——得杜绝您那儿出现任何异常行为"。他随后又加了一句:“我很失望，您没有成为（国防部）的负责人，但我希望你能成为军需大臣，在两个职务中间，这显然重要多了。”又谈及即将到来的空军预算年度辩论，他便又加一句:“星期二别对我太狠。”

菲利普根本没必要担心。像头一年一样，走过场似的辩论并没有重复，因为丘吉尔已经为空军防御赢得了可观的预算增长，正如菲利普能够带着一定程度的满足向议会宣告一样:

> 我很荣幸地向大家介绍预算……总额大约 43500000 英镑，净预算总额 39000000 英镑，这无疑是自战争以来议会被要求为空军投票的最大金额……在此预算下，首都中队将最终增至 129 个，以及一线军力大约为 1750。而国防军队的实际防御和进攻力量的增长却远超这些数字上的增长。此外，另外 12 支用以执行海外任务的中队也将于 1939 年前建成，这使得岛外的总军力达到 37 个中队。所有这些数字均不包括舰队航空兵，它也将在 1936 年增加 27 架一线机器，持续地在 1937 年和 1938 年以更大的幅度增加。到 1936 年财年截止，一线军力将在短短的两年内翻倍。我不认为有哪一支军队曾经在和平年代实现过任何可与这一成就相比的任务。

菲利普在陈述中提到的“新型”飞机，包括超级马林喷火战斗机和霍克飓风战斗机这两款将在 1940 年柏林战役中起到决定性作用的飞机。喷火的速度和操纵灵活性使得它成为极其强大的空中武器，这无疑受益于其生产厂商超级马林当年为成功参与菲利普倾力支持过的飞行比赛，施耐德杯所进行的技术开发。

然而由于政府未能设立军需部以确保英国的军火生产供应，给丘吉尔带来的沮丧将一直持续整个1936年，并在11月的一次颠覆性下议院抨击中达到了高潮："政府很显然未能做出决定，或者说他们未能让其首相做出决定。于是他们继续在一古怪的悖论中兜圈子，优柔寡断，有决心却又拖泥带水，犹疑不决，想方设法地随波逐流，掌权者全都无能。我们就这样经年累月地做着准备——宝贵的，也许是对伟大的英国致命的岁月——让我们被蝗虫吃掉。"

尽管国际局势上空乌云密布，1936年的春夏在菲利普的特伦特和利姆，常规的娱乐派对照旧进行。温斯顿·丘吉尔、安东尼·艾登以及达夫·库珀再一次成为常客，连同约克公爵及公爵夫人，以及5月丧夫的玛丽王后，也一年一度造访特伦特花园饮茶。那个夏季，菲利普参加了国王和辛普森夫人以及他们的支持者和朋友的系列社交活动。6月，奇布思和奥娜儿·香农在他们位于贝尔格雷夫广场的家里为爱德华和沃利斯举办晚宴，香农写道："国王绝对是辛普森夫人的奴隶，任何场合，只要她没有被邀请，他就绝对不去；而她呢，一个聪明的女人，嗓音高亢，衣着时髦，长着肉痣，还有展现得非常到位的幽默感。"客人都是"国王圈子"里的人，又包括了菲利普、翡翠·丘纳德、达夫和戴安娜·库珀。奇布思在日记中记载："晚餐进行得很好，菲利普·沙逊那时还没得到首席建筑督察官[①]这个他向往已久的差事，他请翡翠在国王面前替他说句话，她照办了……房间里觥筹交错，每个人都很开心，略微兴奋。"

然而那一季菲利普所出席的社交活动中最重要的一次，是7月10日国王在他住所，圣詹姆士宫约克馆举办的晚宴，约克公爵及公爵夫人也一同出席。这是沃利斯·辛普森第一次作为国王的客人公开出现在《宫廷公报》的正式名单上。这次晚宴将很多他还是威尔士王子时期在特伦特参加

① 首席建筑督察官是内阁级别的政府职位，负责公共空间以及建筑。

派对时的朋友都聚在了一起，有温斯顿·丘吉尔、塞缪尔·霍尔（如今已回到政府担任第一海军大臣）、戴维·马杰森（党鞭）以及戴安娜·库珀。次日，国王和沃利斯一同参加了菲利普的特伦特周末派对，迪基·蒙巴顿也在客人当中，还有马杰森（又有他）以及弗朗哥将军的伦敦代表阿尔巴公爵[①]。

8 月 1 日，菲利普在利姆举办周末派对，邀请奇布思及奥娜儿·香农和诺拉·林赛。诺拉与香农夫妇一起开车前往利姆，一路上“疯狂八卦。最频繁的话题是国王和他的演说，国王和他的游艇之旅……国王……国王”。当他们到达时，看见欧内斯特和沃利斯·辛普森在，以及国王的另一位朋友海伦·菲茨杰拉德。10 月底之前，沃利斯都未正式向丈夫提出离婚，也是直到那一刻，公众都一直假装他们的婚姻还在继续。议员维克多·卡扎赉特与达夫和戴安娜·库珀在一起，库珀夫妇是在去法国蔚蓝海岸的旅途中，随后他们将与国王和沃利斯、海伦·菲茨杰拉德以及塞夫顿勋爵一起登上纳林游艇，沿东地中海乘船游览。国王与此同时，在贝尔维德堡举办另一个派对，这使得他可以独自出行，去游艇与沃利斯会合。

利姆不合香农夫妇的品味，奇布思在日记中写道：“这房子很大很豪华，但坦白地说很丑。奥娜儿说就像西班牙妓院。”可是在诺拉眼里，利姆的位置、布局永远能够让她感受到无限的奇妙：

> 暴风雨持续了一天……中间有短短的一段晴朗，我们都冲出门去，看沼泽平静地躺在惨白的夕阳下，仿佛风暴根本没有发生过。晚饭后的风景有如一场美的盛宴。一轮巨大的月亮升上天空，一片一片的云朵，安静地在她脸上穿梭，她正好悬停在一组

① 阿尔巴公爵，原名雅各布·菲兹－詹姆斯·斯图尔特（Jacobo Fitz-James Stuart），第十七世阿尔巴公爵，西班牙内战前任外交部长，后于 1939 年，当英国承认弗朗哥政府后，正式出任西班牙大使。

漆黑的翠柏之间，银光泻在树下的湖面上。它的美，能跟任何意大利花园相比。这时，出现了最后的点睛之笔，中央喷泉开了，那带着泡沫的，泛着银色的，像奶油一样的水汩汩喷出。水的边缘，没有光线照见的地方——潜入漆黑的四周。远处的海，像一个盛满银器的盘子，星光熠熠，蔓延在暗沉的三色堇天鹅绒一般的沼泽上。

那天晚上还有几个驻扎在附近的601中队进行夏训的成员也来加入了他们，话题远不像浸润在月光中的花园那般宁静。香农写道："有不可避免的德国争议……其中菲利普和达夫带着天生的个人偏见猛烈抨击纳粹……晚饭后……一名年轻的RAF飞行员向我耳语，'达夫·库珀是疯了还是怎么的？'确实，他有时看上去特别偏执。"

当晚碰巧也是柏林奥运会开幕，比弗布鲁克勋爵前去出席，由他儿子麦克斯·艾特肯驾驶飞机送他前往。两天后开着飞机回来的小麦克斯来到利姆加入派对。这时库珀夫妇已启程去往法国，香农记录说："有人提到奥运会，我们本来都该在那儿，而开幕式也应该特别好。麦克斯·艾特肯讲述着那里的情景……提尼[①]（卡扎赉特）很不得体地忽然开始攻击他（他厌恶整个比弗布鲁克那一群人），一场可怕的争论就此开始，每个人都失了态。"

如果利姆港在过去的十五年多一直是王孙公子游戏场的话，那么这个9月，它则迎来了一位更尊贵的客人——玛丽王后，她在去访问桑盖特和福克斯通之前，先来到这里与菲利普共进午餐。她在日记中记载：

10点40分，在查令十字搭上去肯特郡利姆港的火车，前去

① 提尼（Teenie），卡扎赉特的绰号，得名于其个子不高。——译注

拜访菲利普·沙逊爵士。他同西比尔·乔蒙利以及汉娜·葛培一起在阿什福德接我，我们一行在暴雨中驱车前往利姆。参观了那所很有意思的摩登住宅，然后一起用午餐。幸运的是，天晴了，我们来到户外参观漂亮的黄杨树篱包围的花园。这整个空间都由菲利普爵士亲手操办——用过茶后，我们便前往福克斯通，途经海斯和桑盖特，沿途挤满了人。告别了我热情的主人，6点30分前在愉快的一天后回到了伦敦。

在福克斯通，玛丽王后的车从“纪念大道”开过。一战期间几百万军人列队经过此处前往港口，登上等候着把他们送去法国的渡轮。她还访问了海港上面的德洛克斯社区，那是战后菲利普为渔夫家庭修建的社会保障住房。在桑盖特，她走访了为战争致残的退伍军人提供服务的明星嘉德医院，菲利普曾经带查理·卓别林去过那里。

1936年秋，菲利普·沙逊的地位达到了顶峰。既是国王的密友，同时又与其他皇室成员保持了亲密的关系。这个阶段的他，将大量的精力倾注在空军部，这时空军扩建的投入终于开始加大，这是他一直努力的结果。这期间，他不仅与政府要员保持了密切的个人关系，也与政府的头号批评者温斯顿·丘吉尔过从甚密。他还在艺术界被公认为领袖人物，这一直是他私下里最大的热情所在，公园径的年度艺术展一如既往地受到公众欢迎。9月下旬，他又出发，开始了另一趟对帝国空军基地的长时间巡视。这一次往返8000英里，跨越东非至维多利亚湖再返回。在他出发前往罗马的笔记上，他在页面的空白处写道：“修养——攀越喜乐与体验的山峰，却发现山顶只是一片平地。”这段议论暗示了一种对于他所处的位置，以及他所交往的圈子的某种漫不经心的平静。然而这更是菲利普希望表现出来被人看见的一面，并非他真实意识的反映。毫无疑问，他在自己如何穿着，他的家居风格，他待客的讲究等方面，都倾注了大量的考虑，哪怕是要营造出一种随意的奢华效果，也没有哪件事真的是被随意凑在一起的。然而修养，真正对于菲利普而言，意味着享受与皇室成员、领袖明星、政界朋友的陪伴。与这些人相熟日久，也许使得他们的陪伴不再显得那么令人兴奋，但无疑他知道，自己依然登上了顶峰，哪怕他发现，山顶其实不过是一片平地。思想上的这种状态，也在他记述其与埃及国王法鲁克在蒙巴萨宫会见的旅行日志中："宫殿坐落在美丽的大海上，但它本身却十分恐怖——看上去像一座海岸发电站。国王风度翩翩——外表怡人且易于相处。他穿一双蓝色的绒面皮鞋，请我们喝了极好的咖啡，讲了好多好多的皇室笑话。"

菲利普 10 月回到伦敦。这一次英国皇室事务又将进入一个严肃的转折点。在同国王度过夏季假期之后，沃利斯决意向丈夫提出离婚诉求，诉状将于 10 月 27 日在伊普斯威奇听证。理所当然地，国王很担心这会导致公众关于他与辛普森夫人关系的猜疑，它原本已经吸引了大量国际媒体的关注。英国媒体按惯例一般不会入侵皇室家庭的私生活，因而目前尚未开始报道这一段罗曼史，但那也仅仅是迟早的问题。爱德华去拜访了媒体大亨比弗布鲁克勋爵，他也是国王的朋友海伦·菲茨杰拉德的姐夫，问他是否可以说服其他报业老板，让他们尊重沃利斯的隐私，不要报道她的离婚听证。比弗布鲁克当即答应并及时办到了，但政府那边却对国王的私生活表现出了高度的不安。

10 月 20 日上午 10 点，斯坦利·鲍德温前来贝尔维德堡拜访国王，他请求爱德华是否可以说服沃利斯放弃离婚诉状。国王和首相坐在城堡八边形大厅的壁炉边，鲍德温手里端着一杯加了苏打水的高度威士忌，像在尽力平复自己的神经，开启了一段将持续未来几个星期的对话。首相先开口："好吧，先生，无论发生什么事，我太太和我从内心深处，由衷希望您能得到幸福。”一席话，使得两个男人都流下了眼泪。接着他们讨论了正在升起的这一危机的最简单的核心问题：国王是否有意违背大臣们的建议而迎娶辛普森夫人，哪怕这意味着他将放弃王位？

这样的局势是空前的，但绝非不可想象。菲利普特伦特庄园派对中经常与温斯顿·丘吉尔争论不休的另一位常客萧伯纳，在他 1929 年的戏《苹果车》中就表现过这样的场景。剧中一位迷人的国王，四十多岁年纪，正处于其内阁请求他退位的压力之下；而背地里又面临来自情人要他娶她的压力，敦促他“过一个真正高贵而美丽的生活—— 一个君王的生活——跟我一起。你所需要的，让你能成为一个真正的国王的，是一个真正的王后……人人都知道，我就是那个真正的王后。他们在大街上对我欢呼，当我为一个新的艺术展揭幕，或者启动一艘新的轮船时，现场总会人头攒动。我就是那些天生的王后中的一位，大家都知道这一点，如果你不知道，只能说明你不是天生国王中的一位”。

在萧的剧中，国王利用他在民众中的个人魅力，压倒了他的政府，而赢得胜利。那年 11 月，爱德华向菲利普·沙逊圈子里他熟悉的一些政治人物寻求意见，主要是塞缪尔·霍尔，而他对这个处境毫不同情，他认为爱德华应该放弃辛普森夫人。爱德华也问了温斯顿·丘吉尔和达夫·库珀，他们都劝他谨慎面对政府，不要发生正面冲突。然而是鲍德温主动把这事情挑了起来，但为时过早，沃利斯·辛普森的离婚请求在 1937 年 4 月前不会被批准，而爱德华的加冕却早已定在了当年的 5 月。由于国王在辛普森夫人离婚前不可能与她成婚，因此眼下尚无宪政危机。若是他能劝说沃利斯保持低调，等他戴上皇冠以后，到时与政府谈判的砝码便会加重一些。而国王的朋友们则存了另一个想法，或者说希望，他与沃利斯的关系终将冷下去，就像他过去所有的其他恋情一样。

然而双方互不相让。政府态度坚决，国王不能娶辛普森夫人，如果他们的关系想要继续发展，那么必须保证维持在公众视线之外进行。国王的态度也同样坚决，如果不能按他自己的意愿行事，他宁可退位。整个1936年，国王在与沃利斯相关的事上变得越来越鲁莽大胆，直到鲍德温10月向他当面提出，他还将会在他所踏入的宪法章程雷区中面临更多的挑战。朋友们没有替他为这一刻做好充分的准备。菲利普、库珀夫妇以及香农夫妇之前都鼓励过他，也都在他们与国王的交往和娱乐中接受了沃利斯作为他的伴侣。11月17日，奇布思·香农在日记中说，翡翠·丘纳德向他出示了一张她收到的匿名字条，字迹显示“受过良好教育”，字条上说：“你这老母狗，就是想要巴结辛普森夫人，以在国王跟前邀宠。”11月19日，香农夫妇在贝尔格雷夫广场再次宴请国王，同一个月晚些，菲利普·沙逊在公园径为爱德华举办电影派对，朋友们都企图让他振作起来。

奥斯伯特·斯提维尔记得，国王退位前，伦敦社交圈里弥漫着一股针对他的朋友的敌意。在贝尔格雷夫广场49号阿尔弗雷德·贝特举办的派对上，当门德尔夫人（一位美国室内设计师，也是斯提维尔在《鼠周》中所指认的朋友之一）进入宴会厅时，“一片嘘声响起——这是我记忆中唯一一次发生在伦敦私人住宅内的此类抗议”。

爱德华与沃利斯之间的真相于12月3日在英国被公开，香农在当天的日记中写道：“国王……长驱直入正在驶向悬崖，如果他对抗政府，坚持结婚的计划，内阁将辞职，没有备选政府……唯一的可能性就是温斯顿·丘吉尔。”

威斯敏斯特盛传，由下议院中的“国王党羽”所支持的一个丘吉尔政府已经做好了准备要取而代之，将由达夫·库珀任财政大臣，菲利普·沙逊任空军大臣。这一将沙逊包含在内的猜测，不仅显示了他与国王之间紧密的联系，也表明了威斯敏斯特的人都相信，丘吉尔在其扩展空军的计划中一直是将他当作秘密同盟的。然而，这一支持并未将这一计划变成现实。党鞭戴维·马杰森相信，所谓的国王党羽不会有超过40位议员，但他提醒斯坦利·鲍德温，如果有对国王这一尴尬处境明确而公开的同情言论出现，这一数字可能会增加。

12月7日，丘吉尔在下议院展开最后一搏，进行了最后一次灾难性的干预。鲍勃·布思比回忆他的发言中，“充斥着情绪和白兰地”，他想为国王多买些时间。鲍德温就此事向议会做出陈述，其后议员们只允许向首相提出一些简短的问题，而不能发布各自的演讲。丘吉尔起身问首相：

> 能向我们保证将不会采取任何不可逆转的行动吗——（议员们：“不。”）——起码在议会收到完整的，不仅仅关乎个人，更关乎相关事项宪政的调查之前？我能请他记住，这些事不仅是如今坐在王位上那一位的私事，而是事关整个宪政的大事？（议员们：“你这是演讲了，”以及，“坐下。”）

议员们很显然都认为，丘吉尔并没有任何政府职位，正试图将自己卷进这场国王是否退位的戏码当中。更糟糕的是，他还让自己被其他议员的喝倒彩给带离了主题，东拉西扯说了一大通，什么问题也没有问，最终被议长要求坐下。事后，布思比在吸烟室[1]里见到丘吉尔与布伦丹·布莱肯，丘吉尔在那儿对他们俩说，觉得“他的政治生涯走到了尽头。我们告诉他这是胡说八道，但事后我写了封言辞很不友好的责备信，这令我十分后悔”[2]。布思比在信中向丘吉尔抱怨：“我以为昨天晚上我们在一个方案上达成了共识，想出了一个尽可能地将国王从退位中挽救回来的计划……但你今天下午却当着议会也当着全国的面，向国王发出了一记重击，这一

---

① 吸烟室是下议院附近一个会员制酒吧，其木饰板墙面和皮椅使其成为丘吉尔以及其他保守党议员最喜欢的场所。

② 引自布思比《一个反叛者的回忆》。

击的效果，远远超过鲍德温所设想过的任何抨击。”那一幕当然不是丘吉尔最好的表现，但如果他们真的以为在这最后阶段还出现过任何有利于国王的扭转机会的话，他和布思比二人都错了。

布思比相信，在拯救国王这事上，下议院里不会有超过七位议员可以仰仗，更不会有来自英联邦自治领地的其他任何支持。加拿大首相威廉·麦肯齐·金在他 12 月 8 日的日记中写道，国王“关于正确和错误的判断，已经被他多年来狂欢作乐的生活和环绕在他周围的那些朋友大大地给毁了”。12 月 10 日在贝尔维德堡，国王签署了退位文书，由包括新王乔治六世在内的弟弟们作为现场证人。

第二天，在爱德华的坚持下，他通过广播向整个帝国发表了一通告别演讲，在进行准备的过程中，BBC 总导演约翰·瑞思爵士请教皇室人员，他在介绍时应该怎样称呼他。瑞思本人建议用“爱德华·温莎先生”，乔治六世的反应则是，既然他哥哥是作为约克公爵的儿子出生，那么他的头衔应该是“爱德华·温莎勋爵”。国王还指出，并引用萧伯纳在《苹果车》中所提出的一个说法，除非他被授予别的称号，否则爱德华有权参与竞选，进入下议院。最终由国王敲定，他的兄长应该保持皇室地位，并获得温莎公爵这一称号。①

爱德华安排了 12 月 11 日从温莎城堡发表最后广播致辞前与家人一起用餐。按照事先的约定，致辞结束后他即离开英国，一艘皇家海军驱逐舰，HMS 怒火号已经在朴次茅斯等候，将他送往欧洲大陆。他在回忆录中描述了离开贝尔维德堡，前往皇家行宫的那个夜晚：“当我驱车向山下行驶前往弗吉尼亚沃特时，回头最后看了一眼这个我深爱的地方。城堡在我视线中停留了几秒钟，汽车便驶出大门，它也随即消失。那一刻我意识

① 在广播中，瑞思以“爱德华王子殿下”介绍他。

到，我付出的代价有多沉重……这个城堡对我的意义，已经超出了一个家，某种意义上它是我生命存在的一种方式。”

回望1936年，菲利普沉思：“我们哀悼了敬爱的老国王的离去，和另一位的退位。后者在我们这里所获得的喜爱几乎不亚于前者。”在这一系列考验面前，他在特伦特庄园举行了他例行的圣诞、新年派对。老朋友像杰拉德·伯纳斯、鲁珀特·贝尔维以及肯尼斯和简·克拉克依旧在出席的客人中，另外还有雷克斯·惠斯勒和罗伯特·卡特兰德。新年期间前来特伦特加入菲利普的，则有温斯顿·丘吉尔、布伦丹·布莱肯以及玛丽·贝洛克·朗蒂丝，多年来这已经成为她的一项传统。

贝洛克·朗蒂丝夫人，或者像菲利普常常叫她的“贝洛夏”，回忆起晚餐时坐在丘吉尔身边，最多的讨论依然围绕着退位危机。她问他：“我们听说了你在国王这件事上所说的一切，你却从未有过一次提及那位在这件事中非常重要的人。”他问：“你指谁？”她回答：“我指辛普森夫人。”

丘吉尔回答道：“那个……你竟敢（原话如此）……”接着变了一副“嘲弄”的口吻：“我想你对国王以及他的作风了解不多？否则你会知道，那个女人在他生命中只是一个短暂过客。他永远都在陷入恋爱，接着逐渐厌倦的过程中。他眼下这一层迷恋跟以往的不会有什么不同。”

为整个这一件伤心事道出真相的墓志铭，是诺拉的妹妹，玛德琳在诺拉的一张信纸背面所写的一句关于国王的话：“HM[①]的朋友对他太不厚道，从未有人告诉他真相，以至于他真的相信，他可以娶她，让她做王后。等他真的发现他并不能这样做时，剩下的只有震惊。”

然而，步出英国的同时，爱德华也将朋友们抛在了身后。退位毫无疑问在菲利普与前国王的友情中间制造了隔阂。温莎的流亡生涯，早期在维

---

① HM（His Majesty），陛下。——译注

也纳附近的恩策斯费尔德城堡度过，那是一座属于菲利普的罗斯柴尔德表兄弟名下的财产。6 月份他们结婚时，菲利普送去一份礼物，附带一封正式的祝词，他写道："先生，花了我很长时间才为您和公爵夫人找到这份令我满意的结婚礼物。我迫不及待地希望您能够为这个古老的爱尔兰杯找到一席之地，因为它捎去了我向您和公爵夫人充满敬意的、真诚的、美好祝愿，祝你们健康、幸福。"

沙逊直到 1937 年 9 月在去捷克苏台德地区度假时，才得以跨过边界，去奥地利第一次拜访了他们。那时国王和他的大臣之间，正就何时能够允许温莎夫妇访问英国，并会见其他皇室家族成员在私下里展开辩论。菲利普后来又见过公爵及公爵夫人一次，那时他们已经在巴黎落脚。

随着退位的发生，一条清晰的界线被画出，公众人物对新国王和王后的忠诚必须高于一切。在所有王子中间，菲利普与爱德华最接近，但他同时认为新国王和王后也是自己的朋友。国王乔治六世多年来一直是特伦特庄园的常客，而菲利普第一次见到伊丽莎白王后还是在她结婚前的 1921 年 3 月。她曾经给哥哥写信说："我没有被 P（菲利普）· 沙逊爵士疯狂地迷倒，他只不过是交流起来比较有趣罢了，而我又喜欢同观点有些与众不同的人谈话，也许不足以陶冶，（但观点）却十分摩登（最后二词以法语写成）。"

贯穿他整个一生，菲利普一直在失去亲近的人，从父母的早逝，到一战中的伤亡，再到最近 T. E. 劳伦斯丧生的惨剧，他早已学会了负重前行。爱德华已去，眼下他有了新国王需要为之效力。

第九章 重访菲利普·沙逊

安东尼·布兰奇与我最后一次见到他时的样子相比，没有变；事实上，与我第一次见到的他相比，也没有变。他轻快地穿过房间，来到最重要的一幅画布前—— 一幅丛林风景画——沉默了片刻，他点着头，像一个获悉了任务的小猎狗，然后问道：“你这是在哪里，我亲爱的，找到的这一片华丽的绿色？是特——特——特伦特公园还是特——特——特灵公园的温室一角？是哪一个迷人的放高利贷的养育了如此茂盛的蕨草供你享乐？”

伊夫林·沃，

《布园重访》(1945)

菲利普·沙逊的世界，很显然是伊夫林·沃在小说《布园重访》中所描绘的上流社会的灵感来源之一。其中心角色，画家查尔斯·莱德数度为私人住宅作画，在周末派对中绘制壁画，这便是借鉴了雷克斯·惠斯勒为沙逊工作的事例。甚至书中那次私人画展，安东尼·布兰奇以批评的眼光评判莱德的丛林景物，画展的来宾中既有皇室公爵，也有其他上流社会人物，他们既对艺术毫无兴趣，更对艺术一无所知，这看上去就像是对菲利普·沙逊的公园径年度画展的讽刺。因此小说中，布兰奇怀疑莱德，根本就不是去了丛林作画，而是躲在特伦特庄园的温室这一情节的出现也就不令人吃惊了。

伊夫林·沃，像贝弗利·尼科尔斯一样，是一名小说家以及1920年代、1930年代伦敦社交圈评论员，但他被菲利普·沙逊所生存的上流阶层保持了距离。不过极有可能，他通过共同的朋友，尤其是文学界人物例如杰拉德·伯纳斯和奥斯伯特·斯提维尔处采集到了对菲利普世界的一些认识。后来，在《邪恶的躯体》一书大获成功后，沃在哈泽尔·拉维利举办的一次午餐会与戴安娜·库珀相识，其后成为好友。不过达夫·库珀对沃极为反感，一次在派对上当面对他说，他不过是一个"平凡的小人物……碰巧写了一两本稍微有点逗乐的小说而已"。

与沃讽刺伦敦社交圈1920年代晚期"闪耀的青年"群体的小说《邪恶的躯体》不一样，《布园重访》不是在派对环绕的环境中写成，而是写于经年以后，在二战的匮乏与绝望当中。沃为他所创造的一个幻想中的1939年之前的贵族世界撰写了这样一部回忆录，纪念那些他以为将永远逝去的美丽和奢华。这是鲍勃·布思比也认同的一种情绪，布思比在生命的最后阶段回望菲利普·沙逊的年代，感觉就像"另一个世界的一场梦"[①]。

1937年初，已经升起了一种强烈的感觉，那就是一个时代即将结束。国王爱德华八世的短暂统治已经过去，同时远去的，还有围绕在他身边的社交场景。在将近二十年的那个场景中，他既代表了王权，又是威尔士王子。3月16日，劳合·乔治联合政府时期的保守党领袖奥斯丁·张伯伦忽然去世。同时在威斯敏斯特也已众所周知，那个在谋略上胜过所有人的斯坦利·鲍德温也将从首相任上退休。国际事务方面，希特勒对《凡尔赛条约》的拒绝，以及墨索里尼成功地与国联对抗，都预示着战后和解方案的瓦解。

① 布思比在1985年12月11日，他去世前七个月时，写给伊丽莎白王太后的一封信中用到这一表达。

甚至温斯顿·丘吉尔，尽管他成功地迫使政府在英国军队上加大了投入，此时也处于低谷。在特伦特庄园度过1937年新年期间，丘吉尔收到拉夫·维尔格拉姆，那位曾经给他提供了许多关于德国重整军备的准确消息的外交部高级官员猝死的消息。当他为了将爱德华从退位威胁中拯救出来而进行最后一搏，却失败之时，他就告诉朋友们，感觉自己的政治生涯走到了尽头。现在，他再一次慎重地考虑，想要把他心爱的肯特郡房产查特维尔卖了，因为自华尔街崩盘后，他一直承受着很大的经济压力。他让地产经纪商“奈特、弗兰克和鲁特利”以超出30000英镑的价格放出去试探一下市场，但温斯顿对克莱门汀说：“如果有人肯出25000英镑，我就跟他成交。如果我们卖不出好价钱的话，还能再撑一到两年。但只要有人出好价，我们就不要拒绝。想想孩子们都要飞了，我的生活也已经到了开始要拉上帷幕的年代（他那时六十四岁）。”

而菲利普·沙逊在政治世界里还是个年轻人，虽然他已经在这些领袖人物中间工作了二十年。年仅四十八岁，身体健康，他可以看得见，眼前还有二十年的公共生活在等着他。他在空军部取得了很大进展，1937年3月15日向议会陈述的预算可以说是——

所有向议会提起过的最大数额。82500000英镑的净值，足可以与空军部在通胀前那些年里所提交金额的平均值18000000英镑相比，它超出了1936年总预算32000000英镑。这一庞大的数字带出的感情是复杂的，交织着失望和如释重负。所有人都感到遗憾，在军事筹备上如此庞大的投入竟然成为必须；所有人，另一方面，也一定感到如释重负，在保护国家不受侵犯和履行国际义务这两件事上终于迈出了正确的一步……确实，我们认为，一支强大、训练有素、装备精良的英国空军是对这个国家最好的贡献，也有助于维护世界和平。

支援空军扩建的财政资源是到位了，但菲利普有着与丘吉尔一样的担忧，那就是缺乏实际有效的获得国家所需武器弹药的战略。5月，菲利普过去从特伦特庄园的禽鸟中挑选出来送去查特维尔的一只黑天鹅成功孵出了一只幼天鹅，他写信去祝贺丘吉尔，信尾加了一句："你的扩张举措证明好过我们的。"

一星期后，菲利普在牛津大学空军中队发表演讲，以纪念其成立十周年。这次他的语气更为乐观，他对飞行学员说：

> 空军部全力以赴地在开展扩展计划，这将使得空军人数超过原来的两倍，因此对于高素质青年军官的需求就更为迫切。我们满怀信心，相信大学会向我们输送一部分这样的人才。在上一年3月我向议会宣读的预算中，分拨给皇家空军的总金额历史上第一次超过了拨给陆军的费用总额。那些数字……表明，新的军队已经在帝国防御政策方面站到了新的位置。

菲利普接着展望了在未来的战争中，RAF将会扮演的关键角色："今天，很多人已经看到，独立的空中军事力量，极有可能在欧洲未来的战争中成为决定性因素。这就意味着，英国以及整个帝国必须发展一套空军策略。"他补充说，不光应该考虑英国飞机设计上的先进性，还应考虑新技术，例如空军部已经开始支持的雷达技术。"未来的战争，不光是对一个民族的勇气和韧性的强大考验，更是对智慧的最大考验。而最最严峻的考验则将落在那些在陆地上、在海上、在空中，尤其是在控制、开发以及使用国家资源的人员身上。"

菲利普转向如何实施空军扩展计划的致命问题："你们中有的人也许会问我，目前进展得怎样？扩建计划如预计的一样迅速吗？不错，我们有困难，其中很大的一项困难就来自过去一直在改变且延期这一系列扩展计划……我们现在开始行动了，我们很有信心地预期，进展会随着每一个月的过去而越来越快。"

过去十二年中有十年，菲利普·沙逊一直担任空军部长，这一次演讲却标志了他向这个岗位的告别。在努力让空军变得更加现代化，成为一项吸引聪明的年轻军官的职业这方面，他比任何人做出的努力都更多。举个例子，温斯顿·丘吉尔的儿子伦道夫这时就尝试接近他，以讨论加入 RAF 的 601 辅助中队的事[①]。菲利普一直不懈地倡导游说向开发新的航空技术和扩展空中防御加大投资。

那个月晚些时候，如大家所料，斯坦利·鲍德温从首相任上辞职。5 月 28 日，由内维尔·张伯伦继任。鲍德温担任保守党领袖达十四年，他所建立起来的非凡政治把控力使得权力交接得以如此平滑，1920 年代早期的分裂早已成为过去。温斯顿·丘吉尔保持了自己作为党领导的批评者立场，他并没有足够大的基本盘来支持自己开展竞争——这是他所承认的事实，甚至附议了提名张伯伦作为党领袖。

在紧接着的政府要员洗牌中，菲利普·沙逊得到了他向往已久的职位，首席建筑督察官。这个新职位将所有国有的公园、宫殿、广场以及纪念碑都纳入他的督察范围内，同时还负责督造所有的政府建筑。首席建筑督察官从职位上高于空军次大臣，并且通常是内阁职位，尽管在菲利普这里并非如此。温斯顿·丘吉尔听到这个消息后立即写信给老友，"我们俩得知你如愿以偿都高兴极了"。作为感谢，菲利普将特伦特庄园提供给内维

---

① 最终伦道夫·丘吉尔未加入空军，而是加入了他父亲曾服役的第四骑兵营。

尔·张伯伦，供他升任首相后的第一个周末使用，因为契克斯尚未准备好他的入驻。

诚然，首席建筑督察官是菲利普所希望的工作，然而鲍德温和张伯伦本来也已决定要将他移出空军部。内阁官房长官托马斯·琼斯头一年在日记中记录过一段与鲍德温关于洗牌前景的对话。鲍德温告诉他："马杰森（党鞭）想把菲利普·沙逊放到工务局，因为他不够强硬，不适合在空军部，但我们现在还不能这么做。得再坚持一下。"马杰森一直是特伦特和利姆的常客，菲利普有很多次机会，可以就自己想调去工务局的愿望对他进行游说。所谓菲利普对于空军部而言"不够强硬"的说法，更像是鲍德温这类人对来自丘吉尔空军扩建运动向政府持续施加的压力和审视所做出的反应。问题并不在于菲利普缺少魄力，而是政府的更高层官员们不愿意支持对 RAF 做出菲利普等人所认为必要的这么大投入。如果沙逊应该更加强势一些的话，也不是对空军部的人员，或者是在议会，而是对高级大臣们。内维尔·张伯伦可能还想到过另一层，那就是沙逊跟丘吉尔走得太近，丘吉尔常年是菲利普派对上的常客，所以他希望沙逊能远离负责军队的部门。

与大臣事务齐头并进，菲利普 1937 年的社交生活没有任何放缓的趋势。他照例在公园径举办春季画展，为皇家北区医院筹款。这一年展出的是约书亚·雷诺兹爵士的作品。此外特伦特庄园和利姆港的派对也是日程满满，很多的老朋友重聚在一起。玛丽王后 5 月初访问特伦特庄园，6 月 26 日又以国王乔治六世和伊丽莎白王后为嘉宾，在此举办一场花园派对，到场的明星还有伟大的美国飞行员查尔斯·林德伯格。温斯顿·丘吉尔和德斯伯勒夫人照例来了，美国高尔夫球手沃特·哈根也回到特伦特来打球，同来的还有吉恩·萨拉森和约翰尼·雷沃塔。到了 8 月，围绕着青年飞行员和 601 中队飞行军官的夏令营，在利姆港又开始了系列派对，菲利普当然保留着荣誉空军准将的头衔。

但那个夏季的明星政界客人，大概折射出了菲利普对崛起的新一代领导者的看法，则是四十岁的外交大臣安东尼·艾登。值得一提的是，复活节期间，时任首相斯坦利·鲍德温前往菲利普常常供他使用的特伦特庄园度假时，沙逊没有陪同，相反，他在利姆港招待安东尼·艾登一家。西比尔记得："安东尼·艾登总是在，那个夏天几乎每个周末他都在（特伦特或利姆）。"她还回忆了特伦特在那些个周末时光有多热闹："大批的人涌来，还有外国朋友；少于二十个人坐下来一起吃午餐的星期天非常罕见。"

1937年春夏的访客签到录上，有两位客人因其频繁出现特别显眼。第一个是二十一岁的社交圈美人伊丽莎白·佩吉特女爵，她是安格尔西侯爵的女儿。奇布思·香农几年前在翡翠·丘纳德的晚宴上见过"丽兹"·佩吉特，当时她同两个表姐妹，伊泽贝尔和厄休拉·曼勒丝在一起，他写道："只见三个女孩子，女神一样闪耀……从未见过如此美丽的三人组。"达夫·库珀认为他的侄女丽兹，"非常美丽，而且人品好，又聪明，还带有迷人的幽默感"。她在1937年5月及6月间来过特伦特庄园三次，然后8月初又参加过一次利姆港的周末派对。这四次中的三次，丽兹的漂亮照片都被用来装点访客名录。如果说菲利普有对她微微动心的话，那么可以肯定地说，这不是单相思。

伊恩·威尔逊－扬，外交部里一位二十九岁正在升起的明星，过去几年里也成为菲利普派对的常客。威尔逊－扬未婚，英俊，并且是一位很好的高尔夫球手。1936年圣诞节他在特伦特与菲利普一起度过，而1937年从5月到7月之间，他又出现在访客名录上七次。菲利普·沙逊对这位前途无量的年轻人也有些沉迷，他喜欢有着与他相同精力、兴趣和品味的人的陪伴。

威尔逊－扬和丽兹·佩吉特都是8月初利姆港的客人，但自那以后，这两位都再未出现在菲利普的任何派对上。这不免生起了疑问，那个周末派对上发生了什么事，使得菲利普同时终止了与丽兹的眉来眼去，以及与密友威尔逊－扬的友情。那两位过去曾经见过，丽兹那年5月第一次造访特伦特时，威尔逊－扬就在，也许正是那一刻起，他们都喜欢上了菲利普流露出的对他二人的兴趣。

那个周末的其他客人有西比尔·乔蒙利、韦内齐亚·蒙塔古以及韦内齐亚的伴侣，RAF辅助飞行员、探险家鲁珀特·贝尔维。贝尔维这时是在前往西班牙作为独立记者去报道内战的途中，他后来在那里与欧内斯特·海明威相识，并因为对喝酒和斗牛的共同爱好而与海明威成为好友。那天在利姆的，还有伯纳斯勋爵和他二十七岁的男友——“疯男孩”罗伯特·赫伯－柏西。韦内齐亚·蒙塔古过去与年长很多的男子发生过恋情，既有罗曼蒂克的，也有柏拉图式的，具体点说，就是同比弗布鲁克勋爵和赫伯特·阿斯奎斯。也许她就像是对丽兹·佩吉特的示范和警告，而威尔逊－扬会是因为伯纳斯与赫伯－柏西的关系而起了警惕，仿佛照见了自己与菲利普之间友谊的前景？无论那个周末发生了什么事，我们能够肯定的是，他们从那以后分道扬镳，生活再无交集[①]。

1937年8月下旬，一位名叫安东尼·温布希的二十七岁金发蓝眼的RAF军官引起了菲利普的注意。温布希驻守在福克斯通附近霍金奇的小机场，8、9月份来利姆港参加过派对。12月31日，他陪菲利普去美国和加勒比海地区度过了长达一个月的假期，打破了菲利普在特伦特举办新年派对的常规。他们的回程旅途大概不是个好征兆，极坏的天气推迟了跨洋行程，乘坐的丘纳德白星邮轮卢西塔尼亚号上的报告说：“远远高过海平面的四块厚玻璃窗被巨浪击碎，无数的桌椅电灯遭到毁坏。”对于从来不是一

① 1939年丽兹·佩吉特嫁给了奥地利诗人雷蒙德·冯·霍夫曼斯塔尔（Raimund von Hofmannsthal），尽管达夫·库珀担心他无法保证她维持她所习惯的生活方式：“她习惯了被金钱财富所环绕的生活，压根不知道没有了这些的生活会是什么样。”（《达夫·库珀日记》，1938年1月16日）而伊恩·威尔逊－扬于1940年结婚。

个好海员的菲利普来说，这一定是场酷刑。

1938 年 2 月 2 日返回之后，温布希再未出现在特伦特或利姆的访客名录上。菲利普同他的友谊，就像同丽兹·佩吉特和伊恩·威尔逊－扬的一样，大概都沦为他对于某些打动他的人的强烈兴趣的牺牲品。他那些或者稍微年长，或者很有地位的朋友都知道怎么应对，而别人却难以抗拒。菲利普一旦对谁产生了兴趣，对象往往会被礼物淹没，持续不断地收到他的来信，以及见面的要求。正如我们已经看到的，正是他个性中的这一面，多年前被威尔士王子察觉到，对弗丽达·达德利·沃德说："我们得想办法松开这绳子，我们被他牢牢地绑在他身上了……我非常喜欢生活中有一点点菲利普，但不要太多了。"

如今接近五十岁的年纪，也许菲利普·沙逊心里多少生起一些伤感，这令他更加渴望家人一般的陪伴，作为日常生活的一部分。战争、事故和病痛夺走了那么多朋友的生命，每一个年龄都有。他时常会抱怨不能总见到西比尔和她的家人，西比尔的丈夫乔治，乔蒙利侯爵，不是特别热衷让孩子们去菲利普那儿，因为菲利普太宠孩子，总是让那些大厨随时给他们做最爱的食物，这在家里是不行的。菲利普寻找机会与年轻朋友交往，也许还有另一层动机。他自己二十四岁前失去了双亲，那之后与年长的男性，例如雷吉·埃舍尔以及路易斯·马列特建立起了亲密的纽带，他们都像他的导师，而这二位如今也已先后辞世[①]。他自己没有孩子，菲利普也希望自己在他感兴趣的年轻人身上扮演那样的角色，给他们以支持。

报界的传奇记者比尔·迪德斯，那时还是一位为《每日电讯报》报道议会新闻的年轻记者，他回忆起跟沙逊在一起的一天。他们两位都是海斯高尔夫俱乐部的会员，在菲利普建议下，迪德斯跟他打了一轮。迪德斯为

---

① 埃舍尔于 1930 年去世，马列特 1936 年去世。

他拍了一张照片，虽然展示出他身上活力依旧，但也暗示了岁月的无情在他身上也开始隐现。迪德斯写道：

这是一次不同寻常的经历。菲利普爵士租了四名球童，全部由他付款。两个扛球杆，另两个前往查看我们的球落在何处。于是我们得以在球场的缓坡上无忧无虑地小跑，不用停下来找球。两个小时多一点我们就打完了。什么也没吃，跳上一辆等候的汽车，疾驰到海边，菲利普爵士在那儿有一个宽阔的海滩木屋。在海里待了五分钟，立刻返回木屋换好衣服。

菲利普匆匆赶回利姆，让迪德斯也跟着来，和他一起用午餐。迪德斯记得，当他赶到时——

葛培太太迎上来："你对菲利普做什么了？他已经累得瘫倒在床上了。"不过我的主人午餐时已及时恢复了过来，还建议打一场网球。被他的表妹，一位四十好几的女士大败。"他太爱作弊了。"她说，就像在说一个小孩子。然后他又建议从他家对面的利姆机场出发，迅速飞出去兜一圈，他有一架小飞机停在那儿。一圈完了，我请求再飞一圈。这就是他的生活方式，但对他的身体什么好处也没有。

菲利普这一时期还在一位未来的政治家头脑中留下了深刻的印象，就是九岁的艾伦·克拉克。艾伦是他的朋友国家美术馆馆长肯尼斯·克拉克与简的儿子。1936 年，菲利普将过去路易斯·马列特租住过的那幢位于利姆入口附近，离小机场不远的屋子借给克拉克一家用。菲利普会带着艾伦坐他的飞机出去兜风。简记得有一次:“艾伦简直高兴疯了,因为当P带他们飞到霍金奇时非常颠簸,他一点也不介意。”如果菲利普要在特伦特举行派对,他还会安排飞机将克拉克一家送过去,离开时会给艾伦和他哥哥一人5英镑的钞票。肯尼斯·克拉克在日记中写道:“孩子们被一排穿着红色腰封的男仆给惊呆了。”甚至多年以后,艾伦·克拉克还记得菲利普·沙逊,以及他的“光滑的脸……他看上去令人惊讶地年轻,踮着脚走路,给人以大人物的感觉”。

菲利普与克拉克一家的友谊,始于他在国家美术馆与肯尼斯的共事,也源自他们二人共同对文化和创意的真正理解。如今,首席建筑督察官的新职位让这些才华又有了用武之地。就像他妹妹西比尔所说,“他是那项工作的理想人选,过去的督察官们大概连个淋浴棚也没有修过,而我哥哥,他是个伟大的收藏家,在跟修建相关的所有事上都知识渊博……战后每遇有大东西需要维修时——他总是弄得特别好”。

在他两年的工务局任上,菲利普负责了很多备受瞩目的项目,包括修复格林威治皇家海军学院彩绘厅,以及唐宁街和威斯敏斯特宫的大量翻新。但他最重要的一项工程,也是他任上的主要政绩则是部分重新设计了伦敦标志性的特拉法加广场。他刚一获得任命,雷克斯·惠斯勒便兴奋地写信给他,宣称:

> 如果您可以不受约束的话,我盼着伦敦能够在一两年之内变成这个世界上最美好、最优雅的城市之一。但我请求您,亲爱的菲利普,您可以把为特拉法加广场装置两个喷泉的项目放进您的首要计划中吗?可以开始对设计进行公开招标吗?现有的喷泉真配不上伦敦啊,公开招标的话,我保证没人能敌得过我……很有可能,一位不知名的现代贝尼尼就在这次竞标中诞生了。

菲利普从前任手中继承了一个在特拉法加广场安置两尊海军上将纪念雕像的计划，分别是彼迪和杰利科，但他担心雕像过于堆砌，因此更倾向于新建两个喷泉以纪念彼迪和杰利科这样的想法。被任命为内维尔·张伯伦新政府第一海军大臣的达夫·库珀写信给菲利普，他说，如果这只是大方案中的一部分，他会同意这个想法。而所谓的大方案，就是把特拉法加广场的焦点，聚集在纪念尼尔森勋爵以及整个海军的功绩上。他说："如果……各类军人的雕塑被移除，他们原有的位置被喷泉取代，使得视线集中在尼尔森以及代表了一个个伟大海员的喷泉身上，这样一个表现海军的景观，必将使得特拉法加广场不仅美丽，并且完全达到了它作为海军纪念场所的目的。"

库珀所说的军人雕塑，是指戈登将军、哈夫洛克将军以及内皮尔将军像等用以纪念所有殖民战争英雄的雕像。另外还讨论到，是否应将国王乔治四世的骑马雕像移去温莎大公园，曾受指派为这一升级工程筹集资金的常任财政部长帕特里克·达夫爵士却另有一番建议："乔治四世，还有所有那么多的雕像嘛，弗吉尼亚沃特的最好去处就是湖底了。"

在工务局内部的一份备忘录上，菲利普指示："我们将立即着手将内皮尔和哈夫洛克移去为他们安排的新位置，然后才能将现有喷泉改建为杰利科勋爵和彼迪勋爵的纪念物。根据第一大臣的来信，这将使海军部非常满意，无疑更会让议会和公众喜欢。"

菲利普延请了英国最领先的建筑师埃德温·勒琴斯爵士来进行喷泉的设计，最终于 1939 年 9 月 10 日完工。而哈夫洛克、内皮尔和乔治四世的雕像都被保留在了这里，最终只有戈登一尊雕像于 1943 年被移走，如今它站立在维多利亚堤岸上。沙逊的进一步想法，是要在特拉法加广场引入卖花的商贩，但这最终被威斯敏斯特城市委员会否决，理由是会增加垃圾以及影响总体上的整洁。

菲利普所实施的另一项重大公共项目，是将伦敦各皇家公园内的长椅全部换掉[1]，全部以他自己特伦特庄园里的长椅为基础重新进行设计。他为《泰晤士报》撰文宣布了这一新计划，称“那些历来丑陋的免费椅子……铸铁椅框配上沉闷的深绿色，与偶尔新出现的，同样免费的柚木或橡木椅相比，它们明显不那么招人喜欢……我准备了一套公园椅的设计方案，也一定会更舒服”。工务局当时没有资金来开展这项计划，于是菲利普动员人们给皇家公园内的每把新椅子捐 5 英镑，以作为加冕年纪念的标志。他用这个方式，成功地募集了足够换几百只椅子的资金。

作为首席督察官，菲利普还负责监督了皇室家庭以及政府高级成员住宅的改造工程。就白金汉宫而言，包括了新建皇室专用游泳池。菲利普向乔治国王提出的关于设计方面的建议，在档案中得以保存，例如他建议环绕泳池地面的材料最好不用釉面砖，而用玻璃马赛克，因为“看上去不那么刺眼，而且也不那么滑”，他还随建议给国王附上了马赛克样品，建议泳池内的侧墙用黑色马赛克配两道绿色的边，一道在水面以下，另一道在靠近池底的位置，以增加“水的波光与活力”。

菲利普还为达夫和戴安娜·库珀迁入白厅那座优雅迷人的专供海军大臣及家庭使用的海军部官邸出谋划策。从政府的艺术品收藏中，菲利普为戴安娜·库珀挑选了一座尼尔森的胸像雕塑，和一组表现詹姆斯·库克船长航行的油画来装饰餐厅。他推翻了她想要一架三角钢琴的念头，并以玩闹的口吻写信给达夫·库珀：“我给戴安娜写了封信，告诉她，如果她再跟我提起那个话题，我立即把整个海军部官邸刷成火葬柴堆的颜色，那让霍尔夫人下了大功夫弄出来，而你和戴安娜偏偏欣赏不了的东西。”菲利普附

---

① 该计划涵盖的公园包括海德公园、格林公园、圣詹姆士公园、肯辛顿花园、格林威治公园、摄政公园以及里士满公园。

在这封信里的另一条信息，则让库珀对他自己一直很警觉的，有时甚至有些怀疑的，与安东尼·艾登之间的关系有了些认识：“我刚飞过去与安东尼吃了午餐——他提到你时所说的话不能再好了。所以你过去的消息有误。”

菲利普当然也为他自己的创造性活动留出了时间。1938 年的 2 月和 3 月，他举办了将成为最后一次的为皇家北区医院募款的公园径租借画展。过去的九次画展中，他一共募集了 3 万英镑，这相当于今天的 150 万英镑。这次展览的“旧伦敦”主题，与当时的情绪不谋而合，展出的作品都是展现这个城市已不复存在的景象及建筑的绘画和挂毯。国王乔治六世，正如他哥哥，两年前的温莎公爵一样，从皇室收藏中出借了大量的藏品，其中有汉普顿宫里的一幅大型挂毯，描绘了索尔湾战役[①]前，黎明时分的荷兰舰队，这幅挂毯当初是受查尔斯二世之托制作。国王还从温莎城堡的藏品中出借了两幅加纳莱托，描画了从萨默赛特府的花园露台上看出去的风景，一幅是远眺河的上游威斯敏斯特，另一幅则是下游的圣保罗宫。另一幅贺加斯，著名的《南华克集市》，是描绘了社会动荡及变革的伟大作品，则被菲利普挂在公园径 45 号的主楼梯间。

“旧伦敦”画展在公园径开幕后不久，菲利普便以首席建筑督察官身份应邀在皇家建筑学会就未来城市设计发表讲话。他在讲话中陈述了他就建筑的目的以及设计实践方面的观点：

> 建筑反映了它所处年代的精神……当然，建筑一直是，我想我应该这么说，人类社会和历史最永恒的记录。无论何时何地，建筑实践都应该最好地利用当时当地的材料……比如说，如何利用钢筋水泥来达到最理想的效果，这就是一个例子。另一个基本

① 索尔湾战役是英荷之间的一场海战，1672 年发生在索思沃尔德附近，距离萨福克海岸不远处。

的问题是，应该找到一种途径来实现实用和审美的统一。我想这一点你们一定同意我，装饰与渲染本身其实并没有意义，例如我认为从来没有一个本来很糟的建筑，因为装饰与渲染把它变成一个好的建筑。而另一方面，如果将实用作为唯一目的的话，则建筑中又没有了艺术存在的空间。

接着他又提出建筑和设计的比例，以及与城市风格一致性上的挑战：

我们中凡去过威尼斯总督宫的，见过那个厚重的顶部结构压在细小的腊肠犬腿上的房子，就能意识到这绝不可能是世界上最美丽而赏心悦目的建筑。我刚从美国回来，不得不说，纽约那些惊人的建筑给人以十分愉悦的比例感，不是因为它们都体量恢宏，而是在我看来，它们都建造得很有品位。那些巨大的建筑在细节的完成上竟然像是一个卡地亚香烟盒。我认为现在世界上伟大的城市都有自己独特的建筑，但比例需要遵从每一个城市的独特氛围，才能悦目。我能够在纽约欣赏摩天大楼，但我不能想象它们矗立在我们伦敦的大街上……然而，伦敦那些小巧精致的乔治亚风格房屋中的独特魅力和特点近来却在消失，取而代之的，我想，是那些毫无个性的楼房。

菲利普个人对乔治亚风格不假思索的喜爱，在他对特伦特庄园的重新设计上便是明证。但他并没有因此而呼吁，让每一座建筑都成为对那个时期的模仿：

但我从不认为当代建筑应该去拷贝乔治时期。我们的古老建筑中的魅力，极大地来自建筑结构以及与所用材料的和谐。当代建筑的目标，在我看来，就应该创造出这种新的和谐，给予我们今天所拥有的、可支配的新材料和新方式以充分的表达机会。

这一点，无疑他可以宣称在利姆港得到了充分的体现，此外也反映在他对特拉法加广场重建的理念上。

首席建筑督察官的忙碌工作使他乐在其中的同时，他依旧通过在公园径与高级官员们的常规午餐而保持了对广泛政府事务的密切关注。这些聚会，以及菲利普与外交大臣安东尼·艾登的密切关系，使他得以观察到政府高层在国际政策上的紧张局面，确切地说，是艾登与内维尔·张伯伦在英国的重整军备以及对待希特勒和墨索里尼的方式这两个问题上，分歧越来越大。

在 1937 年 11 月 8 日的日记中，艾登记下了他与首相之间就英国国防的一场讨论："告诉了他，我坚定地认为重整军备应该加快步伐……我知道有些同僚认为，我们外交部在改善与独裁力量之间关系上所做的持续努力不够，但这个观点是不对的。不少人认为，除非我们正在大举重整军备的努力为世人所知，否则这些努力在今天的国际环境中其实就白费了。但我想 N.C.①不这么认为。"八天后，艾登就政府如何对待德国一事当面质问张伯伦，外交大臣希望向希特勒发出一个强有力的信号，不要在奥地利和捷克斯洛伐克间进行干预，然而哈利法克斯勋爵访问德国②后，他吃惊地读到一篇媒体报道，暗示英国将在中欧给予纳粹无偿援助，以回报其十年来不追究在一战中丢失的殖民地问题。这导致了二人之间的一次火爆交锋，以张伯伦告诉艾登"回家吧，去吃片阿司匹林"告终。艾登在外交部

---

① N.C.，内维尔·张伯伦（Neville Chamberlain）的缩写。——译注

② 应戈林邀请，上议院领袖哈利法克斯勋爵去柏林参加了一项国际体育展，其间他也会见了希特勒。

的首席私人秘书奥利弗·哈维在日记中说："A.E.[①]愤愤地抱怨了那些年长的同僚在重整军备和对待独裁者这件事上的失败主义者姿态。"

12月17日，艾登和张伯伦双双出现在公园径菲利普·沙逊的大臣午餐聚会上。其间出现了试图让意大利大使迪诺·格兰迪安排与墨索里尼会谈的讨论，张伯伦认为，不惜代价改善英意关系具有重大意义，而艾登却希望能提出一些与会谈关联的附加条件，包括让意大利从西班牙撤军，当时意大利军队一直在内战中支持弗朗哥将军。此外，英法两国的轮船在地中海遭遇潜水艇攻击，被普遍怀疑是意大利暗中所为。艾登将独裁者视作黑帮头目和霸王，他相信，除非你在面对他们时挺身而出，否则他们只会认为你软弱，从而得寸进尺。可张伯伦觉得，他知道怎么应付他们，并且已经做好准备，将几乎任何由他们所带来的委屈视作值得为和平而付出的代价。

从美国度假回来后，菲利普于1938年2月11日为内阁大臣们在公园径举办了一次午餐会。这一次，张伯伦和艾登之间出现了进一步的分歧。当时也在场的塞缪尔·霍尔记得，首相提出主张，他反对外交大臣的建议，要立即无条件重启与墨索里尼的对话。艾登记得："在菲利普·沙逊的午餐期间……我向N.C.建议，他应该第一时间让我单独去见格兰迪，如果因此而导致了什么重要事件的出现，我还可以再去与他对谈。然而我未能说服N.C.，他很显然已下定决心要亲见格兰迪。"次日，张伯伦和艾登与意大利大使见面后，外交大臣又在日记中记下："N.C.向我挑明，他很清楚自己想做什么，他想告诉格兰迪……我们可以立即与（意大利政府）开启对话。"

在这场内阁危机的整个发酵期间，内维尔·张伯伦非常娴熟地使其他

---

① A.E.，安东尼·艾登（Anthony Eden）的缩写。——译注

大臣保持了与自己的一致，将艾登置于孤立当中。2月13日，菲利普·沙逊在契克斯过周末，其时塞缪尔·霍尔和农业大臣威廉·莫里森也在，事情终于在2月20日爆发，由于内阁中的大多数都很明显地团结在张伯伦的思路下，艾登请辞外交大臣一职。两天后，菲利普邀请艾登及其私人秘书奥利弗·哈维来公园径用晚餐，试图帮他振作起来。据哈维的记录，他们讨论了在艾登选区即将召开的大会，届时他应该这样去说明他的辞职：

> 我们都认为应及早召开，因此A.E.决定就放在周五。A.E.说由于他已经决定了将要采取的态度，所以现在感到处境很难。我说他应该考虑好演讲词，再度表达他的信心，然后等待时机……我们还讨论了首相的演讲可能会在中欧和法国带来的灾难性后果：这等于一个公开性的暗示，英国不会采取任何行动来对抗独裁者、保护弱小国家。

温斯顿·丘吉尔也被艾登的辞职搞得几近崩溃，他在回忆录中谈及自己在查特维尔收到这一消息时："我必须承认，我的心一下子沉了下去，好一阵被绝望的洪水淹没……从午夜到黎明，我躺在床上，被伤心和害怕的感情一点点吞噬。原本似乎有一个年轻而强大的身影站立在那里，对抗着持续的、阴沉的、拖沓的偏航和投降潮流……如今他也离开了。看着天光一点点地从窗户里漫延进来，我眼前只有死神的注视。"不用等多久，丘吉尔的大灾难预感就被证实了：1938年3月11日，德国军队进入奥地利，完成吞并，将"德奥合并"纳入帝国。

接下来几个月是被丘吉尔称作"焦虑"夏季的时间，这时焦点转移到了捷克斯洛伐克以及棘手的苏台德德国人的身上。苏台德经《凡尔赛条约》从德国人手中被剥离出来，纳入新的捷克斯洛伐克后，这一地区的德国人就一直持续不断地要求自治，要么在捷克斯洛伐克联邦内部，要么将这片领土归到德国。希特勒对此高兴都来不及，积极支持事端的扩大，就如同在奥地利的胜利一般令他鼓舞。同其他大臣一样，菲利普相信，不应允许德国拿回苏台德，但居住在那个地区的德国人却有权要求自治，可以参考爱尔兰人成功地在英国争取到自治权同样的方式来处理。这并不是一起简单的国界纠纷，正如英国驻柏林大使内维尔·亨德森所回忆的："捷克斯洛伐克是法国盟国系统的基石，也是抵御德国向东南扩展的潜在保障。然德奥合并后，留下她与德国面对面，无论战略上还是经济上，都处于一种无助的境界。很显然，要想维系《凡尔赛条约》划定的疆界，只能依靠法国和英国准备起来，要么谈要么打。"塞缪尔·霍尔在他的回忆录中这样指出，很坦白地说，这两个国家并没有做好这样做的准备："张伯伦及其同僚眼里压倒一切的考虑，是这么复杂的一个捷克斯洛伐克问题，一定不能让它发展成一场世界大战，必须不惜任何代价来寻求和平解决的途径。"

到 1938 年 5 月前，在捷克斯洛伐克境内，官方与居住在苏台德地区德裔居民间的紧张局势一直在节节攀升。内维尔·亨德森回忆："局面……渐渐恶化，本质上非常严峻的事件已经变成了家常便饭……因此当德国人聚集在捷克边境的传言纷起时，一触即发的所有条件都具备了。"

随着危机升级，6 月 19 日菲利普在特伦特庄园举办了将成为他最后一次的大型政治周末聚会。聚会上的中心，同往常很多次一样，是温斯顿·丘吉尔和党鞭戴维·马杰森以及议员詹姆斯·斯图尔特，后者将在战争年代丘吉尔政府中持续担任保守党党鞭长。当然还有其他一些政府要员，包括茹安·华莱士和已于 2 月从外交部助理政务次长任上辞职的威廉·莫里森，以及安东尼·艾登。

十八年前的这一天，菲利普在利姆接待了英国首相及法国总理，讨论如何在欧洲巩固凡尔赛协议；如今，1938 年，他和朋友们眼睁睁地看着它瓦解。

这些年来，在沙逊的屋顶下，他们辩论过从波兰到阿比西尼亚的危机，德国赔款的重要性，而其核心的核心，不外乎希望重新让欧洲运转起来，维系和平。如今他们眼看着一场新战争在欧洲大陆将要爆发，却无能为力。

丘吉尔那个夏天在特伦特的出现，凸显了菲利普·沙逊对老朋友的强烈责任感。事后想来，我们知道丘吉尔当时正站在一个政客最好年华的紧要关头，但是在1938年夏天，很多人都以为他的一切已经结束了。倒是丘吉尔自己，并没有对他的前景，或者说对欧洲和平的前景那么灰心。特伦特周末过后几天，他给《每日电讯报》写了一篇文章，宣称："没人应该对一个好的解决方案感到绝望。"他看得出，一旦德国的诈唬需要亮底牌时，要武力夺取苏台德有多困难，他也知道不要把希特勒的"德国的军事领袖是最善于谨慎而缓行的"这句话太当回事。安东尼·艾登第二个周末来特伦特小住，这时捷克斯洛伐克的危机还在发展，菲利普基于他从塞缪尔·霍尔处获取的信息向他通报了谈判的最新进展。

8月，有人做出了调停的努力，试图找到和平解决途径。菲利普照例在利姆港举行常规的周末派对，将老朋友如德斯伯勒夫人和玛丽·贝洛克·朗蒂丝同年轻的RAF601中队的飞行军官们混在一起。新战争的威胁一定沉沉地压在德斯伯勒夫人身上，她1915年在西线失去了自己的两个儿子，朱利安和比利·格伦费尔。那个夏天在利姆的空军中，有比弗布鲁克勋爵的儿子麦克斯·艾特肯以及约翰·皮奥，这两人都是近年来沙逊空军派对上的常客。麦克斯当时二十八岁，约翰二十七岁，正是菲利普那些在一战中丧生的同学——帕特里克·萧·斯图尔特和爱德华·霍纳，以及朱利安·格伦费尔——死去时差不多的年纪。

菲利普同其他政府要员一起，在赫斯顿机场送别内维尔·张伯伦前往慕尼黑与希特勒会谈。在那里，最终协议达成，向德国的要求妥协，将苏台德地区交还德国。面临孤立无援地与德国作战的前景，捷克斯洛伐克政府同意了《慕尼黑协定》。丘吉尔无法相信，张伯伦宣称他与希特勒的协定意味着“我们时代的和平”。他视慕尼黑为一场“悲剧”，在张伯伦回来后举行的下议院辩论中说：“不要以为这就是结果。这仅仅是个开始。我们才浅尝了一口，是一杯苦酒的前味，这杯苦酒将年复一年地为我们呈上，除非，我们振奋起强大的士气和军事上的活力，再一次站起来，坚定地表达我们为自由而战的立场，就像过去的那些日子一样。”

菲利普的老朋友达夫·库珀辞去了第一海军大臣，作为对《慕尼黑协定》的抗议，他对议会说：“首相相信对希特勒先生说些甜言蜜语会起作用。而我却相信他只听得懂暴力语言。”①

菲利普在反纳粹的情感上完全认同达夫·库珀，但他并未考虑从政府辞职。事实上他赞同《慕尼黑协定》，并给内维尔·张伯伦送去一个银托盘，附了一张便笺：“对您在这决定性的几周内，为和平所做的出色工作充满敬意。”他相信，英国的军队，尤其是空军，尚未做好参战准备。如果他因慕尼黑辞职，虽然他一直致力于为提升空军预算而抗争，但很可能会被迫为此承担部分责任。另外，辞职也不是菲利普的性格。他希望参与政府事务，并通过在政府部门的职务，持续为他所在意的事务做出贡献。离职会将他排除在外，远离所有的政府行动和权谋。这并不意味着菲利普变成了一个彻底的绥靖分子，只是他相信英国的军力还需加强，才能站在更有力的位置上与独裁者谈判。同时他也担心，捷克斯洛伐克危机是否提供了足够的理由在德国爆发全面战争。

后来成为詹姆斯·邦德系列间谍小说作家的伊恩·弗莱明，当时还是伦敦城里的一名股票经纪人，他在《慕尼黑协定》签署的头一天晚上给《泰晤士报》写了封信：“士气一定不能与自我保护的本能交织在一起，要分

---

① 辞职的内阁成员可以在下议院陈述理由。

开。我们必须说明白，我们打仗要获得的目标，以及为什么。”慕尼黑之后两个星期，菲利普在福克斯通和海斯向他的选民们回答了这些问题。“这正是内维尔·张伯伦先生长久以来保持了良好声誉的原因，”他写道，“他拥有对平衡的把握能力。他记得我们很多人已经忘记了的一件事，那就是只有最关键的问题，才能使一个国家进入战争。到目前为止，事态尚处于仅针对捷克斯洛伐克的问题，在我们对捷克人民抱着深刻同情的同时，参战的理由尚不充分。”他接下去为什么样的理由足以让英国参战进行了界定：

能成为充分理由的事件应当是，当我们能够证实，德国进攻捷克斯洛伐克仅仅是其企图建立欧洲霸权的第一步。在这样的基础上，我们将迎战出击……任何德国想要控制欧洲的企图都将对法国产生威胁，那时英国将与之并肩作战。张伯伦先生对希特勒先生用直白的措辞表达得十分清楚。由于希特勒先生否认了德国有任何这样的企图，并通过修正他对捷克所做出的要求而支持了这一否认，因而和平得以维系。现在有可能，希特勒先生并不真的打算兑现那一否认，确实有很多人相信他并没有那个打算。但至少目前，他的否认还成立。会有人认为，对希特勒先生的诺言表示怀疑，就是整个帝国宣战的充足原因吗？我相信不会有很多人这样认为的。

菲利普说得很明白，英国迎敌参战，打击德国的时刻可能会来。但他不认为那个时刻已经到来。现在看来，他关于“希特勒的诺言”的判断显得极其幼稚，他的朋友例如丘吉尔、艾登和库珀都相信，已经具备了非常充分的理由来怀疑。希特勒已经在莱茵兰、奥地利，如今又是苏台德，一再展示，他已经准备好了要行动，不会发出预警，在他认为自己有把握时，就会推翻一切协议和保证。在这种情况下，英国怎么能接受他在慕尼黑的诺言？

菲利普·沙逊的谨慎也可以理解。一战中，他有四年在总司令部道格拉斯·黑格身边工作，他知道战争意味着什么，他最大的愿望就是避免它重演。尽管他同意丘吉尔、艾登和库珀，最好的避免战争的办法是加强英国的军队，向独裁者展示，英国准备好了使用武力保卫欧洲的和平。他在对选民的公开信中又增加了这样一段：

> 我们是有教训的。我们知道，整个西欧的普通人都在呼唤和平，因为他们被战争害苦了。但我们也知道，当欧洲的伟大民族被强权政治所统治时，和平只能通过武力来维系……在危机中所展示的国防方面的弱点必须尽快消除。只准备好了一半和正在筹备中的计划，都是不够的。无论是在海上、陆上还是空中，我们的计划都必须经过测试，证明其有效，我们的民间军事准备也要完善了才行。只有这样，张伯伦先生为我们争取到的喘息机会，才能变成持久的和平。

也许是考虑到一些老朋友——例如菲利普·沙逊——的担心，温斯顿·丘吉尔在他的战争回忆录第一卷《风云紧急》中写道："英国有不少了解实情的人，能够看到我们空军每个月的进展，旋风和喷火都在逐步成型，应该会松一口气。"然而丘吉尔并不认为《慕尼黑协定》为同盟国带来了有价值的备战时间，因为德国在接下来一年里的军备生产速度飞涨，远胜英国和法国的速度。他也承认，有"很关键的一环，在这个领域我们开始超过德国，这极大改善了我们所处的地位"，这就是空军。在 1937 年发布空军开支预算时，菲利普很清楚地知道，RAF 的现代化和扩建已经在展开，但他也明白需要补上的功课还有多少。正如丘吉尔自己在《风云紧急》中所写的一样："1938 年 9 月，我们有 5 支中队登上了旋风……（1939年）7 月，我们有 26 支中队配备了现代化 F-8 战斗机……到 1940 年 7 月，不列颠之战打响时，平均有 48 支中队可使用现代化战斗机。"

1939 年 3 月 15 日，希特勒军队进入并占领布拉格，《慕尼黑协定》将带来持久和平的所有希望在一瞬间被击得粉碎。六天后，作为首席建筑督察官的菲利普·沙逊开始了法国总统阿尔贝·勒布伦的国事访问日程安排。这一盛会眼下看上去像是给战前那个世界巨星的一场活葬礼。3 月 10 日，德国入侵布拉格前五天，塞缪尔·霍尔甚至还声称，欧洲正在进入一个和平的黄金年代。罗伯特·范斯塔特爵士记得，在白金汉宫的宴会后，看着哈利法克斯勋爵与勒布伦夫人一起跳舞时，他心想，这黄金年代是真正地彻底结束了。

内维尔·张伯伦却对这次访问非常满意，他给妹妹伊达的信中说，菲利普在外交部晚宴的装饰，以及宴会后的杜尔巴庭戏剧表演安排上都超水平发挥，其中有佩吉·阿什克罗福特和约翰·吉尔古德表演的莎士比亚《罗密欧与朱丽叶》阳台戏。[①] 外交部晚宴设在罗加诺厅，装饰着从国家美术馆借来的历代英国国王的肖像。菲利普还向伦敦市金匠公会借来宴会餐具，向巴克卢公爵借来挂毯悬挂在皇室肖像之间。外交部的廊柱上满缀着杜鹃、玫瑰和百合。

这一国事访问是旧秩序的最后高潮，也是菲利普·沙逊的辉煌谢幕。他一直以来被咽喉炎困扰，随后被一次流感类病毒击垮，迫使他不得不暂

① 佩吉·阿什克罗福特（Peggy Ashcroft）和约翰·吉尔古德（John Gielgud）当时分别是三十一岁和三十四岁，是西区剧院舞台上最主要的明星。1936 年这一场《罗密欧与朱丽叶》，由吉尔古德导演，或许是他们最伟大的演出，在伦敦和纽约都反响巨大。

时中止了公务。1939年4月19日，《泰晤士报》发表了一条公告："菲利普·沙逊爵士因染流感，遵医嘱取消至少两个星期的公务。"菲利普的医生艾列克·高警告他，必须好好休息，否则有病毒扩散至肺部的危险。然而当时国王乔治六世及伊丽莎白王后正在准备启程，要去加拿大和美国访问，菲利普决意要在他们走前见见他们。4月20日，他前往温莎城堡拜访。又于同一天写信给丘吉尔："我现在已经恢复了，想尽快见到你。"

4月22日，菲利普在RAF的老友约翰·郝特雷来特伦特庄园看他。两天后，沙逊甚至还坚持去了下议院，并回答了关于飞机轰炸预防措施的问题。但他的恢复并不彻底，随后正如医生所警告的，病毒扩散到了肺部。5月19日，《泰晤士报》再次报道，菲利普因高烧被强制卧床。他才刚刚五十岁，身体健康，忽然间以这种方式生命垂危，似乎十分令人不可思议。但事实上他早有十分严重的（链球菌）感染，在现代医学环境下完全可以治愈的病，在1939年却足以危及生命。

菲利普的健康每况愈下，1939年6月3日，星期六上午，妹妹西比尔和汉娜·葛培陪在他的床边，于公园径家中去世。当天晚上，西比尔给高医生写信感谢他，为他——

在过去这可怕的几个星期以来，用无私、高超并且很深刻的人道方式为亲爱的菲利普所提供的帮助，与此同时还照顾汉娜和我……如今，等待的痛已经变成了失去他的悲伤，往事历历在目。我感到，他已经抵达了一个人的追求和快乐——以及被朋友喜爱、被家人珍视的最高峰。他一生保持了自己最美好的天性不为成功和繁华所改变，在一切可能使他悲伤或毁掉他生活的事件降临之前，他离开了——留下一道绚烂的轨迹，让我们跟随。他死去时，握着您坚定而充满信念的手，他知道，一切都很好……

> 我们悲痛难耐，我们失去了最亲爱的哥哥和表哥……我们现在去最后一次向他，那个我们所熟知的菲利普告别。

国王和王后在访问北美期间，要求定期得到菲利普病情的消息。当他们获悉死讯后，给西比尔发了一份电报：“万分悲痛得知失去了我们的老朋友，在此向你送去我们诚挚的慰唁。”

玛丽王太后也写信给国王和王后：“菲利普·沙逊的死让我非常伤心……死得这么年轻……多希望他没有持续103度的高温。”曾经在特伦特庄园度过自己蜜月的一部分的乔治王子，即肯特公爵，给哥哥国王写信说：“我亲爱的博迪……菲利普的事太让我伤心了——汉娜每天都向我报告——但我一开始其实就知道没有希望——幸运的是，他没有遭受太多痛苦，因为他一直在‘神游’。失去他是我们巨大的损失。”

菲利普去世的消息很快传回他的选区福克斯通，当天所有的公共建筑物都降了半旗。他的离开也很快在朋友和威斯敏斯特同僚中传开。奇布思·香农在日记中写道：

> 沙逊今天死了——这是伦敦视野里怎样的一个损失啊。无人能够像他一样将如此多姿多彩的个性融为一体。菲利普修长、聪颖而可亲，善良同时神秘莫测，活泼却又多愁善感，他以东方式的华丽丰盛款待亲朋……为伦敦社交圈的一部分注入了巨大的影响。跟我在一起，他总是友善而幽默，用简短不连贯并发出嗞嗞声的口音说话，人们总是在学他……他同他所崇拜的威尔士王子之间保持了长期而有害的友谊，尽管他们之间断断续续的争吵时有耳闻。他也同国王和玛丽王后之间保持着亲密的关系——皇室成员总是在他家出没。他对他们，比对任何人都要忠诚；而政客

们一旦失去了权力，他便不再与他们来往。艾登在他那里的风光大概是最持续的了，但近来似乎也有弃他而去的意思，这激起了安东尼很滑稽的愤慨。菲利普从来不在张伯伦的圈子里，随着鲍德温的退休，他开始失势，但他从未丧失对生命的渴望。

香农的日记悼念，反映了很多人对菲利普所持的偏见，并不公正。不错，他是“伦敦社交圈”的领袖，而且他也确实名副其实，在其娱乐待客中体现了“东方式的华丽丰盛”。然而他对朋友是忠诚的，并不仅仅只对皇室成员如此。艾登从外交部辞职后他便抛弃他一说更不是事实，艾登持续在特伦特和利姆做客，直至沙逊去世。菲利普与温斯顿·丘吉尔的友谊，在他 1930 年代在野时期一直持续，未曾中断，这也是很好的一个例子，证明他始终与他喜欢和信赖的朋友站在一起。奇布思·香农一向在为了赢得威尔士王子的关注这件事上，暗自与菲利普较劲，这也许能够解释他用“有害”来描述那一段友谊吧。菲利普对爱德华很忠诚，尤其是在他早年与弗丽达·达德利·沃德交往时十分周到，帮了很多忙。但他对沃利斯·辛普森，就远不像他对弗丽达那般接近。倒是在退位危机发生的那些日子里，一班美国来的新朋友，例如被奥斯伯特·斯提维尔在《鼠周》中，以贬损的口吻呼之为“两个大陆的下等人”的翡翠·丘纳德和艾尔希·门德尔，加上香农自己贴了上去。

菲利普·沙逊死讯的官方通告于 6 月 5 日，星期一，发布在《泰晤士报》上，并声明“葬礼绝对私密，勿献花”。葬礼当天即在格德斯格林火葬场举行，只有西比尔和汉娜参加。菲利普的骨灰随后被他 RAF601 中队的飞行员朋友詹姆士·郝特雷从特伦特庄园上空撒下。郝特雷记得，他们在庄园上空低飞，俯冲抬头中，将菲利普的骨灰“从一个并非华美的瓮中，而是一个谦卑地写着‘立顿茶’的纸箱里抛下”。

接下来的几天里，来自他的朋友们的讣闻悼词纷纷出现在《泰晤士报》上。塞缪尔·霍尔提到菲利普对艺术以及娱乐友人的热情，并特别以他著名的 1930 年公园径“群像”展览为例：

> 在我有生之年，没有人像菲利普·沙逊一样……佐法尼成为他最喜爱的画家之一绝非偶然，因为再没有比特伦特和利姆的派对更好地描述了摩登时代现实生活中的“群像”，没有造作，没有虚伪，也没有刻意分组来营造效果。贝尔福勋爵与博叙打网球[①]，劳伦斯还穿着他的士兵制服，萧伯纳在赏花或者欣赏萨金特的画，查理·卓别林与青年空军军官在交谈，一群一群的政治家和令人愉快的朋友，男人，女人，年轻人，老人，打桥牌的，打高尔夫球的，或者谈笑风生的——这便是菲利普的群像作品。

奥斯伯特·斯提维尔从伊顿求学年代就认识菲利普，他说：“尽管他有一份非常成功的职业，但我却常常觉得他的性格更像一名艺术家，而非政治家。他真的将利姆和特伦特创造成了两件一流的艺术品，利姆也许更加充满想象，更真实地代表了他自己……但这一切，都只是他真实性格的一个外化。他似乎属于某种光彩照人的另类存在……罕见，与众不同，只服从于自己的规则和逻辑。”

菲利普的老友埃文·查特里斯，与他一同出任过国家美术馆、泰特美术馆以及华莱士珍宝馆的理事，他对菲利普有如下的个人观察：

> 他极少谈及自己内心深处的想法，更少流露隐藏在他无可比

① 克里斯蒂安·博叙（Christian Boussus）为一名法国网球手，他进入了 1931 年法国公开赛决赛，并代表国家参加戴维斯杯。

拟的天赋笑声下哀伤的情绪，他总是兴致勃勃，对生活充满无限的热忱……他把美看得高于一切，无论何时何地，只要有可能，他一定会从“沙漠深处的清泉”中提取、唤出美来[①]。于是，正是在“凡俗的朝圣旅途中”，他懂得了美，不是作为对生命的答案，而是在某种非凡程度上的和解和接纳的媒介……他的朋友们将怎样去记住他？也许不是他作为派对主人的独特天赋，也不是他迷人的待客姿态，栩栩如生并且幽默的交谈，他的品味，或者他出色的职业生涯……这些都不是，而是与上述特点相比，他不那么起眼的人性和善良——这两项他从未中断地、毫无炫耀地一直在默默表达着的品质。

按照菲利普自己的要求，没有举行纪念仪式，但原本计划晚一些将在特伦特举办的 RAF 花园派对却依照他的设想如期举办了。7 月 26 日，利姆的花园最后一次对公众开放，为大英帝国癌症基金募款。在他的朋友和家人眼里，这些活动才更恰当地体现了对他一生的纪念。

而在他的选区，则有议会补缺选举事宜需要完成。在公众对可能爆发战争的担忧持续上涨的情况下，内维尔·张伯伦考虑到保守党占有席位的问题，于是他问西比尔是否愿意接任。她记得他这么对她说：“你没有意识到，如果保守党丢掉了这次选举，局面对政府而言有多严峻，而这些年选民们一直认识你，你无疑会赢。”

她回答说：“哦，我根本不能想象自己走进议会。而且我可能不会总是赞同政府。”她随后写信给张伯伦，告诉他，她将“为你所挑选的人助力

---

① 这是另一个菲利普·沙逊的东方典故。所引用的“沙漠深处的清泉”（意为永恒的时间里短暂的生命），出自 11、12 世纪波斯诗人欧玛尔·海亚姆（Omar Khayyám），由爱德华·菲茨杰拉德翻译。该句中文译文出自黄克孙先生所译的《鲁拜集》。——译注

战斗”，并回忆道：“他们找到了一位很不错的人，一个叫布莱伯勒的人。我去那儿待了六个星期，在利姆，几乎每天演讲，他最后赢得了选举。”战争中曾在皇家海军担任过领航员的鲁珀特·布莱伯勒在1939年7月21日当选。1945年3月，在飞往美国开会途中的亚速尔群岛附近，飞机失事，不幸丧生。

在菲利普·沙逊公园径的卧室，也就是他去世的房间里，有一幅法国国王路易十五的肖像。1933年，公园径那次名为“三代法国君主”的租借画展的展品画册中，有人注意到，路易十五被描述为“秩序和混乱之间的边界”。菲利普的早逝，出现在英国加入第二次世界大战之前整整三个月，这将他的生命定位在了历史进程中一个类似的边界上。他1888年出生在巴黎古斯塔夫·德·罗斯柴尔德男爵的家里，是19世纪两个伟大犹太家族的继承人。从马雷尼大街精致的沙龙中，一路走来，他亲自见证了爱德华年代英格兰的黄金岁月，以及一战的苦涩，并结交了塑造1920年代和1930年代的伟大个体。他的死，标注了二战前世界的终止——犹太大屠杀、原子弹爆炸以及铁幕政治之前的年代。死，拒绝了让他目睹他心爱的RAF在1940年不列颠战役中，在利姆上空凯旋的机会，那时他所熟知的世界的自由正悬于一线；同时也让他幸免于再次经历夺去他所熟知的年轻生命的战争。在一战的战壕中失去了同学以后，再一次，1940年的空战，死去的是1930年代那些惬意的8月里时常光顾利姆港派对的飞行员——601中队的年轻人，盖伊·布兰奇和提姆·维尔德布拉德，以及罗杰·布希尔，布希尔是被德国处死的“大逃亡”中被捕的战俘之一。雷克斯·惠斯勒也未能幸免，在1944年的诺曼底行动中丧生。

菲利普·沙逊继承了巨大的财富，但他用来塑造了他自己的世界。特伦特庄园和利姆港是他的创造，而公园径公馆的家具装饰更是由他一手规划。没有他的妙手打造，首相们、好莱坞明星们没有那样一个舞台来表演。他将利姆港留给了汉娜·葛培，他死后即推出供租用，随即又在战争中被军队征用，作为空军和自由捷克部队的驻地。1946 年，一位加里波利海战中的澳大利亚老兵，也是奥斯丁汽车公司赛车手奥斯丁勋爵的女婿，亚瑟·韦特上校购下了这座房产，但在随后的三十年中长期被空置。

公园径的所有权，通过沙逊家族基金传给了西比尔，但于她无用，于是战争期间将这座公馆低价售出。不久即被拆毁，原址上建起了休·海夫纳的花花公子俱乐部，这一 1981 年时全世界最盈利的赌场。这座建筑随后又被豪华酒店“公园径 45 号”所取代。

特伦特庄园在战争中同样被征用，用于监禁高级纳粹军官。后来，它成为密德萨斯大学校址，如今由房地产开发商伯克利所拥有。

菲利普宝贵的艺术品和珍宝收藏随同房产一起，分给了汉娜和西比尔。一部分保留在乔蒙利房产内，另一部分在随后的几十年间被出售。菲利普将约翰·萨金特为他绘制的肖像捐给了泰特美术馆。然而，在家族之外，在利姆港，那个他一手创造并深爱的地方，他的业绩最好地活了下来。正是在这里，我第一次开始为他出色的人生所动，也萌生了撰写本书的念头。这处房产，一直被阿斯皮诺尔基金会以极大的爱心保护着，焕发新生。同时，他的得以存续还应感谢一位对菲利普·沙逊有着崇高敬意的年轻人艾伦·克拉克，是他在 1970 年代重访利姆港后，说服约翰·阿斯皮诺尔买下了这处房产。他在日记中记载了这次访问：

> （利姆港是我）在整个东肯特郡最心爱的一个地方——东肯特郡是世界上最能唤起回忆的地方……我坐在露台上，被叫回贝尔乐（也就是，贝尔维尤）之前，有时会得到一杯柠檬茶，以及一块无法形容的薄薄的黄瓜三明治。透过那些玻璃门，还能看见

莫尔风格的黑白大理石地面和拱形天花板。户外的树现在长得巨大，将屋子围起来，甚至比菲利普最好的时光里还要好。这里沉睡了三十年，菲利普死后没人再在那里住过，一切都没有被打扰。菲利普随时可能会走出来，叫我——直到今天，我还能听见他拖着腔调说话的声音。